高校入試
要点が1冊で
しっかりわかる本

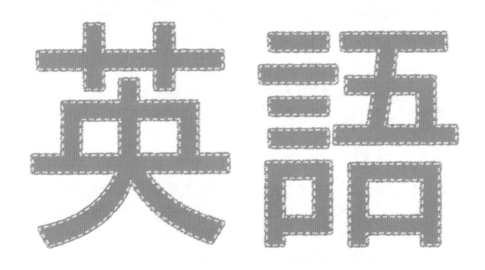

英語

「勉強のやり方」を教える塾 プラスティー　清水章弘／佐藤大地　監修

かんき出版

📖 はじめに

　中学生のみなさん、こんにちは！「勉強のやり方」を教える塾プラスティー代表の清水章弘です。本書を手に取ってくださり、ありがとうございます。

　みなさんは、「英語」と言っても、「文法はできるけど、リスニングが苦手」のように、得意不得意がありますよね。ですから、この本では「文法」「読解」「英作文」「リスニング」と分野ごとに分けてあります。冒頭から順番に取り組んでもいいですし、苦手な単元だけを学習しても構いません。より効果的に活用してもらうために、分野ごとの使い方を簡単に説明します。

文法　Chapter 1 から 16
　中学英文法の基礎を網羅しています。自信のある人は、最初から「確認問題」を解きましょう。苦手な単元を見つけたら、解説部分に戻って復習してください。特に「絶対おさえる！」は入試でよく出る部分です。ふせんを貼って、くり返し見直しましょう。

読解　Chapter17 から 21
　対話文・スピーチ文など、出題される形式別にまとめてあります。本番の入試問題から良問だけをピックアップしていますので、模試の対策や過去問演習前のリハーサルとして取り組んでみてください。

英作文　Chapter22 から 23
　英作文は「自分で書く」ことを意識しましょう。簡単な表現でも、実際に書いてみると「難しい！」と感じることも少なくありません。その上で、入試で使える「便利な表現」を覚えていきましょう。イチから自分で考えるのではなく、「便利な表現」を組み合わせることが英作文を上手に書くコツです。解答例は複数挙げています。自分で使いやすいものを中心に、すべて覚えてしまうくらいのつもりで学習にのぞんでくださいね。

リスニング　Chapter24 から 26
　リスニングでは「解答の根拠を探しながら聞く」ことが欠かせません。自分の頭で考えながら音声を聞くためには、ポイントを知ることが必要です。例題で聞くべきポイントを知り、確認問題で力試しをしましょう。リスニングは復習も重要です。解き終えた後は、別冊のスクリプトを読みながら音声を聞き直してください。聞き取れなかった部分をくり返し“聴く”ことが、リスニングの得点力アップにつながります。

　英語で重要なのは「基礎の定着」。そのために欠かせないのは「覚えること」と「活用すること」です。たくさん覚えて、その知識をすぐに使ってくださいね。
　この本で基礎を固め、合格まで一気に駆け上がりましょう！

2023 年秋　清水章弘

本書の5つの強み

☑ **その1**

中学校3年間の英語の大事なところをギュッと1冊に！

文法・読解・英作文・リスニングの全分野から、入試に出やすいところを中心にまとめています。受験勉強のスタートにも、本番直前の最終チェックにも最適です。

☑ **その2**

フルカラーで解説も充実しているので、見やすい・わかりやすい！（赤シートつき）

全ページフルカラー！解説も充実していて、すべての長文に日本語訳がついています。📖参考　⚠️注意　💬暗記　💡ポイント など補足説明も充実しているので、知識がどんどん身につきます。

☑ **その3**

各項目に「合格へのヒント」を掲載！

1見開きごとに、間違えやすいポイントや効率的な勉強法を書いた「合格へのヒント」を掲載。苦手な単元の攻略方法がつかめます。

☑ **その4**

基本の確認に最適なオリジナル問題と、公立高校の入試問題から厳選した過去問で、入試対策もばっちり！

確認問題には、基本の定着をはかるオリジナル問題と、全国の公立高校入試から選びぬいた過去問を掲載しています。近年の出題傾向を踏まえて構成されているので、効率よく実践力を伸ばすことができます。高校入試のレベルや出題形式の具体的なイメージをつかむこともでき、入試に向けてやるべきことが明確になります。

☑ **その5**

「点数がグングン上がる！英語の勉強法」を別冊解答に掲載！

別冊解答には「基礎力UP期（4月〜8月）」「復習期（9月〜12月）」「まとめ期（1月〜受験直前）」と、時期別の勉強のやり方のポイントを掲載。いつ手にとっても効率的に使えて、点数アップにつながります。

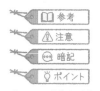

本書の使い方

コンパクトにまとめた
解説とフルカラーの
図版です。赤シートで
オレンジの文字が
消えます。

📖 参考
⚠ 注意
🔊 暗記
💡 ポイント

などの補足説明も
載っています。

合格へのヒント には
その項目でおさえるべき
ポイントや勉強法の
コツなどを
載せています。

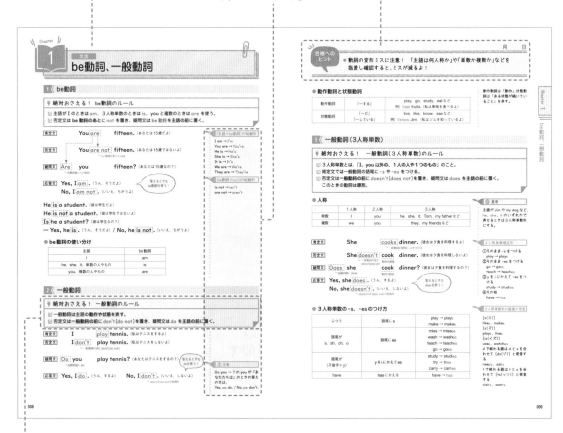

重要項目は
💡 絶対おさえる！ に
まとめています。

確認問題は
オリジナル問題と
全国公立高校
入試の過去問を
載せています。

解いたあとは、別冊解答の
解説を確認しましょう。
また別冊解答2ページに載っている
「○△×管理法」にならって、
日付と記号を入れましょう。

過去問には
出題年度と
都道府県名を
載せています。

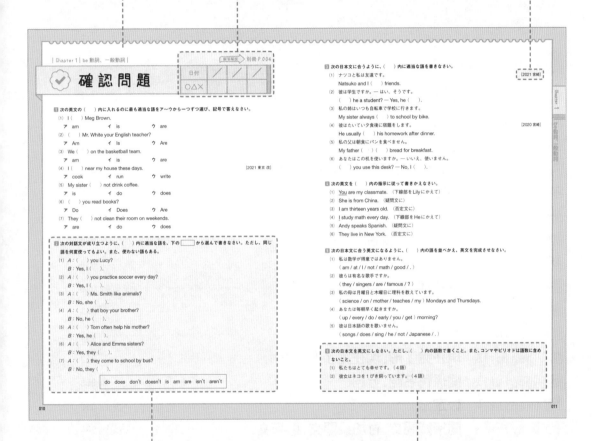

簡単な問題から実戦的な問題まで
そろえています。
本に直接書き込むのではなく、
ノートなどに解いてみるのが
おすすめです。

間違えた問題は解説を丁寧に読み、
別冊解答2ページに載っている
「音読」と「リードアンドルックアップ」を
試してみましょう。

もくじ

文法

読解

音声ダウンロード

リスニング音声がダウンロードできます。
以下のサイトにアクセスしてご確認いただき、ダウンロードをお願いいたします。

https://kanki-pub.co.jp/pages/yotenglish/

※音声ダウンロードについての問い合わせ先:http://kanki-pub.co.jp/pages/infodl/

ブックデザイン:dig　　　　図版・イラスト:熊アート、船津朝子
DTP:ニッタプリントサービス　　編集協力:マイプラン、プラスティー教育研究所(八尾直輝、佐藤大地)

Chapter 1

文法
be動詞、一般動詞

1 be動詞

💡 絶対おさえる！ be動詞のルール

☑ 主語が I のときは am、3人称単数のときは is、you と複数のときは are を使う。
☑ 否定文は be 動詞のあとに not を置き、疑問文は be 動詞を主語の前に置く。

| 肯定文 | You are fifteen.（あなたは15歳だよ） |

| 否定文 | You are not fifteen.（あなたは15歳ではないよ） |
↳ be動詞のあとに not

| 疑問文 | Are you fifteen?（あなたは15歳なの？） |
↳ 主語の前に be動詞

| 応答文 | Yes, I am.（うん、そうだよ）
No, I am not.（いいえ、ちがうよ） |

> 答えるときも be動詞を使う！

〈主語＋be動詞〉の短縮形

I am → I'm
You are → You're
He is → He's
She is → She's
It is → It's
We are → We're
They are → They're

〈be動詞＋not〉の短縮形

is not → isn't
are not → aren't

He is a student.（彼は学生だよ）
He is not a student.（彼は学生ではないよ）
Is he a student?（彼は学生なの？）
— Yes, he is.（うん、そうだよ） / No, he is not.（いいえ、ちがうよ）

● be動詞の使い分け

主語	be動詞
I	am
he、she、it、単数の人やもの	is
you、複数の人やもの	are

2 一般動詞

💡 絶対おさえる！ 一般動詞のルール

☑ 一般動詞は主語の動作や状態を表す。
☑ 否定文は一般動詞の前に don't[do not]を置き、疑問文は do を主語の前に置く。

| 肯定文 | I play tennis.（私はテニスをするよ） |
| 否定文 | I don't play tennis.（私はテニスをしないよ） |
↳ 一般動詞の前に don't[do not]

| 疑問文 | Do you play tennis?（あなたはテニスをするの？） |
↳ 主語の前に do

> 答えるときも do を使う！

| 応答文 | Yes, I do.（うん、するよ）　　No, I don't.（いいえ、しないよ） |
↳ don't は do not の短縮形

⚠ 注意

Do you ～? の you が「あなたたちは」のときの答えの文は、
Yes, we do. / No, we don't.

● 動詞の変形ミスに注意！「主語は何人称か」や「単数か複数か」などを
指差し確認すると、ミスが減るよ！

● 動作動詞と状態動詞

動作動詞	「〜する」	play, go, study, eat など 例）I eat fruits.（私は果物を食べるよ）
状態動詞	「〜だ」 「〜している」	live, like, know, see など 例）I know Jim.（私はジムを知っているよ）

> 動作動詞は「動作」、状態動詞は「ある状態が続いていること」を表す。

Chapter 1　be動詞、一般動詞

3 〈 一般動詞（3人称単数）

💡 絶対おさえる！　一般動詞（3人称単数）のルール

☑ 3人称単数とは、「I、you 以外の、1人の人や1つのもの」のこと。
☑ 肯定文では一般動詞の語尾に –s や –es をつける。
☑ 否定文は一般動詞の前に doesn't［does not］を置き、疑問文は does を主語の前に置く。
このときの動詞は原形。

● 人称

	1人称	2人称	3人称
単数	I	you	he, she, it, Tom, my father など
複数	we	you	they, my friends など

> ⭐ 重要
>
> 主語が Jim や my dog など、he、she、it のいずれかで表せるときは3人称単数形にする。

| 肯定文 | She **cooks** dinner.（彼女は夕食を料理するよ） |

┕ 一般動詞の語尾に -s をつける

| 否定文 | She **doesn't** cook dinner.（彼女は夕食を料理しないよ） |

┕ 一般動詞の前に doesn't［does not］　動詞は原形

| 疑問文 | **Does** she cook dinner?（彼女は夕食を料理するの？） |

┕ 主語の前に does　動詞は原形

| 応答文 | Yes, she **does**.（うん、するよ） |
| | No, she **doesn't**.（いいえ、しないよ） |

┕ doesn't は does not の短縮形

> 答えるときも does を使う！

> ◀ 3人称単数現在形
>
> ①そのまま -s をつける
> play → plays
> ②そのまま -es をつける
> go → goes
> teach → teaches
> ③y を i にかえて -es をつける
> study → studies
> ④その他
> have → has

● 3人称単数の -s、-es のつけ方

ふつう	語尾に s	play → plays make → makes
語尾が s, sh, ch, o	語尾に es	miss → misses wash → washes teach → teaches go → goes
語尾が 〈子音字＋y〉	y を i にかえて es	study → studies try → tries carry → carries
have	has にかえる	have → has

> ◀ 3人称単数形の語尾の発音
>
> [s(ス)]
> likes、makes
> [z(ズ)]
> plays、lives
> [iz(イズ)]
> uses、watches
> d で終わる語は d と s を合わせて [ds(ヅ)] と発音する
> needs、adds
> t で終わる語は t と s を合わせて [ts(ッツ)] と発音する
> visits、wants

確認問題

解答解説 別冊 P.004

日付	／	／	／
○△✕			

1 次の英文の（　　）内に入れるのに最も適当な語をア〜ウから一つずつ選び、記号で答えなさい。

(1) I（　　）Meg Brown.

　ア　am　　　　　イ　is　　　　　ウ　are

(2) （　　）Mr. White your English teacher?

　ア　Am　　　　　イ　Is　　　　　ウ　Are

(3) We（　　）on the basketball team.

　ア　am　　　　　イ　is　　　　　ウ　are

(4) I（　　）near my house these days.

　ア　cook　　　　イ　run　　　　ウ　write

[2021 東京 改]

(5) My sister（　　）not drink coffee.

　ア　is　　　　　イ　do　　　　　ウ　does

(6) （　　）you read books?

　ア　Do　　　　　イ　Does　　　　ウ　Are

(7) They（　　）not clean their room on weekends.

　ア　are　　　　　イ　do　　　　　ウ　does

2 次の対話文が成り立つように、（　　）内に適当な語を、下の　　　　から選んで書きなさい。ただし、同じ語を何度使ってもよい。また、使わない語もある。

(1) A：（　　）you Lucy?

　　B：Yes, I（　　）.

(2) A：（　　）you practice soccer every day?

　　B：Yes, I（　　）.

(3) A：（　　）Ms. Smith like animals?

　　B：No, she（　　）.

(4) A：（　　）that boy your brother?

　　B：No, he（　　）.

(5) A：（　　）Tom often help his mother?

　　B：Yes, he（　　）.

(6) A：（　　）Alice and Emma sisters?

　　B：Yes, they（　　）.

(7) A：（　　）they come to school by bus?

　　B：No, they（　　）.

do　does　don't　doesn't　is　am　are　isn't　aren't

3 次の日本文に合うように、（　）内に適当な語を書きなさい。

(1) ナツコと私は友達です。 [2021 宮崎]

Natsuko and I（　　）friends.

(2) 彼は学生ですか。— はい、そうです。

（　　）he a student? — Yes, he（　　）.

(3) 私の姉はいつも自転車で学校に行きます。

My sister always（　　）to school by bike.

(4) 彼はたいてい夕食後に宿題をします。 [2020 宮崎]

He usually（　　）his homework after dinner.

(5) 私の父は朝食にパンを食べません。

My father（　　）（　　）bread for breakfast.

(6) あなたはこの机を使いますか。— いいえ、使いません。

（　　）you use this desk? — No, I（　　）.

4 次の英文を（　　）内の指示に従って書きかえなさい。

(1) You are my classmate. （下線部を Lily にかえて）

(2) She is from China. （疑問文に）

(3) I am thirteen years old. （否定文に）

(4) I study math every day. （下線部を He にかえて）

(5) Andy speaks Spanish. （疑問文に）

(6) They live in New York. （否定文に）

5 次の日本文に合う英文になるように、（　　）内の語を並べかえ、英文を完成させなさい。

(1) 私は数学が得意ではありません。

（ am / at / I / not / math / good / . ）

(2) 彼らは有名な歌手ですか。

（ they / singers / are / famous / ? ）

(3) 私の母は月曜日と木曜日に理科を教えています。

（ science / on / mother / teaches / my ）Mondays and Thursdays.

(4) あなたは毎朝早く起きますか。

（ up / every / do / early / you / get ）morning?

(5) 彼は日本語の歌を歌いません。

（ songs / does / sing / he / not / Japanese / . ）

6 次の日本文を英文にしなさい。ただし、（　　）内の語数で書くこと。また、コンマやピリオドは語数に含めないこと。

(1) 私たちはとても幸せです。（4語）

(2) 彼女はネコを1ぴき飼っています。（4語）

命令文、疑問詞

1 命令文

💡 絶対おさえる！ 命令文のルール

- ☑ 命令文は主語の **You** を省略し、動詞の原形で文を始める。
- ☑ 「～しないで」は Don't ～ .「～しましょう」は Let's ～ .「～してください」は Please ～ .

肯定文	You walk fast. （あなたは速く歩くね）

主語はなくなる

命令文	Walk fast. （速く歩きなさい）

↳ 動詞の原形で文を始める

否定の命令文	Don't walk fast. （速く歩かないで）

↳ 動詞の原形の前に Don't。Do not でもよい

丁寧な命令文	Please walk fast. （速く歩いてください）

↳ 動詞の原形の前に Please。please は文末でもよい

= Walk fast , please .

↳ please の前にコンマ (,)

Let'sの文	Let's walk fast. （速く歩こう）

↳ 動詞の原形の前に Let's

応答文	Yes, let's. （うん、そうしよう） No, let's not. （いいえ、しないでおこう）

> 答えるときも let's を使う！

命令文の答え方

OK.
All right.
（わかりました）
I'm sorry, I can't.
（申し訳ありませんが、できません）

be動詞を使った命令文

Be quiet.
（静かにしなさい）
Don't be afraid.
（おそれないで）

2 疑問詞

💡 絶対おさえる！ 疑問詞の意味と用法

☑ 人やもの、事がらについて具体的にくわしくたずねるときは疑問詞で文を始める。

What	何	Which	どちら
When	いつ	How	どのくらい、どう
Where	どこ	Whose	だれのもの
Who	だれ	Why	なぜ

☑ 答えの文は Yes, No で答えず、具体的な内容を答える。

●〈疑問詞＋be動詞の疑問文〉

疑問文	Is that a bird ? （あれは鳥？）

↳ 「何」かをたずねる

疑問詞の文	What is that? （あれは何？）

↳ 疑問詞を文の始めに置く。What is の短縮形は What's

応答文	It is a bird. （それは鳥だよ）

> 具体的なものを答える！

📖 暗記

When is[When's] ～ ?
「～はいつ？」（時）
Where is[Where's] ～ ?
「～はどこ？」（場所）
Who is[Who's] ～ ?
「～はだれ？」（人）
Which is ～ ?
「～はどちら？」（選択）
How is[How's] ～ ?
「～はどう？」（様子）

● 〈How＋形容詞[副詞]〉の疑問詞は空所補充問題・読解問題で頻出！
　形容詞[副詞](old, far, often)の意味から考えると覚えやすくなるよ！

●〈疑問詞＋一般動詞の疑問文 〜？〉

疑問文　**Do you have** a pen**?**（ペンを持っている？）
「何」を持っているかをたずねる

疑問詞の文　What **do you have?**（何を持っているの？）
↳疑問詞を文の始めに置く

応答文　**I have a pen.**（ペンを持っているよ）

Which **do you like** , cats or dogs**?**（ネコとイヌのどちらが好き？）
↳〈, A or B〉の選択肢を最後に置く

— **I like dogs.**（イヌが好き）
選択肢のどちらか1つ
を選んで答える！

Why **do you practice hard?**（なぜ一生懸命に練習するの？）
↳Whyで理由・目的をたずねる

— **Because I want to win the game.**（試合に勝ちたいから）

— **To win the game.**（試合に勝つため）

●〈What[Whose / Which]＋名詞〉で始まる疑問文

疑問文　**Do you like** animals **?**（動物が好き？）
「何の動物」が好きかたずねる

疑問詞の文　What animal **do you like?**（何の動物が好き？）
↳〈疑問詞＋名詞〉を文の始めに置く

応答文　**I like pandas.**（パンダが好きよ）

Whose bike **is this?**（これはだれの自転車？）
↳〈Whose＋名詞〉

＝ Whose **is this** bike **?**
↳Whoseを文の始め、たずねるものを最後に置くこともできる

— **It is my bike**[mine]**.**（それは私の自転車[私のもの]よ）

●〈How＋形容詞[副詞]〉で始まる疑問文

疑問文　**Do you have** two pens **?**（ペンを2本持っている？）
ペンを「何本」持っているかたずねる

疑問詞の文　How many pens **do you have?**（ペンを何本持っている？）
↳〈How many＋名詞の複数形〉を文の始めに置く

応答文　**I have two (pens).**（2本（のペンを）持っているよ）

→ How many は数えられる名詞についてたずねるときに使う。How many の
あとに続く名詞は必ず複数形にする。

When do[does] 〜 ?
「いつ〜する？」（時）
Where do[does] 〜 ?
「どこで〜する？」（場所）
How do[does] 〜 ?
「どうやって〜する？」
（方法）

📖 参考

理由は Because 〜、目的は
To 〜（不定詞の副詞的用
法）で答える。

Whose 〜 ? の答え方

〈代名詞の所有格＋名詞〉ま
たは所有代名詞を使う。

How 〜 ? の疑問文

How old 〜 ?
「何歳？」（年齢）
How much 〜 ?
「いくら？」（値段、量）
How long 〜 ?
「どのくらい長く？」
（(時間や距離の)長さ）
How far 〜 ?
「どのくらい遠く？」（距離）
How often 〜 ?
「どのくらいしばしば？」
（頻度）

解答解説 別冊 P.005

 確 認 問 題

日付	／	／	／
○△×			

1 次の英文の（　　）内に入れるのに最も適当な語をア～エから一つずつ選び、記号で答えなさい。

(1) Hi. (　　) are you? — I'm fine, thank you.

　ア　How　　　　　イ　Who　　　　　ウ　When　　　　　エ　Where

(2) (　　) your name here with this pen.

　ア　Write　　　　イ　Writes　　　　ウ　Writing　　　　エ　Wrote

(3) (　　) is that man? — He's Mr. Green.

　ア　Which　　　　イ　When　　　　　ウ　Whose　　　　　エ　Who

(4) Fred, (　　) jump on the bed.

　ア　isn't　　　　イ　not　　　　　　ウ　don't　　　　　エ　doesn't

(5) (　　) quiet in this room.

　ア　Is　　　　　イ　Are　　　　　　ウ　Be　　　　　　　エ　Does

(6) (　　) racket is yours?

　ア　Where　　　　イ　Which　　　　ウ　Why　　　　　　エ　How

2 次の対話文が成り立つように、（　　）内に適当な語を、下の　　　　から選んで書きなさい。ただし、同じ語を2度使わないこと。

(1) A：(　　) open the window. It's cold here.

　　B：All right.

(2) A：(　　) bag is this?

　　B：It's Meg's.

(3) A：(　　) bring a notebook.

　　B：OK.

(4) A：(　　) did you get up early?

　　B：To do my homework.

(5) A：(　　) is your birthday?

　　B：It's January 28.

(6) A：(　　) (　　) do you get up every morning?　　　　[2020 佐賀 改]

　　B：I get up at 6：30.

(7) A：(　　) (　　) is this apple?

　　B：It's 180 yen.

whose　how　why　when　what　much　time　please　don't

3 次の日本文に合うように、(　　) 内に適当な語を書きなさい。

(1) 今日の東京の天気はどうですか。 [2019 北海道 改]

（　　）（　　） the weather in Tokyo today?

(2) 美術館の中では写真を撮らないで。

（　　）（　　） pictures in the museum.

(3) この部屋を掃除してください。

（　　） this room,（　　）.

(4) あなたはなぜ新しいカメラが必要なのですか。

（　　）（　　） you need a new camera?

(5) 今週の日曜日に買い物に行きましょう。

（　　）（　　） shopping this Sunday.

(6) あなたはコーヒーと紅茶のどちらが好きですか。

（　　） do you like, coffee（　　） tea?

4 次の英文を（　　）内の指示に従って書きかえなさい。

(1) You look at this graph. （「～してください」という丁寧な命令文に）

(2) We listen to music. （「～しましょう」という意味の文に）

(3) They are from Australia. （下線部をたずねる疑問文に）

(4) Suzan visited her grandparents last Sunday. （下線部をたずねる疑問文に）

(5) This is my father's car. （下線部をたずねる疑問文に）

5 次の日本文に合う英文になるように、（　　）内の語を並べかえ、英文を完成させなさい。

(1) 彼の大好きな歌手はだれですか。

(singer / is / his / favorite / who / ?)

(2) あなたの弟さんは何歳ですか。

(old / brother / is / how / your / ?)

(3) あなたはどんなスポーツをしますか。 [2022 富山 改]

(do / play / sports / what / you / ?)

(4) どうかこのコンピュータを使わないでください。

(this / use / please / computer / don't / .)

(5) 彼女はどこでそれらの野菜を買いますか。

(does / vegetables / she / those / where / buy / ?)

6 次の日本文を英文にしなさい。ただし、（　　）内の語を使って書くこと。（　　）内の語は文頭に来る場合も、最初の文字を小文字で示している。

(1) 公園で昼食を食べましょう。 (eat)

(2) 彼らはどうやって学校に来ますか。 (come)

(3) あなたは何個のリンゴが欲しいですか。 (want)

名詞、冠詞、代名詞

1 名詞

💡 絶対おさえる！ 名詞のルール

☑ 人やものの名前を表す語を名詞といい、単数・複数の区別がある数えられる名詞と、単数・複数の区別がない数えられない名詞がある。

	数えられる名詞	数えられない名詞
単数	前にa[an]やtheをつける 例）a book, an egg	前にa[an]をつけない 語尾にs[es]もつけない 例）water, science
複数	語尾にs[es]をつける 例）books, eggs	

> **数えられない名詞**
>
> ①形が一定でないもの
> sugar, milk, cheese
> ②人や場所などの名前
> Tom, London, Mt. Fuji
> ③目に見えない抽象的なもの
> music, information

● 数えられる名詞

単数形 I eat ┆an apple┆. （私はリンゴを1個食べるよ）
　　　　　　 └ 名詞の前にanをつける

複数形 I eat 　　 ┆apples┆. （私はリンゴを食べるよ）
　　　　　　 └ anをとる　　└ 語尾にsをつける

● 複数形の作り方

ふつう	語尾にs	bag → bags
語尾がs, x, ch, sh	語尾にes	box → boxes
語尾がf, fe	f, feをvにかえてes	knife → knives
語尾が〈子音字＋y〉	yをiにかえてes	city → cities
語尾が〈子音字＋o〉	語尾にes	potato → potatoes
不規則に変化		child → children
単数・複数が同じ形		fish → fish

> **複数形の-s, -esの発音**
>
> [z（ズ）]
> pens, cars, brothers
> [s（ス）]
> caps, desks, books
> [iz（イズ）]
> buses, watches, classes
> dで終わる語はdとsを合わせて [ds（ヅ）] と発音する
> beds, kids
> tで終わる語はtとsを合わせて [ts（ッツ）] と発音する
> cats, donuts

● 数えられない名詞

　　　　 I drink ┆coffee┆. （私はコーヒーを飲むよ）
　　　　　　　　 └ 名詞の前にaをつけない。複数形にもしない

→数えられない名詞の量を表すときは、前に分量を表す語句をつける。

a glass of milk 「グラス1杯の牛乳」 ➡ **two glasses of milk**

a slice of bread 「1切れのパン」 ➡ **two slices of bread**

> 分量を表す語句の中の名詞を複数形にする！

> **分量を表す語句**
>
> a bottle of ～
> 「1本の～」
> a piece of ～
> 「1切れの～」

● 〈some[any]＋名詞〉

肯定文 I have 　　 ┆some pens┆. （私は何本かのペンを持ってる）
　　　　　　　　　 └ 数えられる名詞は複数形

否定文 I don't have ┆any pens┆. （私はペンを1本も持ってない）
　　　　　　　　 └ anyにかえる

疑問文 **Do you have** ┆any pens┆**?** （あなたはペンを何本か持ってる？）
　　　　　　　　 └ anyにかえる

> **📖 参考**
>
> some[any] は数えられない名詞の前にも置くことができる

● 名詞が数えられるかどうかわからないときは、すぐに辞書をひこう。辞書では「数えられる名詞＝C」「数えられない名詞＝U」と表記されていることが多いよ。

2 冠詞

💡 絶対おさえる！　冠詞のルール

☑ 冠詞には a[an] と the がある。
☑ a[an] は不特定の単数の名詞の前に置いて「1つの[ある]〜」という意味になる。母音で始まる名詞の前には an を置く。
☑ the は特定の単数・複数の名詞の前に置いて「その〜」という意味になる。

● a[an] と the の使い分け

		数えられる名詞		数えられない名詞
不特定	a[an]	単数	a dog	−
特定	the	単数	the dog	the coffee
		複数	the dogs	

⚠ 注意

a[an] は数えられない名詞にはつけない

不特定　I want a camera . （私はカメラが1台欲しい）
└ 名詞の前に a

特定　I want the camera . （私はそのカメラが欲しい）
└ 名詞の前に the

3 代名詞

	人称	主格「〜は、〜が」	所有格「〜の」	目的格「〜を、〜に」	所有代名詞「〜のもの」
単数	1人称	I	my	me	mine
	2人称	you	your	you	yours
	3人称	he	his	him	his
		she	her	her	hers
		it	its	it	−
複数	1人称	we	our	us	ours
	2人称	you	your	you	yours
	3人称	they	their	them	theirs

主格→主語として使う
所有格→名詞の前に置く
his pen「彼のペン」
目的格→動詞の目的語になる

所有代名詞のあとには名詞は続かない

主格　　I play the piano. （私はピアノを弾くよ）
└ 主語になる

所有格　This is my bag. （これは私のカバンよ）
└ 名詞の前に置く

📖 参考

目的格は前置詞のあとに置くこともできる
I go to school with him.

目的格　Ken knows me . （ケンは私を知ってるよ）
└ 目的語になる

所有代名詞　That bike is mine . （あの自転車は私のものよ）
└ あとに名詞は続かない

解答解説 ▷ 別冊 P.006

日付	／	／	／
○△×			

 # 確 認 問 題

1 次の文が正しい英文になるように、(　) 内から適する語を選んで書きなさい。

(1) (I / My / Me) house is near the station.

(2) Do you want (a / an / any) orange?

(3) This is Ms. Brown. (She / He / They) is a famous musician.

(4) This is a present for (you / your / yours).

(5) I borrow (a / some / any) books at the library.

(6) Is that racket (he / his / him)?

(7) Whose pencils are (those / them / this)?　　　　　　　　　[2020 神奈川 改]

2 次の文が正しい英文になるように、(　) 内の語を適切な形にして書きなさい。ただし、直す必要のない語はそのまま書きなさい。

(1) I have a cleaning robot. (It) name is Lucky.

(2) My father has two (watch).

(3) This computer is (she).

(4) I have many good (memory) of my stay in China.　　　　[2019 兵庫]

(5) Mr. White teaches English to (we).

(6) I can see three (man) under the tree.

(7) Let's drink some (coffee).

(8) My mother uses some (tomato) for salad.

3 次の対話文が成り立つように、(　) 内に適当な語を書きなさい。

(1) A：Are you and Bob brothers?

B：Yes, (　　) (　　).

(2) A：Is Mr. Green your English teacher?

B：Yes, (　　) (　　).

(3) A：(　　) bike is that?

B：(　　) is Andy's.

(4) A：Are these cookies mine?

B：Yes, (　　) are. I made them for (　　).

(5) A：What would you like to eat?

B：I'd like to eat a (　　) (　　) cake.

4 次の日本文に合うように、(　　)内に適当な語を書きなさい。

(1) ジェーンはイヌを1ぴき飼っています。そのイヌはとてもかわいいです。

Jane has (　　) dog. (　　) dog is very cute.

(2) このノートは私のものではなく、あなたのものです。

This notebook is not (　　), but (　　).

(3) その公園にはたくさんの子どもたちがいます。

Many (　　) are in (　　) park.

(4) これは彼女の本ですか、それとも彼の本ですか。

Is this (　　) book or (　　) book?

(5) 彼らは3か国を訪れました。

(　　) visited three (　　).

(6) ここからは鳥が1羽も見えません。

I don't see (　　)(　　) from here.

5 次の英文を(　　)内の指示に従って書きかえなさい。

(1) I have a cap. （下線部を three にかえて）

(2) They need some balls. （疑問文に）

(3) Mary and I are classmates. （下線部を1語の代名詞にかえて）

(4) I usually eat lunch with Sam and Kate. （下線部を1語の代名詞にかえて）

(5) This racket is mine. （This is で始めて、ほぼ同じ意味の文に）

6 次の日本文に合う英文になるように、(　　)内の語を並べかえ、英文を完成させなさい。

(1) 私は魚を数ひき飼っています。

(fish / have / I / some / .)

(2) あれは私たちの学校です。

(is / school / that / our / .)

(3) あれらのユニフォームは彼らのものではありません。

(are / uniforms / theirs / not / those / .)

(4) 何か質問はありますか。

(any / do / have / questions / you / ?)

(5) あなたはどのくらいの牛乳が必要ですか。

(milk / need / do / how / you / much / ?)

7 次の日本文をそれぞれ4語の英文にしなさい。ただし、(　　)内の語を使って書くこと。(　　)内の語は文頭に来る場合も、最初の文字を小文字で示している。また、コンマやピリオドは語数に含めないこと。

(1) 私は5つの箱を使います。（five）

(2) あなたは彼を知っていますか。（know）

(3) 彼女はいつも私を手伝ってくれます。（always）

Chapter 4

文法

過去形、進行形、未来を表す文

1 過去形

💡 絶対おさえる！ 過去形（一般動詞）のルール

☑ 動詞の語尾に –(e)d をつける規則動詞と、異なる形に変化する不規則動詞がある。
☑ 否定文は動詞の前に didn't[did not]を置き、疑問文は did を主語の前に置く。このときの動詞は原形。

| 肯定文 | Tom **played** baseball. （トムは野球をしたよ） |

↳ 動詞の語尾に -ed をつける

| 否定文 | Tom **did not** play baseball. （トムは野球をしなかったよ） |

動詞は原形
↳ 動詞の前に did not[didn't]

| 疑問文 | **Did** Tom play baseball? （トムは野球をしたの？） |

↳ 主語の前に did　　動詞は原形

| 応答文 | Yes, he **did**. （うん、したよ） |
| | No, he **didn't**. （いいえ、しなかったよ） |

答えるときも did を使う！

↳ didn't は did not の短縮形

不規則動詞の過去形

buy → bought
come → came
eat → ate
get → got
go → went
have → had
make → made
read → read
see → saw
take → took
※合わせて P.126-127 も確認しよう。

💡 絶対おさえる！ 過去形（be動詞）のルール

☑ am、is の過去形は was、are の過去形は were。
☑ 否定文は be 動詞のあとに not を置き、疑問文は be 動詞を主語の前に置く。

| 肯定文 | I **was** busy. （私は忙しかったよ） |

↳ 主語が I なので be 動詞は was

| 否定文 | I **was not** busy. （私は忙しくなかったよ） |

↳ be 動詞のあとに not

| 疑問文 | **Were** you busy? （あなたは忙しかったの？） |

↳ 主語の前に be 動詞。主語が you なので be 動詞は were

| 応答文 | Yes, I **was**. （うん、忙しかったよ） |
| | No, I **wasn't**. （いいえ、忙しくなかったよ） |

答えるときも be 動詞を使う！

was[were] not の短縮形

was not → wasn't
were not → weren't

過去を表す語句

「昨日」yesterday
「この前の～」last ～
「～前に」～ ago

2 進行形

💡 絶対おさえる！ 進行形のルール

☑ 今している動作を表すときは現在進行形、過去のある時点にしていた動作を表すときは過去進行形を使う。
☑ 進行形は〈be 動詞＋動詞の –ing 形〉の形で表す。
☑ 否定文は be 動詞のあとに not を置き、疑問文は be 動詞を主語の前に置く。
☑ like, know, want などの状態動詞は、ふつう進行形にしない。

肯定文	Meg is eating lunch. （メグは昼食を食べているよ）

└〈be動詞＋動詞の-ing形〉

否定文	Meg is not eating lunch. （メグは昼食を食べていないよ）

└be動詞のあとにnot

疑問文	Is Meg eating lunch? （メグは昼食を食べているの？）

└主語の前にbe動詞

応答文	Yes, she is. （うん、食べているよ） No, she isn't. （いいえ、食べていないよ）

> 答えるときもbe動詞を使う！

動詞の-ing形

① そのまま -ing をつける
　talk → talking
② e をとって -ing をつける
　use → using
　come → coming
③ 子音字を重ねて -ing をつける
　sit → sitting
　run → running
　swim → swimming

3 未来を表す文

💡 絶対おさえる！　未来を表す文のルール

☑ 未来を表す文は will や be going to を動詞の前に置く。
☑ will を使った否定文は動詞の前に won't［will not］を置き、疑問文は will を主語の前に置く。
☑ be going to を使った疑問文・否定文の作り方は be 動詞の文と同じ。否定文は be 動詞のあとに not を置き、疑問文は be 動詞を主語の前に置く。

❶ will の文

肯定文	I will meet Ken. （私はケンに会うつもりだよ）

└動詞は原形

否定文	I will not meet Ken. （私はケンに会うつもりはないよ）

└動詞の前に will not［won't］

疑問文	Will you meet Ken? （あなたはケンに会うつもり？）

└主語の前に will

応答文	Yes, I will. （うん、会うつもりだよ） No, I won't. （いいえ、会うつもりはないよ）

└won'tはwill notの短縮形

> 答えるときもwillを使う！

❷ be going to の文

肯定文	I am going to meet Ken. （私はケンに会う予定だよ）

└動詞は原形

否定文	I am not going to meet Ken. （私はケンに会う予定はないよ）

└be動詞のあとにnot

疑問文	Are you going to meet Ken? （あなたはケンに会う予定なの？）

└主語の前にbe動詞

応答文	Yes, I am. （うん、会う予定だよ） No, I am not. （いいえ、会う予定はないよ）

> 答えるときもbe動詞を使う！

be going to は「すでに決まっている未来」、will は「発話時に決めた未来のこと」や「未来の予測」を表す。

〈主語＋will〉の短縮形

I will → I'll
you will → you'll
he will → he'll
she will → she'll
it will → it'll
we will → we'll
they will → they'll

未来を表す語句

「明日」tomorrow
「次の〜」next 〜

確 認 問 題

日付	／	／	／
○△×			

1 次の英文の（　　）内に入れるのに最も適当な語(句)をア〜エから一つずつ選び、記号で答えなさい。

(1) I（　　）very busy last Sunday.

　ア　am　　　　　イ　was　　　　　ウ　were　　　　　エ　be

(2) The train will（　　）at 10：30.

　ア　arrive　　　　イ　arrives　　　　ウ　arrived　　　　エ　arriving

(3) The child（　　）not like the present.

　ア　is　　　　　　イ　was　　　　　ウ　do　　　　　　エ　did

(4) Mary is going to（　　）her grandparents this summer.

　ア　visit　　　　イ　visits　　　　ウ　visited　　　　エ　visiting

(5) We（　　）the festival last summer.

　ア　enjoy　　　　イ　enjoys　　　　ウ　enjoyed　　　　エ　are enjoying

(6) Tom and his friends（　　）soccer now.

　ア　are playing　　イ　played　　　ウ　plays　　　エ　were playing　　　[2019 岩手]

2 次の文が正しい英文になるように、（　　）内の語を適切な形にして 1 語で書きなさい。ただし、直す必要のない語はそのまま書きなさい。

(1) The students（ be ）in the gym yesterday morning.

(2) My father will（ buy ）a new car soon.

(3) Last year, I（ choose ）a blue tie as a birthday present for my father.　　　[2019 兵庫]

(4) David is going to（ leave ）Japan next Monday.

(5) Becky（ study ）math last night.

(6) Many people are（ dance ）to music over there now.

3 次の対話文が成り立つように、（　　）内に適当な語を書きなさい。

(1) A：（　　）you using this computer now?

　　B：Yes, I（　　）.

(2) A：（　　）John going to see a movie tomorrow?

　　B：No, he（　　）.

(3) A：（　　）Yuka live in Sydney two years ago?

　　B：Yes, she（　　）.

(4) A：（　　）you in the park yesterday?

　　B：No, I（　　）.

(5) A：（　　）they come to the party next Sunday?

　　B：Yes, they（　　）.

4 次の日本文に合うように、（　　）内に適当な語を書きなさい。

(1) 彼は昨日、公園に行って何枚かの写真を撮りました。

He（　　）to the park and（　　）some pictures.

(2) 私の母は先週の日曜日、家にいませんでした。

My mother（　　）（　　）at home last Sunday.

[2020 宮崎 改]

(3) 彼女は今、プールで泳いでいるところです。

She（　　）（　　）in the pool now.

(4) あなたたちは明日、この部屋を使う予定ですか。

（　　）you（　　）to use this room tomorrow?

(5) 彼らはそのとき、ケーキを焼いていました。

They（　　）（　　）a cake then.

(6) 彼は来週末、テニスを練習するつもりはありません。

He（　　）（　　）tennis next weekend.

5 次の英文を（　　）内の指示に従って書きかえなさい。

(1) Alice is tired <u>today</u>. （下線部を yesterday にかえて）

(2) I'm going to ride a bike. （否定文に）

(3) Fred read a Japanese book. （疑問文に）

(4) They were watching TV then. （否定文に）

(5) We run in the park. （文末に now を入れて、「～しているところです」という意味の文に）

6 次の日本文に合う英文になるように、（　　）内の語(句)を並べかえ、英文を完成させなさい。

(1) 明日は晴れでしょう。

(sunny / it / tomorrow / be / will / .)

(2) 私の姉は英語で手紙を書いていました。

(writing / was / a letter / my sister) in English.

[2019 栃木 改]

(3) あなたたちはいつその部屋を掃除しましたか。

(you / the room / when / clean / did / ?)

(4) 彼は今、音楽を聞いていません。

(is / to / listening / not / he / music) now.

(5) 私は家族と買い物に行く予定です。

(to / I'm / shopping / go / going) with my family.

[2020 宮崎 改]

7 次の日本文を英文にしなさい。ただし、（　　）内の語数で書くこと。また、コンマやピリオドは語数に含めないこと。

(1) 彼らは宿題をしていましたか。（5語）

(2) 私は来週、彼に会う予定はありません。（8語）

(3) 彼女は3日前、学校に来ませんでした。（8語）

5

文法
助動詞

1 助動詞の形

💡 絶対おさえる！　助動詞のルール

☑ 動詞の前に置き、**動詞に意味を加える働き**をする。
☑ 助動詞のあとの動詞はいつも**原形**。
☑ 否定文は助動詞のあとに not を置き、疑問文は主語の前に助動詞を置く。

| 肯定文 | He **will** come here. （彼はここに来るだろう）
↳ 動詞の前
　に助動詞　　動詞は原形 |

〈助動詞＋not〉の短縮形
will not → won't
cannot → can't
must not → mustn't
should not → shouldn't

| 否定文 | He **will not** come here. （彼はここに来ないだろう）
↳ 助動詞のあとに not |

| 疑問文 | **Will** he come here? （彼はここに来るかな？）
↳ 主語の前に助動詞 |

| 応答文 | Yes, he **will**. （うん、来るだろう）
No, he **won't**. （いいえ、来ないだろう） |

答えるときも
助動詞を使う！

2 canとmay

💡 絶対おさえる！　canとmayの意味

☑ 〈**can**＋動詞の原形〉は「**～することができる**」（能力や可能）や「**～してもよい**」（許可）という意味。
☑ 〈**may**＋動詞の原形〉は「**～かもしれない**」（推量）や「**～してもよい**」（許可）という意味。
☑ **Can[Will] you ～?** は「**～してくれませんか**」と相手に依頼する表現。
☑ **Can[May] I ～?** は「**～してもいいですか**」と相手に許可を求める表現。

可能	I **can** play the guitar well. （私はギターを上手に弾けるよ）
許可	You **may[can]** go now. （あなたはもう行ってもいいよ）
推量	Eri **may** like the book. （エリはその本が好きかもしれない）
依頼	**Can[Will]** you help me? （私を手伝ってくれない？）
許可を求める	**Can[May]** I come in? （入ってもいい？）

➡ **can**の過去形は**could**

　My father **could** run fast. （お父さんは速く走れたよ）
　　　　　　　　↳ canの過去形はcould

📖 参考

Could[Would] you ～? と
Could[Might] I ～ ? は
丁寧な言い方。

could not の短縮形は
couldn't

3 mustとhave to

💡 絶対おさえる！　mustとhave toの意味

☑ 〈**must**＋動詞の原形〉〈**have to**＋動詞の原形〉は「**～しなければならない**」という義務を表す。
☑ 〈**must not[mustn't]**＋動詞の原形〉は「**～してはならない**」という禁止を表す。
☑ 〈**don't[doesn't] have to**＋動詞の原形〉は「**～する必要はない**」という意味。

● Can[Will] you ～? / Can[May] I ～? の疑問文やmust not ～ / don't have to
～ の識別は入試頻出！　すぐに意味を答えられるようにしておこう。

❶ mustの文

| 義務 | I must get up early.（私は早起きしなければならない） |
| 禁止 | You must not swim here.（ここで泳いじゃいけないよ） |

➡ mustの過去形・未来形はない

| 現在形 | I must stay home.（私は家にいなければならない） |
| 過去形 | I had to stay home.（私は家にいなければならなかった）
└ have toの過去形 |

| 未来形 | I will have to stay home.（私は家にいなければならないだろう）
└ 〈will + have to〉 |

mustの否定文は否定の命令文〈Don't ＋動詞の原形 ～.〉とほぼ同じ意味になる。

参考
mustは「～にちがいない」と確信を表すこともできる。
He must be busy.
（彼は忙しいにちがいない）

❷ have toの文

| 肯定文 | I have to call him.（私は彼に電話しなきゃいけない）
└ 〈have to ＋動詞の原形〉 |

| 否定文 | I don't have to call him.（私は彼に電話する必要はない）
└ have toの前にdon't[do not] |

| 疑問文 | Do you have to call him?
└ 主語の前にdo
（あなたは彼に電話しなきゃいけないの？） |

| 応答文 | Yes, I do.（うん、しなきゃいけないよ）
No, I don't.（いいえ、する必要はないよ） |

答えるときもdoを使う！

主語が3人称単数のとき、have to は has to になる。

過去の文は had to を使う。

---

4 ❮ shouldとshall

💡 **絶対おさえる！　shouldとshallの意味**

☑ 〈should ＋動詞の原形〉は「～するべきだ」という**義務**や**助言**を表す。
☑ 〈Shall I ＋動詞の原形 ～?〉は「～しましょうか」と相手に**申し出る**表現。
☑ 〈Shall we ＋動詞の原形 ～?〉は「～しませんか」と相手に**提案する**表現。

❶ shouldの文

You should study hard.（あなたは一生懸命勉強するべきだよ）

should は must や have to よりやわらかい表現。

❷ Shall I ～?とShall we ～?

Shall I open the door?（ドアを開けようか？）
➡ 応答文は　Yes, please.（うん、お願い）
　　　　　　No, thank you.（いいえ、大丈夫）など

Shall we play soccer after school?（放課後サッカーしない？）
➡ 応答文は　Yes, let's.（うん、しよう）
　　　　　　No, let's not.（いいえ、しないでおこう）など

Shall we ～? は〈Let's ＋動詞の原形 ～.〉とほぼ同じ意味になる。

解答解説 別冊 P.008

 確 認 問 題

日付	／	／	／
○△✕			

1 次の英文の（　　）内に入れるのに最も適当な語をア〜エから一つずつ選び、記号で答えなさい。

(1) 私は次の日曜日に動物園を訪れるつもりです。

I（　　）visit the zoo next Sunday.

ア　can　　　　　イ　will　　　　　ウ　must　　　　　エ　should

(2) 彼女はとても上手に踊ることができます。

She can（　　）very well.

ア　dance　　　　イ　dances　　　　ウ　danced　　　　エ　dancing

(3) 明日、買い物に行きましょうか。

（　　）we go shopping tomorrow?

[2020 北海道]

ア　Did　　　　　イ　Are　　　　　ウ　Let's　　　　　エ　Shall

(4) 彼らは来年、日本に来るかもしれません。

They（　　）come to Japan next year.

ア　may　　　　　イ　must　　　　　ウ　should　　　　エ　shall

(5) 水を持ってきてもらえますか。

（　　）you bring some water?

ア　Do　　　　　イ　Shall　　　　　ウ　Will　　　　　エ　Must

(6) 私たちは9時に駅に着かなければなりません。

We（　　）to arrive at the station at 9：00.

ア　should　　　　イ　must　　　　　ウ　can　　　　　エ　have

(7) マイクは子どもだったとき、上手に泳ぐことができました。

Mike（　　）swim well when he was a child.

ア　can　　　　　イ　may　　　　　ウ　could　　　　　エ　might

2 次の対話文が成り立つように、（　　）内に適当な語を書きなさい。

(1) A：Can you draw pictures well?

B：Yes,（　　）（　　）.

(2) A：（　　）it be sunny tomorrow?

B：No, it（　　）. It's going to be rainy.

(3) A：（　　）he have to go home now?

B：No, he（　　）.

(4) A：（　　）（　　）have a hamburger?

B：Sure. Would you like coffee or tea, too?

(5) A：Must I buy a new notebook for this class?

B：No, you（　　）（　　）to. You can use an old one.

(6) A：（　　）（　　）watch TV?

B：Yes, let's.

3 次の日本文に合うように、（　　）内に適当な語を書きなさい。

(1)　あなたたちは辞書を使ってもよいです。

　　You（　　）（　　）your dictionaries.

(2)　彼らはここで英語を話す必要はありません。

　　They（　　）（　　）to speak English here.

(3)　あなたのために朝食を作りましょうか。

　　（　　）（　　）make breakfast for you?

(4)　学生はたくさんの本を読むべきです。

　　Students（　　）（　　）many books.

(5)　彼が私たちの新しい先生にちがいありません。

　　He（　　）（　　）our new teacher.

(6)　ギターを弾いてもらえますか。

　　（　　）（　　）play the guitar?

4 次の英文を（　　）内の指示に従って書きかえなさい。

(1)　Meg will go back to Canada this summer.　（否定文に）

(2)　We must wash our hands before dinner.　（疑問文に）

(3)　I have to write a letter.　（下線部を Tom にかえて）

(4)　Don't eat any food in the library.　（You から始めて、ほぼ同じ意味の文に）

(5)　Let's sing some songs.　（ほぼ同じ意味の疑問文に）

5 次の日本文に合う英文になるように、（　　）内の語（句）を並べかえ、英文を完成させなさい。

(1)　あなたのお兄さんは車を運転することができますか。

　　(your / a car / can / brother / drive / ?)

(2)　来週末、彼女は働かないでしょう。

　　(work / not / next / she / will) weekend.

(3)　この部屋を掃除していただけませんか。

　　(this / could / clean / you / room / ?)

(4)　私たちはどちらの方法を選ぶべきですか。

　　(choose / way / we / should / which / ?)

(5)　あなたたちはここでボール遊びをしてはいけません。

　　(with / must / balls / not / play / you) here.

6 次の日本文を英文にしなさい。ただし、（　　）内の語数で書くこと。また、コンマやピリオドは語数に含めないこと。

(1)　あなたの自転車を使ってもいいですか。（5語）

(2)　あなたはその箱の上に座るべきではありません。（7語）

(3)　彼らは昨夜、早く寝なければなりませんでした。（9語）

文法

文型、There is[are] 〜 の文

1 いろいろな文型

💡 絶対おさえる！　5文型の構造

☑ 英語の文は**主語（S）・動詞（V）・補語（C）・目的語（O）**の4つの要素によって文の構造が決まる。

主語　（S）：「〜は」「〜が」を意味する。→名詞・代名詞

動詞　（V）：「〜である」「〜する」を意味する。→動詞

補語　（C）：主語や目的語を説明する働きをする。→名詞・代名詞・形容詞

目的語（O）：動詞が表す動作の対象を示す働きをする。→名詞・代名詞

☑ **5文型**

第1文型	SV	〈主語＋動詞〉
第2文型	SVC	〈主語＋動詞＋補語〉
第3文型	SVO	〈主語＋動詞＋目的語〉
第4文型	SVOO	〈主語＋動詞＋目的語＋目的語〉
第5文型	SVOC	〈主語＋動詞＋目的語＋補語〉

☑ 場所や時を表してS・V・O・Cを詳しく説明する語として、**修飾語（M）**もあるが、文型の識別には影響しない。

第1文型 **SV「（主語）は〜する[〜にいる]」**

I live in Australia.（私はオーストラリアに住んでいるよ）
S　V　　　└場所を表す修飾語句（M）

I was at home last Sunday.（私はこの前の日曜日、家にいたよ）
S　V　　　└時を表す修飾語句（M）

> There is 〜 . の文も第1文型。
> There is a cat on the car.
> 　　　V　S

第2文型 **SVC　主語＝補語の関係**

I am a student.（私は学生だよ）
S　V　　C　　　I = a student

Sam looks happy.（サムは嬉しそうだよ）
S　　V　　C　　　Sam = happy

> 第2文型で使われる動詞
>
> become「〜になる」
> feel「〜の感じがする」
> get「〜になる」
> sound「〜に聞こえる」

第3文型 **SVO「（主語）はOを〜する」**

I study English every day.（私は毎日英語を勉強するよ）
S　V　　O　　　M　　　Oが動作の対象

第4文型 **SVOO「（主語）は（人）に（もの）を〜する」**

I gave Mary flowers.（私はメアリーに花をあげたよ）
S　V　　O　　O

My father cooked us dinner.（父が私たちに夕食を作ってくれたよ）
　S　　　V　　O　O

> 第4文型で使われる動詞
>
> ask「〜に…をたずねる」
> buy「〜に…を買う」
> make「〜に…を作る」
> show「〜に…を見せる」
> teach「〜に…を教える」

➡ SVOOの文は〈S＋V＋O（もの）＋to[for]＋O（人）〉のSVOの文に書きかえることができる。

I gave flowers to Mary.
S　V　　O　　　M

● 5文型は、なかなか一人では勉強しにくい。自信がないときは先生に、「SVOCに分けてみましたが、これで合っていますか？」と聞こう！

My father cooked dinner for us.
S　　　V　　　O　　　M

〈SVO＋to 〜〉になる動詞	show, teach, send など
〈SVO＋for 〜〉になる動詞	make, buy, get など

⚠ 注意
ask は〈of ＋人〉になる。
I asked a question of him.

➡ O（もの）が代名詞のときは SVOO の文にせず、〈SVO ＋ to[for] 〜〉の文にする。

× I gave Mary them.
└「（もの）を」の部分が代名詞のときは SVOO にしない

○ I gave them to Mary.

第5文型　SVOC　目的語＝補語の関係

I call my sister Nana.（私は妹をナナと呼ぶよ）
S　V　　O　　　C　　　　my sister = Nana

第5文型で使われる動詞
name「〜を…と名づける」
make「〜を…にする」
keep「〜を…にしておく」

2 There is[are] 〜. の文

💡 絶対おさえる！　There is[are] 〜. の文のルール

☑ 〈There is[are] 〜＋場所を表す語句〉は「…に〜がある[いる]」という意味。
☑ あとに続く名詞が単数なら is、複数なら are を使う。
☑ 過去の文では was[were]を使う。
☑ 否定文は be 動詞のあとに not を置き、疑問文は be 動詞を there の前に置く。

肯定文　There is a bird on the tree.（木の上に鳥がいるよ）
└名詞が単数　└場所を表す語句

続く名詞が複数の場合
There are some birds on the tree.└名詞が複数

否定文　There is not a bird on the tree.（木の上に鳥はいないよ）
└be動詞のあとに not

疑問文　Is there a bird on the tree?（木の上に鳥がいる？）
└ there の前に be 動詞

There＋be動詞の短縮形
There is → There's
There are → There're

応答文　Yes, there is.（うん、いるよ）
No, there isn't.（いいえ、いないよ）

答えるときも there を使う！

数をたずねる疑問文
How many balls are there in the box?
（箱の中には何個のボールがあるの？）

応答文　There are five (balls).（5個（のボールが）あるよ）

➡ 特定のものや人について言うときはふつう There is[are] 〜. の文は使わない。

× There is my dog under the bed.
└ my は「私の」とあとに続く名詞を特定しているので、There is 〜. の文は使えない。

○ My dog is under the bed.

解答解説 別冊 P.009

 # 確 認 問 題

日付	／	／	／
○△×			

1 次の英文の（　　）内に入れるのに最も適当な語をア〜エから一つずつ選び、記号で答えなさい。

(1) There (　　) two chairs in the room.

 ア　is   イ　are   ウ　do   エ　does

(2) Mr. Brown teaches (　　) science.

 ア　we   イ　our   ウ　us   エ　ours

(3) The new library near the station (　　) great. [2021 神奈川]

 ア　looks   イ　sees   ウ　gives   エ　takes

(4) There (　　) a bookstore by the station three years ago.

 ア　is   イ　are   ウ　was   エ　were

(5) I won't (　　) people sad.

 ア　be   イ　name   ウ　become   エ　make

2 次の日本文に合うように、（　　）内に適当な語を書きなさい。

(1) この動物園にはパンダが1頭もいません。

 (　　)(　　) any pandas in this zoo.

(2) あなたの考えはとてもおもしろく聞こえます。

 Your idea (　　) very (　　).

(3) 私は眠くなりました。

 I (　　)(　　).

(4) 今朝、たくさんの生徒が体育館にいましたか。

 (　　)(　　) many students in the gym this morning?

(5) 彼にいくつか質問をしてもいいですか。

 Can I (　　)(　　) some questions?

3 次の各組の文がほぼ同じ意味になるように、（　　）内に適当な語を書きなさい。

(1) Ken plays basketball.

  Ken is a (　　)(　　).

(2) My school has a pool.

  (　　)(　　) a pool in my school.

(3) I'll send him a letter.

  I'll send a letter (　　)(　　).

(4) My mother made me a cake.

  My mother made a cake (　　)(　　).

4 次の対話文が成り立つように、（　　）内の語を並べかえ、英文を完成させなさい。

(1) A：I want to practice the guitar. But I don't have one.　　　　　　　　[2021 愛媛 改]

　　B：OK. You can use mine. I'll（ it / to / bring / you ）tomorrow.

(2) A：You have a big bag. What's in it?

　　B：Well,（ books / are / five / there ）and some notebooks in it.

(3) A：My name is Yasuaki, but（ call / friends / me / my ）Yasu.　　　　　[2020 佐賀]

　　B：OK. Hi, Yasu. I'm glad to meet you.

(4) A：Oh, no. I can't find my pen. I put it on my desk.

　　B：Again? You should（ clean / desk / keep / your ）.

5 次の英文を（　　）内の指示に従って書きかえるとき、（　　）内に適当な語を書きなさい。

(1) Is there a bed in your room?　（No で答えて）

　　→No,（　　）（　　）.

(2) Lucy is tired.　（「〜のように見える」という意味の文に）

　　→Lucy（　　）（　　）.

(3) There is a box by the window.　（下線部を three にかえて）

　　→There（　　）three（　　）by the window.

(4) I'll give this present to you.　（ほぼ同じ意味の文に）

　　→I'll（　　）（　　）this present.

6 次の日本文に合う英文になるように、（　　）内の語(句)を並べかえ、英文を完成させなさい。

(1) 私の兄がそのイヌをジョンと名づけました。

　　(John / brother / named / the dog / my / .)

(2) あなたを何と呼べばよいですか。

　　(can / call / what / you / I / ?)

(3) 彼女は私たちにカレーを作るつもりです。

　　(will / curry / us / she / cook / for / .)

(4) あなたに私の家族の写真を見せましょう。

　　(you / pictures / I'll / my family / show / of / some / .)

(5) バスの中には何人の人がいますか。

　　(there / the bus / many / are / on / how / people / ?)

7 次の日本文を英文にしなさい。ただし、（　　）内の語数で書くこと。また、コンマやピリオドは語数に含めないこと。

(1) その映画が彼女を有名にしました。（5語）

(2) 祖母は私に新しい靴を買ってくれました。（6語）

(3) 私たちの学校の近くには公園が一つもありません。（7語）

Chapter 7

文法 不定詞①、動名詞

1 不定詞の名詞的用法

> 💡 **絶対おさえる！ 名詞的用法の働き**
>
> ☑ 〈**to ＋動詞の原形**〉の形で、「**〜すること**」という意味になり、名詞と同じ働きをする。
> ☑ 特定の動詞のあとについて動詞の**目的語**になったり、文の**主語**や**補語**になったりする。

動詞の目的語 Jim likes to read books.
　　　　　　　　　　　└ likeの目的語

> toのあとの動詞は主語に関係なくいつも原形

（ジムは本を読むことが好きだよ）

Meg wants to be a singer.
　　　　　　└ wantの目的語

> toのあとのbe動詞は原形のbeになる

（メグは歌手になりたいと思っているよ）

文の主語 To read books is fun.
　　　　　　└ 主語

> 主語になる不定詞は3人称単数扱いなのでbe動詞はis

（本を読むことは楽しいよ）

文の補語 Meg's dream is to be a singer.
　　　　　　　　　　　　　└ 補語

（メグの夢は歌手になることだよ）

あとに不定詞がくる動詞

hope to 〜
　　「〜することを望む」
want to 〜「〜したい」
wish to 〜
　　「〜することを願う」

Meg's dream ＝ to be a singer の関係

2 不定詞の副詞的用法

> 💡 **絶対おさえる！ 副詞的用法の働き**
>
> ☑ 〈**to ＋動詞の原形**〉で、「**〜するために**」という意味になり、前の動詞の動作の**目的**を表す。
> ☑ 感情を表す形容詞のあとに〈**to ＋動詞の原形**〉を置くと「**〜して**」という意味になり、感情の**原因**を表す。

動作の目的 Kate went to the park to play basketball.
　　　　　　　　　　　　　　　　　　└ went to the parkの目的

> 過去のことでもtoのあとの動詞は原形

（ケイトはバスケットボールをするために公園に行ったよ）

➡ Why の疑問文に対する応答文にも用いる。

Why did you go home early yesterday?（昨日なぜ早く帰ったの？）
— To help my mother.（お母さんを手伝うためだよ）

感情の原因 I am happy to win the game.
　　　　　　　　　　　　　　└ happyになった原因

> 感情を表す形容詞

（私は試合に勝って嬉しいよ）

〈感情を表す形容詞＋不定詞〉

be glad to 〜
　　「〜して嬉しい」
be happy to 〜
　　「〜して嬉しい」
be sad to 〜
　　「〜して悲しい」
be sorry to 〜
　　「〜してすまなく思う」
　　「〜して残念に思う」
be surprised to 〜
　　「〜して驚く」

● 「あとに不定詞がくる動詞・動名詞がくる動詞」は定期試験や入試でひっかけ問題として よく出題されるよ。例文をくり返し音読して、使い方を体にしみこませよう！

3 不定詞の形容詞的用法

💡 絶対おさえる！　形容詞的用法の働き

☑ 〈to ＋動詞の原形〉で、「〜するための」「〜するべき」という意味になり、前の名詞や代名詞を説明して形容詞と同じ働きをする。

My city has many places to visit.
places を詳しく説明
（私の町には訪れるべき場所がたくさんあるよ）

Let's get something to drink.（何か飲むものを手に入れようよ）
something を詳しく説明

> something や someone のあとに 〈to ＋動詞の原形〉を置くと「何か〜するもの」、「だれか〜する人」という意味になる。

4 不定詞の名詞的用法と動名詞

💡 絶対おさえる！　動名詞の働き

☑ 不定詞の名詞的用法と同様に、〈動詞の -ing 形〉でも、「〜すること」という意味になり、名詞と同じ働きをする。
☑ 動詞の目的語になったり、前置詞の目的語や文の主語・補語になったりする。

動詞の目的語　**They enjoyed dancing.**（彼らは踊ることを楽しんだよ）
〈enjoy ＋動名詞〉　enjoy のあとは動名詞

● あとに不定詞がくる動詞・動名詞がくる動詞

不定詞	want「〜したい」, hope「〜することを望む」, wish「〜することを願う」, decide「〜することに決める」など I hope to meet you again.（また会えるといいな）
動名詞	enjoy「〜することを楽しむ」, finish「〜し終える」, stop「〜するのをやめる」など Please stop talking.（話すのをやめてください）
不定詞 動名詞	like「〜することが好き」, start / begin「〜し始める」など I like to watch movies.（私は映画を見ることが好き） = I like watching movies.

> ⚠️ 注意
>
> stop のあとに不定詞が続くときは、副詞的用法の意味になる。
> I stopped to talk to John.
> （私はジョンに話しかけるために立ち止まった）
>
> to 不定詞の名詞的用法は前置詞の目的語にならない。

> その他の表現
>
> How about 〜 ing?
> 「〜してはどうですか」
> Thank you for 〜 ing.
> 「〜してくれてありがとう」
> look forward to 〜 ing
> 「〜を楽しみに待つ」

前置詞の目的語　**I'm good at singing.**（私は歌うことが得意だよ）
〈前置詞＋動名詞〉

文の主語　**Watching movies is fun.**（映画を見ることは楽しいよ）
= **To watch movies is fun.**

文の補語　**My hobby is dancing.**（私の趣味は踊ることだよ）

確 認 問 題

日付	／	／	／
○△×			

1 次の英文の（　　）内に入れるのに最も適当な語（句）をア〜エから一つずつ選び、記号で答えなさい。

(1) I'm going to go to Okinawa (　　) the beautiful sea.　　　　　　　　　　[2019 岩手]

　ア　enjoyed　　　　イ　is enjoying　　　ウ　to see　　　エ　seeing

(2) They don't have any money (　　) some food.

　ア　paying　　　　イ　buying　　　　ウ　to pay　　　エ　to buy

(3) I'm glad (　　) the game.

　ア　to win　　　　イ　to lose　　　　ウ　winning　　　エ　losing

(4) My mother hopes (　　) a job.

　ア　finds　　　　イ　found　　　　ウ　to find　　　エ　finding

(5) This jacket is perfect for (　　) in the winter.　　　　　　　　　　　　[2020 岩手 改]

　ア　show　　　　イ　showing　　　　ウ　wear　　　エ　wearing

2 次の日本文に合うように、（　　）内に適当な語を書きなさい。

(1) 私は昨日、この本を読み終えました。

　I (　　) (　　) this book yesterday.

(2) 私の夢はアメリカに住むことです。

　My dream is (　　) (　　) in America.

(3) 遅れて来てすみません。

　I'm (　　) (　　) come late.

(4) だれか私を手伝ってくれる人はいますか。

　Is there anyone (　　) (　　) me?

(5) パーティーに来てくれてありがとうございます。

　Thank you (　　) (　　) to the party.

3 次の文が正しい英文になるように、（　　）内の語を適切な形にして書きなさい。ただし、1語とは限らない。

(1) I want some water (drink).

(2) Come to the kitchen after (wash) your hands.

(3) She wants (buy) some flowers.

(4) They sometimes stopped (run) and sat down during the practice.　　　[2022 静岡]

(5) Why did you meet Mr. Green? — (ask) him some questions.

④ 次の各組の文がほぼ同じ意味になるように、（　　　）内に適当な語を書きなさい。

(1) Let's start cooking lunch.
　　Let's start （　　　）（　　　） lunch.

(2) My sister can sing songs well.
　　My sister is （　　　） at （　　　） songs.

(3) I have to do a lot of homework.
　　I have a lot of homework （　　　）（　　　）.

(4) The news made me sad.
　　I was （　　　）（　　　） hear the news.

(5) To listen to music is fun for me.
　　（　　　） to music （　　　） fun for me.

⑤ 次の対話文が成り立つように、（　　　）内の語を並べかえ、英文を完成させなさい。

(1) A：I （ to / something / give / have ） you. Here you are. 　　　[2019 愛媛]
　　B：Wow, thank you. Can I open it?

(2) A：What is your plan for this weekend? 　　　[2022 栃木]
　　B：My plan （ shopping / to / is / go ） with my sister.

(3) A：What do you （ do / going / to / before ） bed? 　　　[2020 神奈川 改]
　　B：I usually watch news on TV.

(4) A：I saw you near Toyama Station at seven yesterday morning. 　　　[2020 富山]
　　B：I （ take / there / to / was ） the 7：19 Shinkansen.

⑥ 次の日本文に合う英文になるように、（　　　）内の語（句）を並べかえ、英文を完成させなさい。

(1) ソフィーは外国に行くことに決めました。 　　　[2020 栃木 改]
　　（ go / decided / Sophie / abroad / to / . ）

(2) 大切なことは一生懸命に勉強することです。
　　The important （ to / hard / thing / study / is ）.

(3) 私は彼女と野菜を育てる方法について話しました。
　　I talked with （ grow / a way / about / to / vegetables / her ）.

(4) あなたと会うことを楽しみに待っています。
　　（ forward / you / to / I'm / meeting / looking / . ）

(5) 私たちは彼の話を聞いて驚きました。 　　　[2022 京都 改]
　　（ hear / story / to / were / we / his / surprised / . ）

⑦ 次の日本文を英文にしなさい。ただし、（　　　）内の語を使って、指定された語数で書くこと。（　　　）内の語は文頭に来る場合も、最初の文字を小文字で示している。また、コンマやピリオドは語数に含めないこと。

(1) 英語を話すことは難しいです。（is　5語）

(2) ここで写真を撮るのはどうですか。（about　5語）

(3) あなたは本を読む時間がありますか。（books　7語）

Chapter 7　不定詞①、動名詞

8

文法

不定詞②

1 〈want[tell/ask]＋(人)＋to＋動詞の原形〉

💡 **絶対おさえる！** 〈want[tell/ask]＋(人)＋to＋動詞の原形〉の意味と語順

☑ 〈want ＋(人)＋ to ＋動詞の原形〉は「(人)に〜してほしい」、〈tell ＋(人)＋ to ＋動詞の原形〉は「(人)に〜するように言う」、〈ask ＋(人)＋ to ＋動詞の原形〉は「(人)に〜するように頼む」という意味。

● 〈want ＋(人)＋to＋動詞の原形〉「(人)に〜してほしい」

I want to play the piano. (私はピアノが弾きたいな) ピアノを弾くのは「私」

I want Meg to play the piano. (私はメグにピアノを弾いてほしいな) ピアノを弾くのは「メグ」

〈to＋動詞の原形〉の前に(人)を入れる

● 〈tell ＋(人)＋to＋動詞の原形〉「(人)に〜するように言う」

My mother told me to clean my room. 言ったのは「お母さん」
掃除するのは「私」

命令文のときはtellを使う (お母さんが私に自分の部屋を掃除するように言ったの)

= My mother said to me, "Clean your room."
└命令文
(お母さんは私に「部屋を掃除しなさい」と言ったの)

● 〈ask ＋(人)＋to＋動詞の原形〉「(人)に〜するように頼む」

Ken's sister asked him to teach her English. 頼んだのは「ケンの妹」
英語を教えるのは「ケン」

依頼の文のときはaskを使う (ケンの妹は英語を教えてくれるように彼に頼んだの)

= Ken's sister said to him, "Please teach me English."
└依頼の文
(ケンの妹は「私に英語を教えて」と彼に言ったの)

2 〈It is 〜(for＋人)＋to＋動詞の原形〉

💡 **絶対おさえる！** 〈It is 〜(for＋人)＋to＋動詞の原形〉の意味と語順

☑ 〈It is 〜(for ＋人)＋ to ＋動詞の原形〉で、「(人が)…するのは〜だ」という意味。

To speak Chinese is difficult. (中国語を話すことは難しいよ)
主語

= It is difficult to speak Chinese.
└仮の主語で、訳さない

It の内容は〈to ＋動詞の原形〉以降。

To play tennis is easy for me. (テニスをするのは私には簡単だよ)
主語

= It is easy for me to play tennis.
└「〜にとって」= to以下の動作をする人

〈for ＋人〉を「〜が」と訳して「私がテニスをするのは簡単だよ」としてもよい。

合格への
ヒント
● 差がつくのは「原形不定詞」の問題。高校生になってからも頻繁に問われる
テーマなので、今のうちにマスターしておこう！

3 〈疑問詞＋to＋動詞の原形〉

💡 絶対おさえる！ 〈疑問詞＋to＋動詞の原形〉の意味と用法

☑ 〈疑問詞（how、what、when、where など）＋ to ＋動詞の原形〉は「（疑問詞の意味）＋したらよいか[するか、すべきか]」という意味。

● 「どうやって～したらよいか」

Please tell me how to go to the station.
　　　　　　　　〈how ＋ to ＋動詞の原形〉
　　　　　　　　　　　　　　　　　　（駅への行き方を教えてください）

〈how ＋ to ＋動詞の原形〉は「～のし方」、「～する方法」と訳してもよい。

● 「何を～したらよいか」

I don't know what to do now. （今、何をしたらいいかわからないよ）
　　　　　　　〈what ＋ to ＋動詞の原形〉

〈what ＋名詞＋ to ＋動詞の原形〉で「何の…を～したらよいか」という意味になる。

● 「いつ～したらよいか」

Do you know when to arrive at the station?
　　　　　　　〈when ＋ to ＋動詞の原形〉
　　　　　　　　　　　　（いつ駅に着いたらいいか知ってる？）

● 「どこで～したらよいか」

Tell me where to go in Kyoto. （京都でどこに行くべきか教えて）
　　　　　〈where ＋ to ＋動詞の原形〉

4 原形不定詞

💡 絶対おさえる！ 原形不定詞のルール

☑ to がつかずに動詞の原形だけで不定詞の働きをするものを原形不定詞という。
☑ 動詞が let、make、help などのときに〈主語＋動詞＋目的語＋動詞の原形〉の形をとる。

● 「～に…させてやる、～が…するのを許す」

I let Jim use my bike. （私はジムに私の自転車を使わせてあげたよ）
　〈let ＋目的語＋動詞の原形〉

📖 参考

let は「（許可して）～させる」、make は「（強制的に）～させる」。

● 「～に…させる」

My mother made me stay home. （お母さんが私を家にいさせたの）
　　　　　　〈make ＋目的語＋動詞の原形〉

let は過去形も過去分詞も let

● 「～が…するのを手伝う」

I helped Jim do his homework. （私はジムが宿題をするのを手伝ったよ）
　〈help ＋目的語＋動詞の原形〉

= I helped Jim to do his homework.
　　　　　　　〈to ＋動詞の原形〉でもよい

話し言葉では原形不定詞が多く使われる

確 認 問 題

解答解説 別冊 P.012

日付	／	／	／
○△×			

1 次の英文の（　）内に入れるのに最も適当な語(句)をア〜エから一つずつ選び、記号で答えなさい。

(1) I want to know (　) to go now.

ア　what　　　　　イ　when　　　　　ウ　where　　　　エ　who

(2) It will be fun (　) the festival.

ア　join　　　　　イ　joins　　　　　ウ　joining　　　　エ　to join

(3) Mr. Suzuki (　) us to bring lunch tomorrow.　　　　　　　　[2020 神奈川]

ア　told　　　　　イ　said　　　　　ウ　spoke　　　　エ　talked

(4) I let my sister (　) my favorite dress.

ア　wear　　　　　イ　wears　　　　　ウ　wearing　　　　エ　to wear

(5) My mother asked (　) to walk the dog.

ア　I　　　　　　イ　me　　　　　　ウ　for me　　　　エ　to me

2 次の日本文に合うように、（　）内に適当な語を書きなさい。

(1) 先生は次に何をすべきか生徒たちに言いました。

The teacher told the students (　) (　) do next.

(2) 彼女は私が英語で手紙を書くのを手伝ってくれました。

She (　) me (　) a letter in English.

(3) 私は母にアドバイスをくれるよう頼みました。

I (　) my mother (　) give me some advice.

(4) 私はギターの弾き方を知りたいです。

I want to know (　) (　) play the guitar.

(5) 父は私に彼の車を洗わせました。

My father (　) me (　) his car.

(6) 長時間コンピュータを使うことはあなたたちにとってよくありません。

(　) not good (　) you (　) use a computer for many hours.

3 次の各組の文がほぼ同じ意味になるように、（　）内に適当な語を書きなさい。

(1) I can use this computer.

I know (　) (　) use this computer.

(2) My father said to me, "Go to bed early."

My father (　) me (　) go to bed early.

(3) To travel abroad is exciting.

(　) exciting (　) travel abroad.

(4) Tom said to me, "Please wait for me."

Tom (　) me (　) wait for him.

4 次の対話文が成り立つように、(　　)内の語(句)を並べかえ、英文を完成させなさい。

(1) A : Do you (that / want / to / me / open) door?　　　　　　　　[2021 神奈川 改]

　　 B : Thank you. You are very kind.

(2) A : Hello. May I speak to Tom, please?　　　　　　　　　　　　　[2022 宮崎]

　　 B : Sorry. He's out now. I'll (you / him / call / to / tell) back.

(3) A : Do you (to / know / visit / when) Sam's house?

　　 B : He'll come home at around four. Visit him after that.

(4) A : Are you free now?　　　　　　　　　　　　　　　　　　　　[2021 栃木]

　　 B : Yes.

　　 A : Will you help (carry / to / me / this desk) our classroom?

　　 B : OK, but I think it's too heavy.

5 次の英文を(　　)内の指示に従って書きかえなさい。

(1) My brother uses my camera.　（I で始めて、「私は〜が…するのを許す」という意味の文に）

(2) To read foreign books is interesting for me.　（It で始めて、同じ意味の文に）

(3) Our coach always says to us, "Practice hard."　（tell を使った不定詞の文に）

(4) I know the way to buy the ticket.　（下線部を疑問詞 1 語にかえてほぼ同じ意味の文に）

6 次の日本文に合う英文になるように、(　　)内の語(句)を並べかえ、英文を完成させなさい。

(1) 私たちはどこに座るべきかわかりませんでした。

　　(know / to / didn't / sit / we / where / .)

(2) 私はみんなにパーティーに来てもらいたいです。

　　(come / to / to / I / everyone / the party / want / .)

(3) 母は私に自分の部屋を掃除させました。

　　(my room / my mother / me / made / clean / .)

(4) 学生にとって宿題をすることは大切です。

　　(is / students / do / important / it / for / to) their homework.

(5) キャンプに何を持って行くべきか私たちに教えてくれませんか。

　　(us / you / bring / what / can / tell / to) to the camp?

7 次の日本文を英文にしなさい。ただし、(　　)内の語を使って、指定された語数で書くこと。(　　)内の語
は文頭に来る場合も、最初の文字を小文字で示している。また、コンマやピリオドは語数に含めないこと。

(1) 私は彼女が夕食を作るのを手伝うつもりです。（will　6 語）

(2) 彼はあなたに彼と踊ってほしいと思っています。（with　7 語）

(3) あなたは私たちの練習をいつ始めたらいいか知っていますか。（start　8 語）

文法
接続詞、前置詞

1 時を表す接続詞

💡 **絶対おさえる！ 時を表す接続詞のルール**

☑ 2つの文を when でつなぐと「〜するときに…」、before でつなぐと「〜する前に…」、after でつなぐと「〜したあとに…」という意味になり、時を表す。

I watch TV when I'm free. (私はひまなときにテレビを見るよ)
〈主語+動詞〉　　　　〈主語+動詞〉

= When I'm free , I watch TV.

> 接続詞で始まる文を文の最初に置くときはコンマ〈 , 〉をつける

📖 参考

他に、while「〜する間に」、until[till]「〜するまで」などがある。

You should do your homework before you watch TV.
〈主語+動詞〉　　　　　　　　　　　　　〈主語+動詞〉
(テレビを見る前に宿題をするべきだよ)

= Before you watch TV , you should do your homework.

I'll call you after I get home. (家に着いたあとに電話するよ)
〈主語+動詞〉　　　　〈主語+動詞〉

= After I get home , I'll call you.

⚠️ 注意

時を表す接続詞のあとの文の中では、未来のことであっても現在形で表す。

2 条件を表す接続詞

💡 **絶対おさえる！ 条件を表す接続詞のルール**

☑ 2つの文を if でつなぐと「もし〜ならば…」という意味になり、条件を表す。

I'll go camping if it is sunny tomorrow.
〈主語+動詞〉　　　　　〈主語+動詞〉
(もし明日晴れなら、私はキャンプに行くつもりだよ)

= If it is sunny tomorrow , I'll go camping.
　　× it will be sunny　未来のことでも現在形

⚠️ 注意

if のあとの文の中では、未来のことであっても現在形で表す。

3 理由を表す接続詞

💡 **絶対おさえる！ 理由を表す接続詞のルール**

☑ 2つの文を because でつなぐと「〜なので…」という意味になり、理由を表す。

I went to bed early because I was tired.
〈主語+動詞〉　　　　　　　　〈主語+動詞〉
(疲れていたので、早く寝たよ)

= Because I was tired , I went to bed early.

➡ because の文は so を使って書きかえることができる。

I went to bed early because I was tired.
　　　結果　　　　　　　　　　　　理由

> becauseのあとに理由を表す文

= I was tired, so I went to bed early.
　　　理由　　　　　　　　　結果

> soのあとに結果を表す文

Why の疑問文に because を使って答えることができる。

例 Why did you go to bed early?
　— Because I was tired.
(なぜ早く寝たの？
— 疲れていたからだよ)

合格への ヒント
● なかなか意味が覚えられない接続詞・前置詞はノートにリストアップして、単語の勉強と同じように覚えていこう！

4 接続詞thatのいろいろな用法

💡 絶対おさえる！ 接続詞thatのいろいろな用法

☑ 動詞のあとに置き、「〜ということ」という意味で動詞の目的語や補語になる。
☑ 感情を表す形容詞のあとに置くと、「〜して…」という意味で原因・理由を表したり、「〜ということを…」という意味で具体的な内容を表したりする。
☑ 接続詞の that は省略することができる。ただし、〈主語＋動詞＋目的語＋that節〉の that はふつう省略しない。

● 動詞のあと
I think (that) he is right. （私は彼が正しいと思う）
〈主語＋動詞〉→ think の目的語

● 主語＋動詞＋目的語＋that節
➡ show や tell などの動詞のあとに、人などを表す語を入れて、動作の対象者を表すこともできる。
I'll show you that the story is true.
人 （私はあなたにその話が真実だということを示そう）

My mother often tells me that I should study hard.
人 （母はしばしば私に一生懸命勉強するべきだと言うよ）

● 主語＋be動詞＋形容詞＋that節
I'm glad (that) you got well. （あなたが元気になって嬉しいよ）
〈主語＋動詞〉→ glad の理由

that節の前にくる動詞
believe「〜だと信じる」
hope「〜を望む」
know「〜を知っている」
say「〜と言う」
think「〜だと思う」

that節の前にくる形容詞
glad[happy]「嬉しい」
sorry「残念に思って」
sure「確信して」
surprised「驚いて」

5 前置詞

💡 絶対おさえる！ 前置詞のいろいろな意味

時	〈at＋時刻〉、〈on＋曜日／日付〉、〈in＋月／年／季節など〉「〜に」、for ／ during 〜「〜の間」、before 〜「〜の前に」、after 〜「〜のあとに」など
場所	at 〜「〜で」、in 〜「〜の中に」、on 〜「〜の上に」、under 〜「〜の下に」、by 〜「〜のそばに」、near 〜「〜の近くに」、around 〜「〜のまわりに」、between 〜「〜の間に」など
その他	with 〜「〜と一緒に」、for 〜「〜のために」、by 〜「（交通手段）で」など

➡ 時を表す接続詞との違いに注意する。 前置詞のあとには名詞または代名詞が続く。

前置詞 Let's play soccer after lunch. （昼食後にサッカーをしよう）
名詞

接続詞 Let's play soccer after we eat lunch.
〈主語＋動詞〉
（昼食を食べたあとにサッカーをしよう）

⚠ 注意
複数の意味を持つ前置詞もある。
Come home by 6 o'clock.
（6時までに帰って来て）
There is a cat by the bed.
（ベッドのそばにネコがいるよ）
I go to school by bike.
（私は自転車で学校に行くよ）

⚠ 注意
「〜の間」を表す for と during
・for →「時間の長さ」が続く
for ten years「10年間」
・during →「特定の期間」が続く
during the class「授業の間」

確 認 問 題

解答解説 別冊 P.013

日付	／	／	／
○△×			

1 次の英文の（　）内に入れるのに最も適当な語（句）をア～エから一つずつ選び、記号で答えなさい。

(1) My grandparents live （　） Hakata.

　ア　at　　　　　　イ　in　　　　　　ウ　from　　　　　エ　to

(2) Lucy came to Japan （　） she was 8 years old.

　ア　that　　　　　イ　until　　　　　ウ　when　　　　　エ　if

(3) I have to finish my homework （　） Tuesday.

　ア　to　　　　　　イ　until　　　　　ウ　by　　　　　　エ　from

(4) What did you do （　） you were in New York?

　ア　while　　　　　イ　for　　　　　ウ　during　　　　エ　between

(5) I'll stay home if it （　） tomorrow.

　ア　rain　　　　　イ　rains　　　　　ウ　raining　　　　エ　will rain

(6) My mother made cookies （　） me.

　ア　for　　　　　　イ　to　　　　　　ウ　on　　　　　　エ　of

(7) I think （　） it'll be cold tomorrow.

　ア　about　　　　　イ　of　　　　　　ウ　when　　　　　エ　that

2 次の日本文に合うように、（　）内に適当な語を書きなさい。

(1) 月曜日の３時に私の家に来てください。

　　Please come to my house （　） three （　） Monday.

(2) もしあなたがこの本に興味があるなら、それをあなたにあげましょう。

　　（　） you're interested in this book, I'll give it （　） you.

(3) 私はあなたが試合に負けて残念に思います。

　　I'm （　）（　） you lost the game.

(4) 春には公園のまわりにたくさんの花を見ることができます。

　　We can see a lot of flowers （　） the park （　） spring.

(5) 宿題を終えるまで、外出してはいけません。

　　Don't go out （　）（　） finish your homework.

(6) 私は今、空腹なので、何か食べるものを手に入れたいです。

　　I want to get something to eat （　）（　） hungry now.

(7) コンビニエンスストアと銀行の間に郵便局があります。

　　The post office is （　） the convenience store （　） the bank.

(8) 私はあなたがメールを送ってくれて嬉しいです。

　　I'm （　）（　） you sent me an e-mail.

3 次の各組の文がほぼ同じ意味になるように、( ) 内に適当な語を書きなさい。

(1) Mike and I sang a song together.

I sang a song ( ) Mike.

(2) I was tired, so I didn't practice tennis.

I didn't practice tennis ( ) I was tired.

(3) She eats dinner before she takes a bath.

She takes a bath ( ) she eats dinner.

(4) My father drives to his office every day.

My father goes to his office ( )( ) every day.

4 次の英文を ( ) 内の指示に従って書きかえるとき、( ) 内に適当な語を書きなさい。

(1) Tom is from Australia. (「あなたは～だと知っていますか」という意味の文に)

Do you ( )( ) Tom is from Australia?

(2) My sister reads a book before going to bed. (ほぼ同じ意味の文に)

My sister reads a book before ( )( ) to bed.

(3) I like Alice. She is very kind. (「～なので…」という意味の 1 文に)

I like Alice ( )( ) is very kind.

(4) Let's go shopping. (「もしあなたがひまならば」という意味の語句をつけ加えた文に)

Let's go shopping ( ) you ( ) free.

5 次の日本文に合う英文になるように、( ) 内の語(句)を並べかえ、英文を完成させなさい。

(1) ベッドの下にネコがいますか。

(there / the bed / a cat / is / under / ?)

(2) 雨が降るので、傘を持っていきなさい。

(will / because / your umbrella / it / rain / take / .)

(3) 彼女が来るまでここで待っていてください。

(she / please / here / comes / until / wait / .)

(4) 父は私が教師になることを望んでいます。

(I / a teacher / will / my father / become / hopes / .)

(5) 図書館は午前 9 時から午後 7 時まで開いています。

The library (seven / opens / to / nine / the morning / the evening / from / in / in).

6 次の日本文を英文にしなさい。ただし、( ) 内の語を使って、指定された語数で書くこと。( ) 内の語は文頭に来る場合も最初の文字を小文字で示している場合がある。また、コンマやピリオドは語数に含めないこと。

(1) もしあなたが忙しいなら、私があなたを手伝います。 (I'll 7 語)

(2) 私は彼女がこのプレゼントを気に入ると確信しています。 (will 9 語)

(3) 彼は時間があるとき、よく音楽を聞きます。 (time 9 語)

比較

1 比較級

💡 絶対おさえる！　比較級の文のルール

- ☑ 2つのものや2人の人を比べて、「…より〜だ」と言うときは、〈形容詞［副詞］の比較級＋ than ...〉で表す。
- ☑ 比較級は、形容詞［副詞］によって、語尾に -er をつけるもの、前に more をつけるもの、形がかわるものがある。

● 比較級の作り方

ふつう	語尾に -er	long→longer
語尾がe	語尾に -r	nice→nicer
語尾が〈子音字＋y〉	yをiにかえて -er	easy→easier
語尾が〈短母音＋子音字〉	子音字を重ねて -er	big→bigger
比較的つづりが長いもの	moreをつける	beautiful → more beautiful

> 形がかわるもの
> good、well → better
> bad → worse
> much、many → more
> little → less
> ※あわせて P.124-125 も確認しよう。

Mike is `taller` than Bob.（マイクはボブより背が高いよ）
〈形容詞＋ -er〉　└「…より」

one＝book

This book is `more interesting` than that one.
〈more ＋形容詞〉　（この本はあの本よりおもしろいよ）

Bob can swim `faster` than Mike.（ボブはマイクより速く泳げるよ）
〈副詞＋ -er〉

I like rugby `better` than soccer.（私はサッカーよりラグビーが好きだよ）

> 「BよりAが好き」と言うときは、〈like A better than B〉

● 比較級を使った重要表現

〈Who［Which］ 〜 ＋比較級, A or B?〉「AとBのどちらが〜か」

`Who` is taller, Mike `or` Bob?（マイクとボブではどちらが背が高いの？）
└〈A or B〉の前にコンマ

> ものを比べるときは Which を使う。
> `Which` is more interesting, this book `or` that one?（この本とあの本ではどちらがおもしろいの？）

〈比較級＋ than any other ＋名詞の単数形〉「他のどの〜よりも…」

Mike is `taller` `than any other` classmate.
└名詞の単数形

（マイクは他のどのクラスメートよりも背が高いよ）

2 最上級

💡 絶対おさえる！　最上級の文のルール

- ☑ 3つ以上のものや3人以上の人を比べて、「…の中でいちばん［最も］〜だ」と言うときは、〈the ＋形容詞［副詞］の最上級＋ of［in］ ...〉で表す。
- ☑ 最上級は、形容詞［副詞］によって、語尾に -est をつけるもの、前に most をつけるもの、形がかわるものがある。

● 比較の単元で登場する英文は、身の回りのものや友達の名前に置きかえながら学習すると、イメージがわきやすくなる！

● 最上級の作り方

ふつう	語尾に -est	long → longest
語尾が e	語尾に -st	nice → nicest
語尾が〈子音字＋y〉	y を i にかえて -est	easy → easiest
語尾が〈短母音＋子音字〉	子音字を重ねて -est	big → biggest
比較的つづりが長いもの	most をつける	beautiful → most beautiful

⚠ 注意

最上級の前の the を忘れないよう気をつける。

Mike is the tallest in his family.
〈the ＋形容詞＋ -est〉　└「…の中で」　　　（マイクは家族の中でいちばん背が高いよ）

形がかわるもの

good、well → best
bad → worst
much、many → most
little → least

This book is the most interesting of them.
〈the most ＋形容詞〉　　　（この本はそれらの中でいちばんおもしろいよ）

「…の中で」の in と of

in →あとに場所や集団などを表す語句がくる
of →あとに複数を表す語句がくる

I like rugby the best of all the sports.
（私はすべてのスポーツの中でラグビーがいちばん好きだよ）

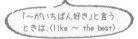
「〜がいちばん好き」と言うときは、〈like 〜 the best〉

● 最上級を使った重要表現
〈Who[What / Which] 〜＋最上級＋ of[in] …?〉

「だれ[何／どれ]が…の中でいちばん[最も]〜か」

Who is the tallest in your family?

（家族の中でだれがいちばん背が高い？）

3 ◀ 原級

💡 絶対おさえる！　原級の文のルール

☑ 2つのものや2人の人を比べて、「…と同じくらい〜だ」と言うときは、〈as ＋形容詞[副詞]＋ as …〉で表す。このとき形容詞[副詞]は原級。
☑ 否定文にすると、「…ほど〜ではない」という意味になる。

肯定文 Bob is as tall as Ken.（ボブはケンと同じくらい背が高いよ）
〈as ＋形容詞＋ as〉

I have as many books as you.
〈as ＋形容詞＋名詞＋ as〉　（私はあなたと同じくらいの数の本を持っているよ）

否定文 I am not as tall as Bob.（私はボブほど背が高くないよ）
〈否定〉＋〈as ＋形容詞＋ as〉

📖 参考

〈not as 〜 as〉は比較級の文に書きかえることができる。
→ Bob is taller than I.

3倍以降は〈数字を表す英語 ＋ times〉で表す。
「4倍」four times
「10倍」ten times

● as 〜 as … を使った重要表現
〈twice[three times] ＋ as ＋原級＋ as …〉「…の 2［3］倍〜だ」
That dog is twice as big as my dog.

（あのイヌは私のイヌの2倍大きいよ）

解答解説 ▷ 別冊 P.014

 確 認 問 題

日付	／	／	／
○△×			

1 次の文が正しい英文になるように、(　　) 内の語を適切な形にして書きなさい。ただし、1語とは限らない。また、直す必要のない語はそのまま書きなさい。

(1) My dog is (small) than yours.

(2) Mt. Fuji is the (high) mountain in Japan.

(3) Time is (important) than money for me.

(4) He is the (famous) singer in the world.

(5) My father gets up as (early) as my mother.

(6) This desk is the (big) of the four.

(7) This picture is (good) than that one.

2 次の日本文に合うように、(　　) 内に適当な語を書きなさい。

(1) 今日は昨日より暑くなるでしょう。

Today will be (　　) (　　) yesterday.

(2) 私にとって、数学が5教科の中でいちばん難しいです。

Math is the (　　) (　　) (　　) the five subjects for me.

(3) この映画はあの映画と同じくらいおもしろいです。

This movie is (　　) (　　) (　　) that one.

(4) この川がこの都市でいちばん長いです。

This river is (　　) (　　) (　　) this city.

(5) このカバンはあのカバンの2倍くらい値段が高いです。

This bag is about (　　) (　　) expensive (　　) that bag.

(6) トムは他のどの生徒より一生懸命に勉強します。

Tom studies (　　) (　　) any other (　　).

3 次の各組の文がほぼ同じ意味になるように、(　　) 内に適当な語を書きなさい。

(1) ｛ My computer is lighter than yours.
　　 Your computer is (　　) (　　) mine.

(2) ｛ Kevin is younger than Jim. Andy is younger than Kevin.
　　 Andy is (　　) (　　) of the three.

(3) ｛ I have 50 books. My mother has 100 books.
　　 My mother has (　　) books (　　) I do.

(4) ｛ Meg can't run as fast as Lucy.
　　 Lucy can run (　　) (　　) Meg.

(5) ｛ Lake Biwa is the largest lake in Japan.
　　 Lake Biwa is (　　) (　　) any other (　　) in Japan.

4 次の対話文が成り立つように、(　　) 内の語(句)を並べかえ、英文を完成させなさい。

(1) *A*：Who is (tennis / the / player / of / best) the five?　　　　[2021 神奈川 改]

　　B：Aya is. She won the city tournament last month.

(2) *A*：(newer / is / or / your bike / which / ,) Ken's?

　　B：Mine is. I got it last month for my birthday.

(3) *A*：Can I see that picture, please?　　　　[2020 神奈川 改]

　　B：Sure. Look! This is one of (most / in / mountains / the / beautiful) the world.

(4) *A*：Yasuo sings very well, right?　　　　[2022 富山]

　　B：Yes, but I think you can sing better.

　　A：Really? (as / as / cannot / I / sing / well) Yasuo.

　　B：You can do it! I heard that you practiced singing after school.

5 次の英文を (　　) 内の指示に従って書きかえなさい。

(1) My sister likes coffee.

　　(文末に「紅茶よりも」という意味の語句を加えて、比較級の文に)

(2) This tree is tall.

　　(文末に「10本の中でいちばん」という意味を加えて、最上級の文に)

(3) I can play the piano well.

　　(「ミキ(Miki)と同じくらい」という意味の語句を加えた1文に)

(4) <u>David</u> is the strongest in this class.

　　(下線部が答えの中心となる疑問文に)

6 次の日本文に合う英文になるように、(　　) 内の語(句)を並べかえ、英文を完成させなさい。

(1) 兄はふつう私よりも遅く帰宅します。

　　(home / my brother / later / me / comes / than / usually / .)

(2) あなたの人生の中でいちばん悪い経験は何でしたか。

　　(worst / was / your / the / what / life / experience / in / ?)

(3) 私たちの先生は私たちの3倍の年齢です。

　　(us / times / is / old / three / our teacher / as / as / .)

(4) 私はすべての季節の中で春がいちばん好きです。

　　(like / the seasons / spring / I / of / best / all / the / .)

(5) この辞書はあの辞書より役に立ちます。

　　(useful / dictionary / than / one / more / this / that / is / .)

7 次の日本文を英文にしなさい。ただし、(　　) 内の語数で書くこと。また、コンマやピリオドは語数に含めないこと。

(1) 私はあなたほど疲れていません。(6語)

(2) サッカーと野球ではどちらのほうが人気がありますか。(7語)

(3) あなたが家族の中でいちばん忙しいですか。(7語)

1 受動態の形と意味

💡 絶対おさえる！ 受動態の文のルール

☑ 「〜される[された]」と言うときは、〈be 動詞＋動詞の過去分詞〉で表す。過去分詞は過去形と同様に語尾に −(e)d をつける規則動詞と形がかわる不規則動詞がある。

☑ 「〜によって」と動作の行為者を表すときは〈by 〜〉をつける。

☑ 否定文は be 動詞のあとに not を置き、疑問文は be 動詞を主語の前に置く。

● 不規則動詞の過去分詞の型

AAA 型	原形・過去形・過去分詞すべて同じ	cut – cut – cut put – put – put
ABA 型	原形と過去分詞が同じ	come – came – come run – ran – run
ABB 型	過去形と過去分詞が同じ	buy – bought – bought make – made – made
ABC 型	原形・過去形・過去分詞すべて異なる	do – did – done write – wrote – written

📝 暗記

不規則動詞の変化は、原形ー過去形ー過去分詞の順にセットで覚えるとよい。

[肯定文]

Children like this song.
（子どもたちはこの歌が好きだよ）

This song is liked by children.
└〈be 動詞＋過去分詞〉 └〈by 〜〉＝「〜によって」
（この歌は子どもたちに好かれているよ）

like が現在形なので、受動態の be 動詞も現在形。主語 This song が単数なので、is にする。
→ like-liked-liked

Meg wrote this letter.
（メグがこの手紙を書いたよ）

This letter was written by Meg.
└〈be 動詞＋過去分詞〉 └〈by 〜〉
（この手紙はメグによって書かれたよ）

wrote が過去形なので、受動態の be 動詞も過去形。主語 this letter が単数なので、was にする。
→ write-wrote-written

[否定文] This letter was not written by Meg.
└ be 動詞のあとに not
（この手紙はメグによって書かれなかったよ）

[疑問文] Was this letter written by Meg?
└ 主語の前に be 動詞
（この手紙はメグによって書かれたの？）

[応答文] Yes, it was.（うん、書かれたよ）
No, it wasn't.（いいえ、書かれなかったよ）

答えるときも be 動詞を使う！

➡ 受動態は目的語(O)を主語にするので、SVOC や SVOO の文も受動態にすることができる。

● byを使わない受動態は、熟語として覚えよう！　目を閉じて耳をふさぎ、
30秒間その熟語を唱えると覚えやすいよ。

Her brother calls her Kana. (彼女のお兄さんは彼女をカナと呼ぶよ)
　　　　　　　　　　　　　O　　C

She　　　　is called　　Kana by her brother.
(彼女はお兄さんにカナと呼ばれているよ)

Mr. Ito teaches us English. (イトウ先生は私たちに英語を教えるよ)
　　　　　　　　　　O　　　O

We　　　　are taught　　English by Mr. Ito.
(私たちはイトウ先生によって英語を教えられているよ)

English　　is taught　　(to) us by Mr. Ito.
(英語はイトウ先生によって私たちに教えられているよ)

> ⚠ 注意
> SVOO の文でも、make、cook、buy などは2つ目の O (もの) しか主語にできない。
> Tom made me lunch.
> 　　　　　　O　O
> ○ Lunch was made (for) me by Tom.
> × I was made lunch by Tom.

2 byを使わない〈be動詞＋過去分詞＋前置詞〉

💡 絶対おさえる！ byを使わない〈be動詞＋過去分詞＋前置詞〉の組み合わせ
- ☑「～に知られている」と言うときは、〈be動詞＋ known to ～〉で表す。
- ☑「～でおおわれている」と言うときは、〈be動詞＋ covered with ～〉で表す。

This actor is known to everyone. (この俳優はみんなに知られているよ)
　└〈be動詞＋ known to ～〉＝「～に知られている」

The house is covered with snow. (家が雪でおおわれているよ)
　└〈be動詞＋ covered with ～〉＝「～でおおわれている」

> 📖 参考
> be made from[of] ～
> 「～から[で]作られる」
> be filled with ～
> 「～で満たされている」

3 助動詞がつく受動態

💡 絶対おさえる！ 助動詞がつく受動態の文のルール
- ☑ can、must、will などの助動詞がつく受動態の文は〈助動詞＋ be ＋過去分詞〉で表す。
- ☑ 否定文は助動詞のあとに not を置き、疑問文は主語の前に助動詞を置く。

肯定文　Fireworks can be seen from here.
　└〈can be ＋過去分詞〉 (花火はここから見られるよ)

否定文　Fireworks cannot be seen from here.
　└ canの否定の形はcannot[can't] (花火はここから見られないよ)

疑問文　Can fireworks be seen from here?
　└主語の前に can (花火はここから見られる？)

This letter must be sent today.
　└〈must be ＋過去分詞〉 (この手紙は今日送られなければならないよ)

The event will be finished tomorrow.
　└〈will be ＋過去分詞〉 (その行事は明日終えられるでしょう)

> 〈can be ＋過去分詞〉＝「～されることができる」
> 〈must be ＋過去分詞〉＝「～されなければならない」
> 〈will be ＋過去分詞〉＝「～されるだろう」

確認問題

日付	／	／	／
○△×			

1 次の文が正しい英文になるように、(　　)内の語を適切な形にして書きなさい。ただし、直す必要のない語はそのまま書きなさい。

(1) Kyoto is (visit) by many foreign people.

(2) These computers are (use) by students.

(3) This book is (read) by many people.

(4) English is (speak) in many countries.

(5) This building was (build) about 200 years ago.

(6) This novel was (write) by my cousin.

(7) This song is (sing) by young people.

2 次の日本文に合うように、(　　)内に適当な語を書きなさい。

(1) すべての机は会議室に運ばれました。

All desks (　　)(　　) to the meeting room.

(2) あなたの国でこれらの花はいつ見られますか。

When (　　) these flowers (　　) in your country?

(3) ヨーグルトは牛乳で作られます。

Yogurt (　　)(　　)(　　) milk.

(4) その祭りは8月に開催されるでしょう。

The festival (　　)(　　)(　　) in August.

(5) 私の自転車は何者かによって壊されました。

My bike (　　)(　　)(　　) someone.

(6) その絵は白い布でおおわれていました。

The picture (　　)(　　)(　　) white cloth.

3 次の英文を受動態に書きかえるとき、(　　)内に適当な語を書きなさい。

(1) Mr. Tada teaches science.

→ Science (　　)(　　) by Mr. Tada.

(2) My mother drives this car.

→ This car (　　)(　　)(　　) my mother.

(3) Ken cooked dinner yesterday.

→ Yesterday's dinner (　　)(　　)(　　) Ken.

(4) We can borrow some English books from this library.

→ Some English books (　　)(　　)(　　) from this library.

(5) A woman showed Nancy a map.

→ Nancy (　　)(　　) a map (　　) a woman.

4 次の各組の文がほぼ同じ意味になるように、（　　　）内に適当な語を書きなさい。

(1) My classmates play soccer after lunch.
Soccer（　　）（　　）by my classmates after lunch.

(2) My father took this picture on New Year's Day.
This picture（　　）（　　）by my father on New Year's Day.

(3) You must finish this homework by tomorrow.
This homework must（　　）（　　）by tomorrow.

(4) Does Mary clean this room every day?
（　　）this room（　　）by Mary every day?

(5) Many people know this movie.
This movie is（　　）（　　）many people.

5 次の英文を（　　　）内の指示に従って書きかえなさい。

(1) The door was closed. （否定文に）

(2) This book is written in English. （疑問文に）

(3) （(2)で書きかえた疑問文にYesで答えて）

(4) My grandfather named me Shota. （下線部が主語となる受動態の文に）

(5) A letter was sent to Sam. （下線部が答えの中心となる疑問文に）

6 次の日本文に合う英文になるように、（　　　）内の語（句）を並べかえ、英文を完成させなさい。

(1) その鳥はその島では見つけられませんでした。
(were / on / the birds / found / the island / not / .)

(2) この瓶は水で満たされています。
(filled / water / this bottle / with / is / .)

(3) この川ではたくさんの魚が捕まえられていますか。
(fish / caught / this river / a lot of / are / in / ?)

(4) そのニュースは先生によって私たちに話されました。
(told / us / our teacher / the news / by / to / was / .)

(5) このカレンダーはあそこの壁に貼られるべきですか。
(put / over there / the wall / should / this calendar / on / be / ?)

7 次の日本文を英文にしなさい。ただし、（　　　）内の語（句）を使って、指定された語数で書くこと。（　　　）内の語は文頭に来る場合も、最初の文字を小文字で示している。また、コンマやピリオドは語数に含めず、与えられた語（句）は、必要があれば適切な形に直して使うこと。

(1) これらの野菜は中国人には食べられていません。（eat　7語）

(2) このカバンは紙で作られていますか。（paper　6語）

(3) 子どもたちはすてきなプレゼントを与えられるでしょう。（the children　7語）

12

文法

現在完了形、現在完了進行形

1 現在完了形の形

💡 絶対おさえる！ 現在完了形のルール

☑ 〈have[has]＋過去分詞〉の形で、過去に始めた行動や出来事の終了（完了）、現在までにしたことがあること（経験）、現在まで続いていること（継続）を表す。

☑ 否定文は have[has] のあとに not を置き、疑問文は have[has] を主語の前に置く。

肯定文	I have cleaned the room.
	↳〈have＋過去分詞〉 （私はその部屋を掃除したよ）

過去形は「過去のある時点の出来事」、現在完了形は「過去に始まったことの現在の状態」を表す。

否定文	I have not cleaned the room.
	↳ have のあとに not （私はその部屋を掃除していないよ）

疑問文	Have you cleaned the room?
	↳ 主語の前に have （あなたはその部屋を掃除したの？）

応答文	Yes, I have. （うん、したよ）
	No, I haven't. （いいえ、していないよ）
	↳ haven't は have not の短縮形

> 答えるときも have を使う！

2 現在完了形（完了）

💡 絶対おさえる！ 現在完了形（完了）の意味

☑ 「（ちょうど）～したところだ」や「（すでに）～してしまった」という意味で、過去に始めたことが現在の時点で完了している状態を表す。

My mother has just come home. （母はちょうど帰宅したところだよ）

I have already taken a bath. （私はすでにお風呂に入ったよ）

Has Jim read the book yet? （ジムはもうその本を読んだの？）

She hasn't got up yet. （彼女はまだ起きていないよ）
↳ hasn't は has not の短縮形

完了の文で使われる語

just「ちょうど」
already「すでに」
yet「もう、まだ」
＊ yet は疑問文で「もう」、否定文で「まだ」という意味になる。

3 現在完了形（経験）

💡 絶対おさえる！ 現在完了形（経験）の意味

☑ 「～したことがある」という意味で、現在の時点までに経験したことを表す。

I have learned *judo* before. （私は以前に柔道を習ったことがあるよ）

Meg has never met Ken. （メグは一度もケンに会ったことがないよ）

Has he ever been there? （彼はこれまでにそこに行ったことがある？）
↳「経験」の意味の文では gone ではなく been を使う

I have seen the movie twice. （私はその映画を2回見たことがあるよ）
↳「回数」を表す。3回以上は〈数字＋times〉

経験の文で使われる語

before「以前に」
ever「これまでに」
＊ ever は疑問文で使う。
never「一度も～ない」
once「一度、かつて」
twice「2回」
～ times「～回」

● 「完了」「経験」「継続」のそれぞれの用法ごとに例文を覚えよう。
● まずは肯定文を覚え、否定文や疑問文への書きかえもできるようにしよう。

How many times have you visited Okinawa?
└「何回」
（あなたは何回沖縄を訪れたことがあるの？）

— **Three times.** （3回だよ）

● gone と been の使い分け

Jane has **gone** to Canada. （ジェーンはカナダに行ってしまったよ）
└「行ってしまった」＝「今もうここにいない」

Jane has **been** to Canada. （ジェーンはカナダに行ったことがあるよ）
└「行ったことがある」（経験）

> **回数のたずね方**
>
> 経験を表す疑問文の前に how many times をつけて回数をたずねる。twice や ～ times を使って答える。

> **been to を使った完了用法**
>
> been to ～ は「～へ行ってきたところだ」という完了の意味で用いることもある。I have just been to the library.
> （私はちょうど図書館に行ってきたところだよ）

4 現在完了形（継続）

💡 **絶対おさえる！　現在完了形（継続）の意味**

☑ 「（ずっと）～している」や「（ずっと）～だ」という意味で、過去に始まったことが現在の時点までずっと継続していることを表す。

☑ 主に be 動詞、live、know、like、want などの状態を表す動詞が使われる。

He **has lived** in Japan for ten years. （彼は10年間日本に住んでいるよ）

It **has been** cold since yesterday. （昨日からずっと寒いよ）
└ be 動詞の過去分詞は been

How long **have** you **known** him?
└「どのくらいの間」
（あなたはどのくらいの間、彼を知っているの？）

— **Since 2000.** （2000年からだよ）

— **Since I was ten years old.** （私が10歳のころからだよ）
└〈主語＋動詞〉

> **継続の文で使われる語**
>
> 〈for ＋期間〉「～の間」
> 〈since ＋過去の一時点〉「～以来」
>
> 継続を表す文の疑問文の前に How long をつけて期間をたずねる。for や since を使って答える。

5 現在完了進行形

💡 **絶対おさえる！　現在完了進行形のルール**

☑ 〈have[has] been ＋動詞の -ing 形〉の形で、現在進行中のことが、過去からずっと続いていることを表す。

☑ 否定文は have[has] のあとに not を置き、疑問文は have[has] を主語の前に置く。

We **have been playing** tennis for two hours.
└〈have been ＋動詞の -ing 形〉
（私たちは2時間テニスをしているよ）

Fred **has been reading** the book since this morning.
（フレッドは今朝からずっとその本を読んでいるよ）

How long **has** Fred **been reading** the book?
（フレッドはどのくらいの間その本を読んでいるの？）

> **参考**
>
> 現在完了進行形の文は、動作や行為が断続的に続いている場合にも使える。
>
> He has been practicing the piano since yesterday.
> （彼は昨日からずっとピアノを練習しているよ）
> → 24時間ずっと練習しているわけではない。

確 認 問 題

日付	／	／	／
○△×			

1 次の英文の（　　）内に入れるのに最も適当な語（句）をア～エから一つずつ選び、記号で答えなさい。

(1) I have just（　　）today's tennis practice.

　　ア　finish　　　　　イ　finishes　　　　ウ　finishing　　　　エ　finished

(2) Andy has（　　）this singer for three years.

　　ア　love　　　　　イ　loves　　　　　ウ　loved　　　　　エ　to love

(3) My sister（　　）for her math notebook since yesterday.

　　ア　looks　　　　　イ　looking　　　　ウ　was looked　　　エ　has been looking

(4) The weather（　　）warm since Monday.　　　　　　　　　　　　　　[2020 栃木]

　　ア　will be　　　　イ　has been　　　　ウ　are　　　　　　エ　was

(5) They've（　　）had lunch.

　　ア　already　　　　イ　ever　　　　　ウ　yet　　　　　　エ　since

2 次の日本文に合うように、（　　）内に適当な語を書きなさい。

(1) 私はすでに宿題をやってしまいました。

　　I（　　）（　　）（　　）my homework.

(2) ケンは今朝からずっとテレビゲームをし続けています。

　　Ken has（　　）（　　）the video game（　　）this morning.

(3) メグは以前に彼と会ったことがあります。

　　Meg（　　）（　　）him（　　）.

(4) あなたはもう夕食を食べましたか。

　　（　　）you（　　）dinner（　　）?

(5) 私の兄は長い間ずっと車を欲しがっています。

　　My brother（　　）（　　）a car（　　）a long time.

(6) 彼らはちょうど教室を掃除したところです。

　　They（　　）（　　）（　　）their classroom.

3 次の英文を（　　）内の語（句）を加えて現在完了形または現在完了進行形に書きかえるとき、（　　）内に適当な語を書きなさい。

(1) I leave home.（just）→ I（　　）just（　　）home.

(2) Emma hears the story.（once）→ Emma（　　）（　　）the story once.

(3) John walks in the park.（for two hours）→ John（　　）（　　）（　　）in the park for two hours.

(4) He gets to the station.（already）→ He（　　）already（　　）to the station.

(5) I know Kate.（for six years）→ I（　　）（　　）Kate for six years.

4 次の対話文が成り立つように、（　　）内に適当な語を書きなさい。

(1)　A : Has your father made a cake?

　　　B : Yes, (　　) (　　).

(2)　A : Have they started the game?

　　　B : No, (　　) (　　).

(3)　A : (　　) (　　) (　　) have you joined the festival?

　　　B : I've joined it three times.

(4)　A : (　　) (　　) has she lived in Sydney?

　　　B : She has lived there since 2010.

5 次の英文を（　　）内の指示に従って書きかえなさい。

(1)　I have washed the dishes.

　　　（「まだ」という意味の語を加えた否定文に）

(2)　Suzan has climbed Mt. Fuji.

　　　（「これまでに」という意味の語を加えた疑問文に）

(3)　We are busy.

　　　（「先週から」という意味の語句を加えて現在完了形の文に）

(4)　He has been practicing basketball <u>for ten years</u>.

　　　（下線部が答えの中心となる疑問文に）

(5)　They have tried Mexican food <u>twice</u>.

　　　（下線部が答えの中心となる疑問文に）

6 次の日本文に合う英文になるように、（　　）内の語（句）を並べかえ、英文を完成させなさい。

(1)　ルーシーは5回その美術館を訪れたことがあります。

　　　(visited / times / Lucy / the museum / has / five / .)

(2)　彼らはまだその質問に答えていません。

　　　(the question / have / they / answered / yet / not / .)

(3)　私たちは1時間ニックを待ち続けています。

　　　(have / Nick / waiting / an hour / we / been / for / for / .)

(4)　私の母は生まれたときからこの町に住んでいます。

　　　(she / my mother / lived / this town / born / has / since / was / in / .)

(5)　あなたは外国へ行ったことがありますか。

　　　(ever / to / have / foreign / been / you / countries / ?)

7 次の日本文を英文にしなさい。ただし、（　　）内の語数で書くこと。また、コンマやピリオドは語数に含めないこと。

(1)　私は一度も雪を見たことがありません。（5語）

(2)　彼らはもう日本に到着しましたか。（6語）

(3)　彼女は子どものころからずっと動物が好きです。（9語）

関係代名詞、分詞

1 主格の関係代名詞

💡 絶対おさえる！　主格の関係代名詞のルール

- ☑ 名詞（先行詞）とその名詞を詳しく説明する文をつなぐ語を**関係代名詞**という。
- ☑ 説明される名詞は**先行詞**という。
- ☑ 〈名詞＋関係代名詞＋動詞 ～〉の形で、説明する文の主語になる関係代名詞を**主格**という。
- ☑ 先行詞が「もの」のときは which または that、「人」のときは who または that を使う。

I read a book.　　　　　　It is written in English.
　　　　　　　　　　　　　　　主語 (It = a book)

I read a book which[that] is written in English.
　　　　　　a bookを説明　　　　　　　（私は英語で書かれた本を読むよ）
　　　　　　　関係代名詞のあとに動詞

⚠注意
which は先行詞が「もの」のときしか使えない。

The woman is Ms. Green.　　　She is teaching English.
　　　　　　　　　　　　　　　　主語 (She = The woman)

The woman who[that] is teaching English is Ms. Green.
　　　　　　　The womanを説明　　（英語を教えている女性はグリーン先生だよ）

⚠注意
who は先行詞が「人」のときしか使えない。

2 目的格の関係代名詞

💡 絶対おさえる！　目的格の関係代名詞のルール

- ☑ 〈名詞＋関係代名詞＋主語＋動詞 ～〉の形で、説明する文の目的語になる関係代名詞を**目的格**という。
- ☑ 先行詞が「もの」のときは which または that、「人」のときは that を使う。
- ☑ 目的格の関係代名詞は**省略**することができる。

I use a bag.　　　　　　　My mother made it.
　　　　　　　　　　　　　　目的語 (it = a bag)

I use a bag (which[that]) my mother made.
　　　　　　a bagを説明　（私は母が作ったカバンを使っているよ）
　　　　　関係代名詞のあとに〈主語＋動詞〉

⚠注意
先行詞が「もの」なので which または that を使う。

This is a boy.　　　　I met him in Canada.
　　　　　　　　　　　　目的語 (him = a boy)

This is a boy (that) I met in Canada.
　　　　　　a boyを説明　　（こちらは私がカナダで出会った男の子だよ）

⚠注意
先行詞が「人」なので that を使う。

3 〈主語＋動詞 ～〉の後置修飾

💡 絶対おさえる！〈主語＋動詞 ～〉の後置修飾のルール

- ☑ 名詞のあとに直接〈主語＋動詞 ～〉を置いて、名詞を詳しく説明することができる。

The computer my brother uses is made in America.
　　　　　　The computerを説明　（兄が使っているコンピュータはアメリカ製だよ）

目的格の関係代名詞を省略したものと同じ形。

● 後置修飾は日本語にないので、なじみにくい表現。英文と日本語訳を交互に音読して、意味の変換を瞬時に行えるようにしよう！

Chapter 13 ─ 関係代名詞、分詞

4 名詞を修飾する現在分詞

💡 絶対おさえる！ 現在分詞の前置修飾と後置修飾のルール

☑ 動詞の –ing 形を現在分詞という。現在分詞は名詞の前やあとに置いて、「～している」という意味で名詞を修飾する形容詞のような働きをする。
☑ 現在分詞１語のみで修飾するときは名詞の前、現在分詞を含む２語以上の語句で修飾するときは名詞のあとに置く。

● 現在分詞１語のみで修飾するとき：前置修飾

The 　　　　 boy is Mike. He is singing.

名詞 boy の前に置く

The singing boy is Mike.（歌っている男の子がマイクだよ）

The boy を説明

● 〈現在分詞＋語句〉で修飾するとき：後置修飾

The girl is Nancy. She is listening to music.

名詞 girl のあとに置く

The girl listening to music is Nancy.

The girl を説明　　　　　　（音楽を聞いている女の子がナンシーだよ）

📖 参考

関係代名詞を使って、
The girl who[that] is listening to music is Nancy.
と表すこともできる。

5 名詞を修飾する過去分詞

💡 絶対おさえる！ 過去分詞の前置修飾と後置修飾のルール

☑ 過去分詞を名詞の前やあとに置くと、「～される[た]」という意味で名詞を修飾する形容詞のような働きをする。
☑ 過去分詞１語のみで修飾するときは名詞の前、過去分詞を含む２語以上の語句で修飾するときは名詞のあとに置く。

● 過去分詞１語のみで修飾するとき：前置修飾

Look at that 　　　　 window. It is broken.

名詞 window の前に置く

Look at that broken window.（あの壊れた窓を見て）

that window を説明

● 〈過去分詞＋語句〉で修飾するとき：後置修飾

My father has a car. It is made in America.

名詞 car のあとに置く

My father has a car made in America.

a car を説明　　　　（父はアメリカ製の車を持っているよ）

📖 参考

関係代名詞を使って、
My father has a car which[that] is made in America.
と表すこともできる。

解答解説 別冊 P.019

 確 認 問 題

日付	／	／	／
○△×			

1 次の文が正しい英文になるように、(　) 内から適する語を選んで書きなさい。

(1) The bag (which / who) I found in the gym was Kevin's.

(2) I know the boy (which / who) plays the guitar well.

(3) Can you see the bird (which / who) is by the window?

(4) The woman (talking / talked) with Mr. Smith is my mother.

(5) The language (speaking / spoken) in his country is English.

(6) Is that (dancing / danced) girl your friend?

(7) This is the picture (drawing / drawn) by my grandmother.

2 次の日本文に合うように、(　) 内に適当な語を書きなさい。

(1) 私には中国出身の友達がいます。

I have a friend (　)(　) from China.

(2) ベッドの上で眠っているネコがタマです。

The cat (　) on the bed (　) Tama.

(3) あれは100年前に建てられた家です。

That is the (　)(　) one hundred years ago.

(4) 私が北海道で撮った写真を見てください。

Look at the pictures (　)(　)(　) in Hokkaido.

(5) 私が昨日見た映画はわくわくしました。

The movie (　)(　) yesterday (　) exciting.

3 次の各組の文がほぼ同じ意味になるように、(　) 内に適当な語を書きなさい。

(1) | I visited my grandparents. They live in Kobe.
| I visited my grandparents (　)(　) in Kobe.

(2) | A baby was crying. Ken sang a song for the baby.
| Ken sang a song for a (　)(　).

(3) | The vegetables that he grows are delicious.
| The vegetables (　)(　) are delicious.

(4) | My father caught some fish. We ate them for dinner.
| We ate some fish (　) my father (　) for dinner.

(5) | I got a letter. My aunt sent it from France.
| I got a letter (　)(　) my aunt from France.

4 次の対話文が成り立つように、(　　)内の語(句)を並べかえ、英文を完成させなさい。

(1) A : Do you (who / know / drinking / is / the boy) coffee over there?　[2022 栃木]

　　B : Yes! He is my cousin. His name is Kenji.

(2) A : I made some *origami* dolls yesterday.　[2020 宮崎]

　　B : Can you (the dolls / me / made / show / you)?

(3) A : (the man / is / on / who / sitting / the bench)?

　　B : That's Mr. White. He's my P.E. teacher.

(4) A : Excuse me, which (is / train / goes / the / to / that) Yamagata?　[2020 山形]

　　B : You can take that green train.

(5) A : Have you ever seen cherry blossoms in Iwate?　[2019 岩手]

　　B : No, I haven't.

　　A : Iwate Park is one of the (by / enjoy / many people / places / loved / who) seeing them.

　　B : I want to go there this spring.

5 次の2つの英文を、(　　)内の指示に従って1つの文に書きかえなさい。

(1) The man looks very strong. He is carrying a big box.　(関係代名詞を使って)

　　→ The man (　　　　　　　　　　　　　　　　　　　　　　) looks very strong.

(2) This is the cap. I've been looking for it.　(関係代名詞を使って)

　　→ This is the cap (　　　　　　　　　　　　　　　　　　　).

(3) Look at the dog. It's running over there.　(分詞を使って)

　　→ Look at the dog (　　　　　　　　　　　　　　　　　　　).

(4) The girl was Becky. She was chosen as the best tennis player.　(分詞を使って)

　　→ The girl (　　　　　　　　　　　　　　　　　　　　　　) was Becky.

6 次の日本文に合う英文になるように、(　　)内の語(句)を並べかえ、英文を完成させなさい。

(1) その男性が私たちに話した話はとてもおもしろかったです。

　　(the man / told / interesting / the story / was / by / very / .)

(2) 私は彼女が私にくれたプレゼントを気に入りました。

　　(gave / that / liked / she / me / the present / I / .)

(3) あなたのために私ができることが何かありますか。　[2022 岐阜 改]

　　(do / anything / you / can / I / is / for / there / ?)

(4) 私には大学で数学を勉強している姉がいます。

　　(at / math / have / studying / I / university / a sister / .)

(5) トムは水泳が得意な少年です。

　　(is / is / at / a boy / Tom / good / swimming / who / .)

7 次の日本文を英文にしなさい。ただし、(　　)内の語(句)を使って、指定された語数で書くこと。(　　)内の語は文頭に来る場合も、最初の文字を小文字で示している。また、コンマやピリオドは語数に含めないこと。

(1) ギターを弾いているあのミュージシャンは人気があります。　(musician　7語)

(2) あなたは英語で書かれた本を読みますか。　(books　7語)

(3) 私は病気の人々を助ける医者になりたいです。　(sick people　10語)

14

文法

仮定法

1 ifを使った仮定法

💡 絶対おさえる！ ifを使った仮定法のルール

☑ 現在の事実と異なることを仮定し、「もし〜なら、…なのに[できるのに]」と言うときは、
〈If＋主語＋動詞の過去形, 主語＋would[could]＋動詞の原形 〜 .〉で表す。

☑ if節の動詞がbe動詞のときは、主語が単数でもふつうwereにする。

● if節が一般動詞の文

If I had a car, I could enjoy driving.
　　└過去形　　　　　　└〈could＋動詞の原形〉

　　　　　　（もし私が車を持っていたら、ドライブを楽しむことができるのに）

If you studied hard, you would pass the test.
　　　　└過去形　　　　　　　└〈would＋動詞の原形〉

　　　　　　　（もし一生懸命に勉強すれば、あなたはテストに合格するのに）

⚠ 注意

if節に助動詞を含む場合は助動詞も過去形を使う。

● if節がbe動詞の文

If it were hot today, we could go swimming.
　　└be動詞はwere　　　　　└〈could＋動詞の原形〉

　　　　　　（もし今日暑かったら、私たちは泳ぎに行けるのに）

If I were a bird, I would fly in the sky.
　　└be動詞はwere　　　└〈would＋動詞の原形〉　　（もし私が鳥なら、空を飛ぶのに）

📖 参考

話し言葉では、Iまたは3人称単数の主語のときwasを使うこともある。

● if節に助動詞を含む場合

➡ 助動詞を過去形にし、動詞は原形にする。

If I could play soccer well, I could play in the game.
　　〈could＋動詞の原形〉　　　　　　〈could＋動詞の原形〉

　　　　　　（もしサッカーを上手にできたら、私はその試合でプレイできるのに）

If I could visit my grandparents, they would be happy.
　　〈could＋動詞の原形〉　　　　　　　　　　　〈would＋動詞の原形〉

　　　　　　（もし私が祖父母を訪ねられたら、彼らは喜ぶのに）

➡ 入試問題では、becauseまたはsoを使った文を、ifを使った仮定法の文に書きかえさせる問題が出る。

My father doesn't have a car, so he can't enjoy driving.

= Because my father doesn't have a car, he can't enjoy driving. （私の父は車を持っていないので、ドライブを楽しむことができない）

➡ If my father had a car, he could enjoy driving.

合格への
ヒント
● ifを使った仮定法では、助動詞の形に注目しよう。仮定法なら過去形（could、would）、仮定法ではないなら現在形（can、will）になるよ。

➡現実のこと、起こる可能性が十分にあることには仮定法は使わない。

条件の文 …現実に起こる可能性あり

If it is sunny tomorrow, we will go swimming in the sea.

　　　　　　（もし明日晴れなら、私たちは海に泳ぎに行くよ）

→晴れて海に泳ぎに行ける可能性が十分にある場合、仮定法ではなく条件の文で表す。

仮定法 …現実に起こる可能性なし、あるいは極めて低い

If it were sunny today, we would go swimming in the sea.

　　　　　　（もし今日晴れなら、私たちは海に泳ぎに行くのに）

→実際には雨が降っていて海に泳ぎに行けない場合、仮定法で表す。

2 wishを使った仮定法

💡 絶対おさえる！　wishを使った仮定法のルール

☑ 現在の事実と異なることや実現不可能なことに対する願望を、「〜ならいいのに［ならなぁ］」と言うときは、〈I wish ＋主語＋動詞の過去形 〜 .〉で表す。
☑ 動詞が be 動詞のときは、主語が単数でもふつう were にする。
☑ 動詞の前に助動詞がつくときは、助動詞を過去形にして動詞は原形にする。

● 一般動詞を使った文

| 現実 | | **I don't have time.** （私には時間がないよ） |

| 願望 | I wish I had time. （私に時間があったらいいのに） |
　　　　　　　↳ 動詞は過去形

● be動詞を使った文

| 現実 | **Ken is not with me.** （ケンは私と一緒にいないよ） |

| 願望 | I wish Ken were with me. （ケンが私と一緒にいたらなぁ） |
　　　　　　　↳ be動詞は were

● 助動詞を使った文

| 現実 | **I can't play tennis well.** （私は上手にテニスができないよ） |

| 願望 | I wish I could play tennis well. （私が上手にテニスができたらなぁ） |
　　　　　　　↳ 助動詞は過去形。助動詞のあとの動詞は原形

| 現実 | **Meg will not come to the party.** |
　　　　　　　　（メグはパーティーに来ないつもりだよ）

| 願望 | I wish Meg would come to the party. |
　　　　　　　↳ 助動詞は過去形。助動詞のあとの動詞は原形
　　　　　　　　（メグがパーティーに来てくれたらいいのに）

I hope 〜 . と I wish 〜 .
のちがい

hope も wish と同様に願望を表すが、hope のあとには仮定法の文は続かない。

【I hope 〜 . の文】
I hope I can see you again.
（またあなたに会えることを望みます）

【I wish 〜 . の文】
I wish I could see you again.
（またあなたに会えるといいのに）

解答解説 別冊 P.021

 確認問題

日付	／	／	／
○△×			

1 次の英文の（　）内に入れるのに最も適当な語(句)をア〜エから一つずつ選び、記号で答えなさい。

(1) もし私がイヌを飼っていたら、毎日一緒に公園を散歩するのに。

　　If I （　） a dog, I would walk in the park with it every day.

　　ア have 　　　**イ** has 　　　**ウ** having 　　　**エ** had

(2) 私の家が学校のそばならいいのに。

　　I wish my house （　） by my school.

　　ア is 　　　**イ** were 　　　**ウ** can be 　　　**エ** will be

(3) もしあなたが諦めなければ、あなたの夢はかなうでしょう。

　　If you （　） give up, your dream will come true.

　　ア don't 　　　**イ** didn't 　　　**ウ** won't 　　　**エ** wouldn't

(4) 車を運転できたらいいのに。

　　I wish I （　） a car.

　　ア drive 　　　**イ** driving 　　　**ウ** can drive 　　　**エ** could drive

(5) 彼らはあなたが彼らのチームに入ることを望んでいます。

　　They hope you （　） their team.

　　ア will join 　　　**イ** would join 　　　**ウ** joined 　　　**エ** joining

(6) もしアメリカに住んでいたら、あなたと野球を見に行くのに。

　　If I lived in America, I （　） to see baseball games with you.

　　ア go 　　　**イ** will go 　　　**ウ** went 　　　**エ** would go

2 次の日本文に合うように、（　）内に適当な語を書きなさい。

(1) もし私があなただったら、彼に会いに行くのに。

　　（　）I（　）you, I（　）go to see him.

(2) 明日が日曜日ならいいのに。

　　（　）（　）tomorrow（　）Sunday.

(3) 私のネコが人間の言葉を話せたらいいのに。

　　（　）（　）my cat（　）speak human languages.

(4) もし私が医者だったら、たくさんの人を助けられるのに。

　　（　）I（　）a doctor, I（　）help many people.

(5) もし、今、私がカメラを持っていたら、ここで写真を撮れるのに。

　　（　）I（　）a camera now, I（　）take pictures here.

(6) もし私が過去に戻れるなら、同じ間違いをしないのに。

　　（　）I（　）go back to the past, I（　）make the same mistake.

3 次の英文の状況を仮定法の文で書きかえるとき、（　　）内に適当な語を書きなさい。

(1) They won't win the game because they don't practice hard.

→ If they （　　） hard, they （　　） win the game.

(2) I want my own computer, but I don't have one.

→ I （　　） I （　　） my own computer.

(3) I want to help you cook, but I can't cook well.

→ If I （　　） （　　） well, I would help you.

(4) I want to be good at math, but I'm not.

→ I wish （　　） （　　） good at math.

(5) I can't call Lucy because I don't know her phone number.

→ If I （　　） Lucy's phone number, I （　　） call her.

(6) I'm sorry that I don't have any sisters.

→ I （　　） I （　　） a sister.

(7) I want to go fishing with Tom, but he can't.

→ I wish Tom （　　） （　　） fishing with me.

(8) I'm busy, so I can't play soccer with you.

→ If I （　　） busy, I （　　） play soccer with you.

4 次の日本文に合う英文になるように、（　　）内の語(句)を並べかえ、英文を完成させなさい。

(1) 私たちがあのホテルに泊まれたらいいのに。

(stay / wish / could / at / I / that / hotel / we / .)

(2) もっと時間があれば、この本を読み終えられるのに。

(I / more time / if / could / reading / finish / had / I / ,) this book.

(3) もし地図を持っていたら、迷わないのに。

(would / a map / lost / we / we / had / not / be / if / , / .)

(4) あなたに良いアドバイスをあげられたらいいのに。

(advice / give / wish / I / I / you / good / could / .)

(5) もし私が彼なら、そうは言わないのに。

(were / so / would / he / not / say / if / I / I / , / .)

(6) もしその俳優に会うことができたら、彼と一緒に写真を撮るのに。

(would / pictures / if / meet / I / I / the actor / could / take / ,) with him.

5 次の日本文を英文にしなさい。ただし、（　　）内の語(句)を使って、指定された語数で書くこと。（　　）内の語は文頭に来る場合も、最初の文字を小文字で示している。また、コンマやピリオドは語数に含めないこと。

(1) 私が絵を上手に描ければいいのに。 (draw, well　7語)

(2) もしあなたがパーティーに来るなら、私に会えるのに。 (meet　10語)

(3) もし、今日暖かいならば、その服を着るのに。 (the clothes　10語)

15

文法

間接疑問文、付加疑問文、感嘆文

1 間接疑問文

💡 **絶対おさえる！ 間接疑問文のルール**

☑ 〈疑問詞＋主語＋動詞 〜〉が文の中に入っている文を間接疑問文という。
☑ 間接疑問文は、know や think などのあとに続いて、動詞の目的語になる。

What is his name? （彼の名前は何？）

I don't know what his name is. （私は彼の名前が何か知らないよ）
↳ 〈what＋主語＋動詞〉の順

Where does he live? （彼はどこに住んでいるの？）

I don't know where he lives. （私は彼がどこに住んでいるか知らないよ）
↳ 〈where＋主語＋動詞〉の順

➡ 疑問詞が主語のときは、語順は 〈疑問詞＋動詞 〜〉 のまま。

Who called me? （だれが私を呼んだの？）

I don't know who called me. （私はだれが私を呼んだか知らないよ）
↳ 〈主語の who＋動詞〉の順

➡ 疑問文の中でも間接疑問は 〈疑問詞＋主語＋動詞 〜〉 の順。

When will the train come? （電車はいつ来るの？）

Do you know when the train will come?
↳ 〈when＋主語＋動詞〉の順
（あなたは電車がいつ来るか知ってる？）

📖 **参考**

〈主語＋動詞＋人など〉のあとに間接疑問文がくる場合もある。
He didn't tell me what his name is.
（彼の名前が何か、彼は私に教えてくれなかった）

「だれが」という意味で、who が主語になっている。他に、what と which も主語になることがある。

2 付加疑問文

💡 **絶対おさえる！ 付加疑問文のルール**

☑ 「〜ですよね」、「〜ではないですよね」と相手に確認したり、同意を求めたりする表現を付加疑問文という。
☑ 肯定文のあとには否定の付加疑問、否定文のあとには肯定の付加疑問をつける。

● **肯定文＋付加疑問**

is not の短縮形

Ken is from Canada, isn't he? （ケンはカナダ出身だよね？）
主語を代名詞にかえる

does not の短縮形

Nancy likes animals, doesn't she? （ナンシーは動物が好きだよね？）
主語を代名詞にかえる

be 動詞の肯定文は、コンマのあとに〈[be 動詞＋not の短縮形]＋主語の代名詞〉を加える。

一般動詞の肯定文は、コンマのあとに〈do[does、did] not の短縮形＋主語の代名詞〉を加える。

● 疑問詞の意味を忘れてしまったら、「Chapter2. 命令文、疑問詞」に戻って復習しよう。
● 〈否定文＋付加疑問〉の答え方は日本語と逆！　失敗しながら慣れていこう。

● 否定文＋付加疑問

notを取ってisのみ

He is not Ken's brother, **is he?** （彼はケンの弟じゃないよね？）

主語heをそのまま置く

be 動詞の否定文は、コンマのあとに〈be 動詞＋主語の代名詞〉を加える。

notを取ってdidのみ

You didn't eat lunch, **did you?** （あなたは昼食を食べなかったね？）

主語youをそのまま置く

一般動詞の否定文は、コンマのあとに〈do［does、did］＋主語の代名詞〉を加える。

notを取ってcanのみ

She cannot swim fast, **can she?** （彼女は速く泳げないよね？）

主語sheをそのまま置く

助動詞がある文の否定文は、コンマのあとに〈助動詞＋主語の代名詞〉を加える。

➡ 〈否定文＋付加疑問〉の答え方は、日本語と逆になるので注意する。

You don't have any pets, do you?

（あなたはペットを何も飼ってないよね？）

| 飼っている場合 | — **Yes, I do.** （いや、飼っているよ）

└ 日本語では「いいえ」になるが、英語ではYes

| 飼っていない場合 | — **No, I don't.** （うん、飼っていないよ）

└ 日本語では「はい」になるが、英語ではNo

3 感嘆文

💡 絶対おさえる！　感嘆文のルール

☑ 「なんて〜なんだろう」と、驚きなどの感情を表す文を感嘆文という。
☑ 〈How ＋形容詞［副詞］＋主語＋動詞 〜 !〉は「なんて〜なんだろう」、〈What（a［an］）＋形容詞＋名詞＋主語＋動詞 〜 !〉は「なんて〜な…なんだろう」という意味。

● How を使った感嘆文

Meg is very kind. ➡ **How kind Meg is!**

└〈How ＋形容詞〉　（メグはなんて親切なんだろう）

Tom runs very fast. ➡ **How fast Tom runs!**

└〈How ＋副詞〉　（トムはなんて速く走るんだろう）

感嘆文の文末には感嘆符（!）をつける。

● What を使った感嘆文

This is a very beautiful picture.

What a beautiful picture this is! （これはなんて美しい絵なんだろう）

└〈What a ＋形容詞＋単数名詞〉

あとに続く名詞が単数のときは a または an をつける。

These are very cool cars.

What cool cars these are! （これらはなんてかっこいい車なんだろう）

└〈What ＋形容詞＋複数名詞〉

あとに続く名詞が複数のときは a［an］は不要。

確 認 問 題

日付	／	／	／
○△×			

1 次の英文の（　　）内に入れるのに最も適当な語をア〜エから一つずつ選び、記号で答えなさい。

(1) I know（　　）that girl is from.

　ア　when　　　　　イ　which　　　　　ウ　where　　　　　エ　who

(2) Dennis has two sisters,（　　）he?

　ア　is　　　　　　イ　isn't　　　　　ウ　does　　　　　エ　doesn't

(3) （　　）tall your brother is!

　ア　How　　　　　イ　Where　　　　　ウ　When　　　　　エ　What

(4) I want to know（　　）you have time.

　ア　what　　　　　イ　when　　　　　ウ　who　　　　　エ　which

(5) You're not hungry now,（　　）you?

　ア　are　　　　　　イ　aren't　　　　　ウ　do　　　　　エ　don't

(6) （　　）interesting books they are!

　ア　Where　　　　　イ　How　　　　　ウ　What　　　　　エ　Whose

2 次の日本文に合うように、（　　）内に適当な語を書きなさい。

(1) あなたは私のカバンがどこにあるか知っていますか。

　　Do you know（　　）my bag（　　）?

(2) ブラウン先生は日本語を話しますよね。

　　Mr. Brown speaks Japanese,（　　）（　　）?

(3) これはなんて古いカメラなんでしょう。

　　（　　）（　　）（　　）camera this is!

(4) 彼らは昨日、バスケットボールを練習しませんでしたよね。

　　They（　　）practice basketball yesterday,（　　）（　　）?

(5) 私は彼がいつ家に帰ったか知りません。

　　I don't know（　　）（　　）（　　）home.

(6) ジェーンは中学生ですよね。

　　Jane（　　）a junior high school student,（　　）（　　）?

(7) 彼女はなんて上手にピアノを弾くのでしょう。

　　（　　）（　　）she plays the piano!

(8) だれがパーティーに来るか教えてください。

　　Please tell me（　　）（　　）（　　）to the party.

(9) 明日は晴れますよね。

　　It'll be sunny,（　　）（　　）?

3 次の英文を（　　）内の指示に従って書きかえるとき、（　　）内に適当な語を書きなさい。

(1) What did you do on the weekend?　（Tell me から始めて、間接疑問文に）

　　Tell me （　　）（　　）（　　） on the weekend.

(2) Ms. Kato likes running.　（付加疑問文に）

　　Ms. Kato likes running, （　　）（　　）?

(3) Where can I get the information?　（Do you know から始めて、間接疑問文に）

　　Do you know （　　）（　　）（　　） get the information?

(4) You didn't go to bed early.　（付加疑問文に）

　　You didn't go to bed early, （　　）（　　）?

(5) These shoes are big.　（「なんて〜な…なんだろう」という意味の文に）

　　（　　）（　　）（　　） these are!

(6) I don't know when to visit his house.　（ほぼ同じ意味の文に）

　　I don't know （　　）（　　） should （　　） his house.

(7) What a beautiful dress that is!　（ほぼ同じ意味の文に）

　　（　　）（　　） that dress （　　）!

4 次の日本文に合う英文になるように、（　　）内の語(句)を並べかえ、英文を完成させなさい。

(1) 彼らはなんて熱心に日本語を勉強するのでしょう。

　　（ Japanese / hard / study / they / how / !）

(2) メアリーはあなたのクラスメートではないですよね。

　　（ she / is / Mary / your classmate / isn't /, / ?）

(3) 私は彼がだれなのか知りたいです。

　　（ know / want / he / to / I / who / is / .）

(4) 彼女はなんてかわいいイヌを飼っているのでしょう。

　　（ a / has / cute / she / what / dog / !）

(5) あなたのお父さんはしばしば海外に行きますよね。

　　（ he / often / doesn't / goes / your father / abroad /, / ?）

(6) あなたたちは何個の箱が必要か私に教えてください。

　　（ many / me / boxes / how / you / tell / need / .）

(7) サムとジョンはその行事に参加するつもりですよね。

　　（ will / Sam and John / they / the event / won't / join /, / ?）

(8) あなたはあの少女がなぜ泣いているのか知っていますか。

　　（ you / crying / that girl / know / is / do / why / ?）

5 次の日本文を英文にしなさい。ただし、（　　）内の語(句)を使って、指定された語数で書くこと。（　　）内の語は文頭に来る場合も、最初の文字を小文字で示している。また、コンマやピリオドは語数に含めないこと。

(1) これはなんてわくわくする物語なんでしょう。（what　6語）

(2) あなたは宿題を終えましたよね。（your　6語）

(3) 私は母がどこでそのケーキを買ったか知っています。（the cake　8語）

16 会話表現

文法

1 買い物

💡 絶対おさえる！ 店員に自分の希望を伝えるときの表現

● 洋服店での会話

店員：May I help you?（いらっしゃいませ）

客　：Yes, please. I'm looking for a T-shirt.

（お願いします。私はTシャツを探しています）

店員：How about this one?（こちらはいかがですか？）

客　：Do you have one in black?（黒色のものはありますか？）

店員：Yes. Here you are.（はい。こちらをどうぞ）

客　：How much is it?（いくらですか？）

店員：It's 7 dollars.（7ドルです）

客　：OK. I'll take it.（わかりました。それをいただきます）

その他の表現

What size[color] are you looking for?
（何サイズ[色]をお探しですか？）

Do you have one in bigger [smaller] size?
（もっと大きい[小さい]サイズはありますか？）

May I try it[them] on?
（試着してもいいですか？）

I'm just looking.
（見ているだけです）

● 飲食店での会話

店員：Are you ready to order?（ご注文はお決まりですか？）

客　：I'll have a hamburger and French fries, please.

（ハンバーガーとポテトをください）

店員：For here or to go?（ここで召し上がりますか、それともお持ち帰りですか？）

客　：For here, please.（ここでいただきます）

店員：Would you like anything else?（他に何かご入用ですか？）

客　：No, that's all.（いいえ、これですべてです）

その他の表現

May I take your order?
（注文をうかがってもよろしいですか？）

I'd like ～ (, please). / Can I have ～ (, please)?
（～をください）

Which size would you like (, A or B)?
（（AとB の）どちらのサイズがよろしいですか？）

2 道案内

💡 絶対おさえる！ 道や乗り物の乗り方をたずねたり答えたりするときの表現

● 徒歩での目的地までの行き方をたずねる

A：Excuse me. Is there a convenience store near here?

（すみません。この近くにコンビニエンスストアはありますか？）

B：Go straight along this street to the second traffic light.

（この道を2つ目の信号までまっすぐ行ってください）

Then turn right and walk for one block.

（それから、右に曲がって1ブロック歩いてください）

You'll find one on your right.（あなたの右側に見つかります）

A：OK. Thank you very much.（わかりました。ありがとうございます）

B：You're welcome.（どういたしまして）

その他の表現

How can I get to ～ ?
（～へはどうやって行けますか？）

Could you tell me the way to[how to get to] ～ ?
（～への行き方を教えてくれませんか？）

You can't miss it.
（すぐにわかります）

I'm sorry, I'm a stranger here.
（すみませんが、私はここに詳しくありません）

● 会話表現は脳内で情景をイメージしながら音読すると覚えやすくなるよ。
恥ずかしがらずに音読しよう！

● 電車での目的地までの行き方をたずねる

A：Excuse me. Does this train go to Minami Station?

（すみません。この電車はミナミ駅に行きますか？）

B：No. Take the Green Line to Midori Station.

（いいえ。ミドリ駅までグリーン線に乗ってください）

Then change trains to the Red Line there.

（そして、そこでレッド線に乗り換えてください）

A：How many stops from here? （ここからいくつ駅がありますか？）

B：Let me see…. Ten stops. （そうですね…。10駅です）

A：I see. How long does it take from here to Minami Station? （わかりました。ここからミナミ駅までどのくらいかかりますか？）

B：About 30 minutes. （30分くらいです）

その他の表現

Which train goes to ～ ?
（どの電車が～に行きますか？）
Is this the right train for ～ ?
（これは～に行く電車で合っていますか？）
Take the train from Track No. ～ .
（～番線の電車に乗ってください）
Where should I get off?
（どこで降りるべきですか？）

3 電話

絶対おさえる！　電話をかけたり受けたりするときの表現

● 話したい相手に取り次いでもらう

A：Hello? （もしもし）

B：Hello. This is Kota. （もしもし。コウタです）

May I speak to Meg, please? （メグをお願いできますか？）

A：Just a moment, please. （少々お待ちください）

● メッセージを残す

A：Hello? （もしもし）

B：Hello. This is Kota. （もしもし。コウタです）

May I speak to Meg, please? （メグをお願いできますか？）

A：I'm sorry, she is out right now. （あいにく彼女は今、外出しています）

B：Oh, OK. Can I leave a message?

（ああ、わかりました。メッセージを残してもいいですか？）

A：Sure. （もちろんです）

B：Please tell her we'll have a club meeting at 5 tomorrow.

（彼女に明日の5時に部活のミーティングがあると伝えてください）

A：OK. Maybe she'll be back at around 7.

（わかりました。たぶん彼女は7時ごろ戻ります）

I'll tell her your message then.

（そのとき、あなたのメッセージを彼女に伝えておきます）

その他の表現

Speaking. （私です）
Hold on (,please).
（そのままお待ちください）
Who's calling, please?
（どちらさまですか？）
You have the wrong number.
（番号が違っています）
May I take a message?
（メッセージを受けましょうか？）
Could you tell ～ to …?
（～に…するように伝えていただけますか？）
I'll call back later.
（あとでかけ直します）

解答解説 別冊 P.023

 確 認 問 題

日付	／	／	／
○△×			

1 次の日本文に合うように、(　　) 内に適当な語を書きなさい。

(1) メッセージを残してもいいですか。

(　　) I (　　) a message?

(2) (道をたずねられて) すみません、私はこのあたりに詳しくありません。

I'm sorry, I'm a (　　) (　　).

(3) どこでそのバスを降りるべきですか。

Where should I (　　) (　　) the bus?

(4) (電話を受けて) 番号が間違っています。

You have the (　　) (　　).

(5) ミナト駅で電車を乗り換えてください。

(　　) (　　) at Minato Station.

(6) こちらで召し上がりますか、それともお持ち帰りですか。

(　　) here or (　　) go?

(7) 書店はあなたの右側にあります。

The bookstore is (　　) (　　) (　　).

2 次の対話文が成り立つように、(　　) 内に適する文を、下の □ から一つずつ選びなさい。

(1) A : Excuse me. (　　)

B : There's one by the station. Just go along this street, and you'll find it.

(2) A : Hello, may I help you?

B : No, thank you. (　　)

(3) A : I want to go to the city museum. (　　)

B : Take No. 28 Bus. You can get on the bus over there.

(4) A : Hello. I want to talk to Jack.

B : (　　)

A : Oh, sorry. This is Andy.

(5) A : Can I have coffee, please?

B : Sure. (　　)

A : Large, please.

(6) A : Hello. This is Lucy. Is Becky there?

B : (　　) What's up, Lucy?

ア	Which size would you like?	イ	Who's calling, please?
ウ	I'm just looking.	エ	Which bus goes there?
オ	Speaking.	カ	I'm looking for a bank.

3 次のようなとき、英語でどのように言いますか。( ) 内に適当な語を書きなさい。

(1) レストランでサンドイッチとオレンジジュースを注文するとき。

( ) like sandwiches and juice, ( ).

(2) 気に入った商品を購入することを店員に伝えるとき。

( ) ( ) it.

(3) 電話を受け、かけてきた相手に「そのままお待ちください」と伝えるとき。

( ) ( ), please.

(4) 気に入った服を見つけて、試着したい旨を伝えるとき。

( ) I ( ) it ( )?

(5) 目的地までどのくらい時間がかかるかたずねるとき。

( ) ( ) does it ( ) to get there?

4 それぞれのイラストの状況で、次の対話文が成り立つように、( ) 内の語を並べかえ、英文を完成させなさい。

(1)

A：Hello?

B：Hello. This is Mary.

(Jack / to / please / may / speak / I / , / ?)

A：Sorry, Mary. He's not at home.

B：Oh, I see. When will he be back?

A：Maybe around 4.

(2)

A：Excuse me. Can you show me that sweater?

B：Sure. Here you are.

A：I like it, but it looks a little big for me.

(you / smaller / do / one / a / have / ?)

B：Yes, we do. I'll get one for you.

A：Thank you.

(3)

A：Excuse me. Is there any parks near here?

B：Yes. There are a big one and a small one.

A：How can I get to the big one?

B：(and / for / go / blocks / turn / two / left / straight / .)

A：I see. Thank you very much.

5 次の日本文を英文にしなさい。ただし、( ) 内の語を使って、指定された語数で書くこと。( ) 内の語は文頭に来る場合も、最初の文字を小文字で示している。また、コンマやピリオドは語数に含めないこと。

(1) あとで彼女に（電話を）かけ直します。（back　5語）

(2) これらの靴はいくらですか。（these　5語）

(3) 図書館への行き方を私に教えてくださいませんか。（could　9語）

17

読解

対話文

例題 ❶ 対話文

次の対話文は、日本の中学校に来ている留学生のEmmaと、クラスメートのRikoの対話である。これを読んで、あとの問いに答えなさい。

[2022 香川]

Riko : Hi, Emma. ⎡ (1) ⎤

Emma : I'm OK, but I've been busy this week. ⎡ (2) ⎤

①に対する返答
Riko : I'm going to go to a new aquarium on Sunday. I love penguins.

②に対する返答
Emma : Oh, you love penguins. In my country, Australia, you can see penguins *in wildlife.

Riko : Wow, I can't believe it! If I were in Australia, I could see penguins in wildlife. They are small and so cute!

Emma : I know. But I watched the news about a giant penguin.

Riko : What? A giant penguin? Tell me more about it.

Emma : The news said a penguin's leg *fossil was found. It was from about 60 *million years ago. And the giant penguin was about 1.6 meters tall and 80 kilograms.

③を導くヒント
Riko : Really? ⎡ (3) ⎤ I don't like big sea animals. If giant penguins were in this world, I would be very scared of them.

③を導くヒント

Emma : Don't worry. That's a very long time ago, and penguins in this world are so cute. I want to see penguins in the new aquarium. ⎡ (4) ⎤

④を導くヒント
Riko : Sure. Let's enjoy cute little penguins in this world!

④に対する返答
(注) in wildlife 野生の   fossil 化石   million 100万

本文の内容からみて、文中の(1)~(4)の ⎡　⎤ 内にあてはまる英文は、次の**ア~ク**のうちのどれか。最も適当なものをそれぞれ一つずつ選んで、その記号を書け。

ア What were you doing?　　　　**イ** They are too expensive!

ウ How are you?　　　　　　　　**エ** What are your plans for this weekend?

オ What did you do last night?　　**カ** They help me with my English.

キ It is taller and bigger than me!　**ク** Can I join you?

▌答え

選択肢を確認

```
┌ ア 「何をしていたの？」      イ 「高すぎる」
│ ウ 「調子はどう？」         エ 「週末の予定は何？」
│ オ 「昨晩何してた？」        カ 「私の英語(の勉強)を助けてくれる」
└ キ 「私より背が高くて大きい！」 ク 「私も参加していい？」
```

(1) 空所のあとで「元気だよ」と答えている。⇒**ウ**

(2) 空所のあとで日曜日の予定を答えている。⇒**エ**

(3) 空所の前にジャイアントペンギンは約1.6メートル、約80キログラムとあり、空所のあとでは「大きな海の動物は好きではない」と言っている。⇒**キ**

(4) 空所のあとで「もちろん」と答えている。⇒**ク**

💡 ポイント
空所の前後の話の流れに注意する

💡 ポイント
返答から空所内の質問を予想する

◀相手に許可を求める表現▶
Can I ~ ?
「~してもいいですか」
→ P.24　文法5

合格への
ヒント　● 対話文の空所補充問題は、選択肢を見るまえに解答を予想してみよう。
空所の前後を読むことを忘れずに！

例題 ② 会話文

次の会話文は、書道部の Naoto、Kimmy と Ayako の会話である。これを読んで、あとの問いに答えなさい。
3人の会話なので、だれの発言か確認しながら読み進める

[2022 埼玉]

Naoto : Our ALT, Mr. Smith is going back to Australia. He often comes to this calligraphy club. All the members in our club like him very much.

Kimmy : He is very nice to us. He gives us good advice.

Ayako : He helps us a lot. He loves the calligraphy works we make, too. Hey, I have an idea. How about giving him a present?

Naoto : That's a good idea! What should we get for him?

Kimmy : Let's write messages for him on shikishi. I think he'll be glad to read our messages.

Ayako : 　A　 It's a popular present and easy to make. Should we make something else for him?

Naoto : We should give him shikishi and one more thing, but I cannot think of any good ideas right now.

Kimmy : I wonder what he would like.

Ayako : Let's tell the other members of our club about our ideas . I think they will help us choose a good present.

(1) 空欄　A　にあてはまる最も適切なものを、次のア〜エの中から一つ選び、その記号を書きなさい。

ア　I don't believe it.　　　　　　　　イ　That sounds good.

ウ　Don't worry about it.　　　　　　エ　I'll give it to you.

(2) Ayako は、自分たちの考えを他の部員たちに伝えようとするのはなぜだと述べていますか。日本語で書きなさい。

答え

(1) 選択肢を確認

ア「私はそれを信じないよ」

イ「よさそうだね」

ウ「それについては心配しないで」

エ「あなたにそれをあげましょう」

Kimmy の提案について
Ayako はどう思っているか

空所の前 色紙にメッセージを書こう(Kimmy)

空所の後 人気のあるプレゼントだし、作るのも簡単(Ayako)

　　→ Ayako は Kimmy に賛成している⇒イ

(2) Ayako はどこで「他の部員たちに伝えよう」と提案しているか探す

　→ Ayako の最後の発言

・Let's tell the other members of our club about our ideas. ←

・I think they will help us choose a good present.　　　　　　理由

　⇒(解答例) Ayako たちがよいプレゼントを選ぶのを、彼らは手伝ってくれるだろうと思うから。

💡 ポイント

空所の前後を見て、前の話者に賛成しているのか、反対しているのか判断する

間接疑問文

I wonder what he would like.
私は彼は何を気に入るだろうかと思う
→ P.64　文法15

確 認 問 題

日付	/	/	/
○△✕			

■ 彩(Aya)と帰国を控えた留学生のボブ(Bob)が昼休みに教室で話しています。次の対話文を読んで、あとの(1)から(4)までの問いに答えなさい。

[2022 愛知]

Aya : Hi, Bob. When will you go back to your hometown?

Bob : Hi, Aya. I'll go back to San Francisco next month.

Aya : 【　a　】

Bob : Wonderful! I have learned about Japan in our school since last year, so I often talk about it with my host family.

Aya : Please tell me more.

Bob : Well, I learned about *QR codes in the class last week. So I talked about them with my host grandfather. I told him that the codes were made in Japan. ①Then he told me that he (　　　) for a Japanese company which first invented the QR code in 1994.

Aya : Did he?

Bob : 【　b　】 When I went to a restaurant with my family, my mother sometimes *scanned the code with her smartphone to pay the money after the meal. It was very convenient. The Japanese technology has supported our daily lives in America.

Aya : 【　c　】 Did you talk about anything else?

Bob : Yes, we talked about evacuation drills. I think it's another strong point of Japan. Japanese drills are different from American drills.

Aya : Is that so?

Bob : 【　d　】 Then fire alarms in the school make *loud (　A　) suddenly, and let us know the drill has started.

Aya : I've heard that some schools in Japan have that kind of drill.

Bob : Great! During my stay here, I've known that many Japanese prepare for disasters, such as fires, earthquakes and heavy rain.

Aya : 【　e　】 My family has made an emergency kit and we keep it in the house.

Bob : Oh, have you? ②My host family knows how much food and water they should store, and they also know (　　　) the local shelter is during a disaster. It's amazing!

Aya : Our family, too. It's important for everyone to prepare for an emergency.

Bob : I agree with you. After going back to America, I'll tell my family to store food and water in case of a disaster.

（注）　QR code　2次元コードの一つ　　　scan〜　〜を読み取る　　　loud　大きい

(1) 次の**ア**から**オ**までの英文を、対話文中の【　a　】から【　e　】までのそれぞれにあてはめて、対話の文として最も適当なものにするには、【　b　】と【　d　】にどれを入れたらよいか、そのかな符号を書きなさい。ただし、いずれも一度しか用いることができません。

ア　Yes. The codes are also popular in San Francisco.

イ　I see. Japan has a variety of disasters every year.

ウ　Your stay in this school has passed quickly. How's Japanese school life?

エ　Yes. On a fire drill day, students in my school don't know about it at all.

オ　Sounds good. Technology is a strong point of Japan.

(2) 下線①、②のついた文が、対話の文として最も適当なものとなるように、それぞれの（　　）にあてはまる語を書きなさい。

(3) （　A　）にあてはまる最も適当な語を、次の**ア**から**エ**までの中から選んで、そのかな符号を書きなさい。

ア　voices　　　　**イ**　laughter　　　　**ウ**　sounds　　　　**エ**　songs

(4) 次の英文は、対話があった日の夜、彩が英語の授業で発表するために書き始めたスピーチ原稿の一部です。この原稿が対話文の内容に合うように、英文中の（　X　）、（　Y　）にそれぞれあてはまる最も適当な語を書きなさい。

Strong points of Japan

Japan is so wonderful. One day, I learned a new fact when I talked with Bob, a student from America. He knew about QR codes in America and he learned, in the class, that they were created in Japan. A Japanese technology is spreading to another country, giving the people a convenient life and （　X　） their daily lives!

In addition, many Japanese are ready （　Y　） a disaster. Bob was surprised to know that many Japanese have stored some food and water in case of a disaster ....

解答解説 別冊 P.027

 確 認 問 題

日付	／	／	／
○△×			

2 次の英文は、高校生の直樹(Naoki)が、シンガポール(Singapore)から来た留学生のルーカス(Lucas)と会話している場面のものです。これを読んで、問いに答えなさい。　　　[2022 北海道]

Naoki : Hi, Lucas. <u>Today's English class</u> was interesting. It was my first time to use the web meeting system. It was really fun.

Lucas : Yes. I enjoyed talking with the students in Korea on the Internet.

Naoki : If we use this web meeting system, we can talk and see each other's faces. This information technology helps us have good communication.

Lucas : That's true. I sometimes use this system to talk with my family in Singapore.

Naoki : Wow, you've already used the system in your daily life, too.

Lucas : Yes. It's really useful, but my family sometimes send me handwritten postcards with pictures of Singapore. The postcards always make my heart warm and remind me of my country. So both the new technology and the traditional things are important for me.

Naoki : I understand what you mean. Your story reminds me of my uncle's job. He's a farmer and has grown cabbages on his large field for a long time. One of the important jobs he has is checking all his fields by himself to find areas which have some problems, but it takes so much time to do that. So he's trying to use new technologies now. He's using *drones and *AI. His drones are used for taking pictures of his fields and the data is sent to AI. Then it finds which areas have problems by using the data.

Lucas : Wow, that's wonderful. His work is getting easier because he checks only the areas with problems.

Naoki : I think so, too. But he says that AI isn't good enough because it can't show why the areas have problems.

Lucas : What do you mean?

Naoki : Even if it shows that some areas have a common problem such as having smaller cabbages, the reasons for the problem may be different in each area. Some areas need more *fertilizers, and other areas need more water.

Lucas : Really? Then, how does he find the reason?

Naoki : Well, he goes to the area with problems and finds the reason with the knowledge from his past experience. He remembers the similar conditions of the field in the past.

Lucas : Wow, that sounds interesting!

Naoki : Yes. I think that he's using both new technologies and his knowledge effectively.

Lucas : I agree with you. Both of them are useful for his job, so we don't need to think about which is better.

Naoki : That's right. It's important for us to decide when to use new technologies and traditional things and how to use them.

（注）　drone(s)　ドローン(無人航空機)　　AI　人工知能　　fertilizer(s)　肥料

(1) 下線部において行ったこととして、最も適当なものを、**ア～エ**から選びなさい。

ア ウェブ会議システムを使った、韓国の生徒との会話

イ 初めて来日した外国人との交流

ウ 海外への手紙の書き方についての学習

エ 情報技術を使った農業についての学習

(2) 本文の内容に合うものを、**ア～オ**から２つ選びなさい。

ア Lucas has used the web meeting system to talk with his family in Korea.

イ Lucas's heart gets warm when he reads handwritten postcards from his family.

ウ Naoki says his uncle's drones give fertilizers and water to the field.

エ Naoki's uncle uses AI to find the areas with problems in the field.

オ Naoki says his uncle can't use the data from his drones to grow cabbages.

(3) 次の図は、直樹とルーカスの会話の内容について整理したものです。本文の内容から考えて、 ① ～ ③ に入る英語を書きなさい。ただし、①は２語、②、③はそれぞれ１語とします。

図

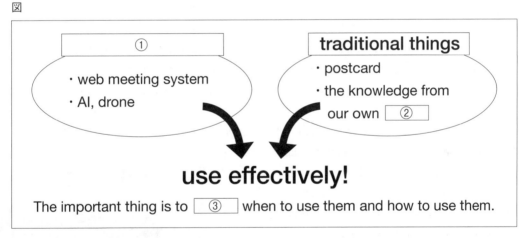

・web meeting system
・AI, drone

traditional things
・postcard
・the knowledge from our own ②

use effectively!

The important thing is to ③ when to use them and how to use them.

(4) 次の英文は、ルーカスが直樹との会話の後に書いた日記の一部です。日記の内容から考えて、 に共通して入る適当な英語を１語で書きなさい。

After I talked with Naoki, I remembered another story. I was looking for a new guitar and found some good ones on the Internet, but I didn't decide to buy one because I can't _____ them on the Internet. So I went to a shop to _____ them. The shop worker gave me some advice, too. Finally I bought the best one.

解答解説 別冊 P.028

 確 認 問 題

日付	／	／	／
○△×			

3 次は、高校生の義雄（Yoshio）、アメリカからの留学生のサラ（Sarah）、久保先生（Mr. Kubo）の３人が交わした会話の一部です。会話文を読んで、あとの問いに答えなさい。　[2022 大阪 改]

Yoshio : Hello, Sarah. Look at this picture. This is the largest lake in Japan. It is called Lake Biwa. I went there with my aunt last Sunday.

Sarah : Oh, Yoshio. Sounds nice.

Yoshio : Have you ever been there?

Sarah : ［　①　］ I want to go there someday.

Lake Biwa（琵琶湖）

Mr. Kubo : Hello. Yoshio and Sarah. What are you talking about?

Sarah : Hello, Mr. Kubo. Yoshio went to Lake Biwa with his aunt.

Mr. Kubo : Really? How was it, Yoshio?

Yoshio : When I arrived at Lake Biwa, I was surprised at its size. It was very big.

Mr. Kubo : Sounds fun. When I visited it for the first time, I thought so, too.

Sarah : I can understand your feelings. When we visit a place, we can feel something new about it, right?

Yoshio : That's true. The lake looked like the ocean!

Mr. Kubo : Sarah, do you have such an experience?

Sarah : Yes, I do. When I was in America, I visited Grand Canyon and I felt like that.

Colorado River（コロラド川）

Grand Canyon（グランドキャニオン）

Mr. Kubo : Please tell us about your experience.

Sarah : OK. I will show you a picture.

Yoshio : Wow! Is it a mountain?

Sarah : It's not a mountain. Grand Canyon is a kind of *valley. Before I visited Grand Canyon, I learned how it was made.

Mr. Kubo : Oh, tell us more.

Sarah : OK. A long time ago, a river started to *flow. The river has been carving Grand Canyon for many years.

Yoshio : A river?

Sarah : Yes. Yoshio, can you find a river in this picture?

Yoshio : Yes, I can. Oh, wait! Do you mean that this river made Grand Canyon?

Sarah : That's right! It is Colorado River. It started carving Grand Canyon about five or six million years ago. And, the river still keeps carving Grand Canyon.

Yoshio : So, we can say that ［　②　］.

Sarah : That's right, Yoshio.

Mr. Kubo : Sarah, when did you go to Grand Canyon?

Sarah : I went there three years ago.

Mr. Kubo : I remember that in 2019, special events were held at Grand Canyon, right?

Sarah : Yes. Grand Canyon became a *National Park in 1919. 100 years passed after that, so special events like concerts, art lessons, and night tours were held in 2019. People from all over the world joined the special events. I joined one of ⓐ<u>them</u> with my family.

Yoshio : Sounds fun.

Sarah : Before I visited Grand Canyon, I learned many things about it and I thought that I knew a lot about it. But, when I saw Grand Canyon in front of me, I felt something more than the things I learned. Grand Canyon was really great. I could understand that Grand Canyon was really great only by visiting it. ⓑ<u>I noticed this through my experience.</u>

Mr. Kubo : Thank you for telling an interesting story. I really enjoyed listening to it.

Yoshio : I enjoyed it, too. I want to visit Grand Canyon someday.

（注）　valley　谷　　flow　流れる　　National Park　国立公園

(1)　本文の内容から考えて、次のうち、本文中の　　①　　に入れるのに最も適しているものはどれですか。一つ選び、記号を○で囲みなさい。

　　ア　Yes, I did.　　　　　　　　　イ　Yes, he has.

　　ウ　No, you don't.　　　　　　　エ　No, I haven't.

(2)　本文の内容から考えて、次のうち、本文中の　　②　　に入れるのに最も適しているものはどれですか。一つ選び、記号を○で囲みなさい。

　　ア　Grand Canyon stopped the river　　　イ　Grand Canyon was made by people

　　ウ　Grand Canyon is a mountain　　　　　エ　Grand Canyon is made by a river

(3)　本文中のⓐ<u>them</u>の表している内容にあたるものとして最も適しているひとつづきの英語３語を、本文中から抜き出して書きなさい。

(4)　次のうち、本文中のⓑ<u>I noticed this through my experience.</u>が表している内容として最も適しているものはどれですか。一つ選び、記号を○で囲みなさい。

　　ア　Sarah could understand how great Grand Canyon was by visiting it.

　　イ　Sarah didn't learn anything about Grand Canyon before visiting it.

　　ウ　Sarah found that a river started to carve Grand Canyon about 100 years ago.

　　エ　Sarah could feel that Grand Canyon was really great before visiting it.

(5)　本文の内容と合うように、次の問いに対する答えをそれぞれ英語で書きなさい。ただし、①は３語、②は５語の英語で書くこと。

　　①　Did Yoshio go to Lake Biwa alone last Sunday?

　　②　What did Grand Canyon become in 1919?

例題 ❶ スピーチ

　エドワード(Edward)はニュージーランドからの留学生です。次は彼が英語の授業で行った自動販売機(vending machine)に関するスピーチの原稿です。この原稿を読んで、あとの問いに答えなさい。[2022 大阪]

Hello, everyone. Today, I'm going to talk about vending machines. There are many vending machines in Japan. I became interested in them. When did people use a vending machine for the first time around the world? The oldest vending machine was used about 2,200 years ago. In front of a temple in Egypt, people could buy water from the machine. People made and used a machine such a long time ago!

Last week, I saw an interesting vending machine at a station. It was a vending machine for selling fresh fruit. I was surprised to see it. I bought two fresh apples and ate ⓐthem with my host family at home. They were delicious. I didn't imagine we could buy fresh fruit from a vending machine. On that day, I asked my host family about vending machines in Japan. I found many good points about them. When it is dark at night, some vending machines work as lights. They can help people feel safe at dark places. Some vending machines keep working when a disaster like an earthquake happens. People can get necessary things from the vending machines, for example, drinks.

I think vending machines help people in many ways. Thank you for listening.

(1)　本文中のⓐthemの表している内容にあたるものとして最も適しているひとつづきの英語3語を、本文中から抜き出して書きなさい。

(2)　次のうち、本文で述べられている内容と合うものはどれですか。一つ選び、記号を○で囲みなさい。

　ア　エドワードは、最古の自動販売機は駅で水を売るために使われていたということを紹介した。

　イ　エドワードは、先週、新鮮な果物を売っている自動販売機を見ても驚かなかった。

　ウ　エドワードは、暗い場所で人々の助けになる自動販売機もあるとわかった。

　エ　エドワードは、地震などの災害時、どの自動販売機からも必要なものは手に入れられないと知った。

▌答え

(1)　下線部より前の文から複数を表す名詞句を探す

　　I bought two fresh apples and ate ⓐthem with my host family at home.

　　　→「答え」を「指示語」にあてはめて意味が通るか確認

　　　⇒**two fresh apples**（3語）

(2)　選択肢を確認

　　　→部分的に本文の内容と異なる場合があるので注意

　　本の内容に合うのは…

　　When it is dark at night, some vending machines work as lights. They can help people feel safe at dark places.

　　（第2段落5〜6行目）の内容を表す、⇒**ウ**

代名詞

them「それらを」
名詞のくり返しをさけるために、(通例) 前に出た複数名詞の代わりに使われる
→ P.17　文法3

合格への
ヒント

● 高校入試の物語文は「主人公が新しいことに挑戦→問題発生→大人・友達によるアドバイス／本人の工夫
→問題解決・ハッピーエンド」が定番パターン！ 知っておくと読みやすくなる文章がたくさんあるよ。

月　　　日

例題 ② 随筆、物語

次の英文は、中学生のほのかさんが、英字新聞のウェブサイトに投稿した文章の一部である。これを読んで、
(1)、(2)に答えなさい。

[2022 徳島]

To create a better life

Yesterday I found an article about the opening ceremony of the museum in our town. When I read it, I felt happy. So let me share it with you. ア

Our town had a plan to build a new museum. Then young, old, foreign people, and people using wheelchairs were chosen as members to think about it. イ Their ideas were needed to make the museum comfortable for everyone. Some of their ideas were used. ウ For example, we can get information in many languages. Also, some works of art are put in lower places for children or people using wheelchairs. エ So, the new museum became friendly for everyone. From this article, I learned important things about creating a better life.

Thinking about each other is wonderful. We are all different, so we can share various ideas to live together. Look around. There are many things we can change to make each life more comfortable.

(1) 次の英文は、本文中から抜き出したものである。この英文を入れる最も適切なところを、本文中の ア
～ エ から選びなさい。

　　Do you know why?

(2) ほのかさんが本文中でいちばん伝えたいことはどのようなことか、最も適するものを、ア～エから選びな
さい。　→最後に書かれてあることが多い

　ア It's important to talk with various people to get ideas to make life better.

　イ It's necessary to know various differences to make our world cleaner.

　ウ It's important to help each other to create the new museum in our town.

　エ It's necessary to look around each place to find the people who need help.

答え

(1)　「なぜかわかりますか」を入れるところを探す

　　| さまざまな人が選ばれた | ← | 彼らの意見は博物館を作るのに必要だった |

　　〈理由のわかりにくい出来事〉　　　　〈理由説明〉

　　　　　　　　　　└── 理由説明の始まる前に入れる⇒**イ**

　　　💡ポイント
　　・先にあてはめる文を確認
　　　してから、本文を読む
　　・空所の前後の話の流れに
　　　注目

(2)　文の構成を意識して大意をつかむ

　　・話題の提起…博物館オープンの記事を見た(第1段落)

　　・根拠の説明…さまざまな人の意見を取り入れ、だれもが利用しやすい博物館
　　　　　　　　ができた(第2段落)

　　・最後に結論…私たちはみんな違うので、さまざまな意見を取り入れることで、
　　　　　　　　みんなにとって快適な暮らしを実現できる(第3段落)

　　　　└─→ 選択肢アの内容と同趣旨⇒**ア**

　　　💡ポイント
　　結論の書かれた段落から、
　　キーセンテンスを見つけ、
　　選択肢と比べる

確 認 問 題

日付	／	／	／
○△×			

1 次の英文は、高校生の和紀(Kazuki)が、英語の授業で行ったスピーチの原稿です。これを読み、あとの問いに答えなさい。

[2022 和歌山]

In April, I saw a poster at school. The poster said, "We need staff members for the school festival." I wanted to make a wonderful memory in my school life, so I decided to become a staff member. I was excited because there was a chance to *play an important role in the school festival.

After becoming a staff member, I talked with one of the other members, Shiho, about the school festival. I said, "This year, the main *theme of the school festival is 'Smile'. How about collecting pictures of smiles and making a *photomosaic of a big smile?" Shiho said, "It's a nice plan. Let's *suggest it to the other members."

In May, I told my plan to the other members. They liked it. I was very happy. We decided to collect 5,000 pictures.

In June, we started to collect pictures. I told my classmates about the project. One of them said, "It's a great project. 　A　" Sometimes they brought pictures of their brothers, sisters, or parents. At the end of June, however, we had only 500 pictures. One of the staff members said, "ⓐIt's difficult to collect 5,000 pictures and finish making the photomosaic." I was sad to hear that.

ⓑI talked with Shiho (about, collect, a way, more pictures, to). She said, "We should introduce our project on the Internet. How about creating a website? We may get pictures from more people."

At the beginning of July, I created a website and introduced the project. Creating the website was very hard because I did it for the first time. A few days later, many pictures arrived. I was very surprised. ⓒI also (some messages, by, received, local people, written) and *graduates. A message from a man who lives in our city said, "Here is my picture. It may not be easy to collect 5,000 pictures, but I'm sure you can *achieve your *goal if you keep trying." A woman who lives in Tokyo wrote a message to us. It said, "I found your website on the Internet. I'm a graduate of your school. 　B　"

We finally collected 5,000 pictures. I was very happy. Because of the *cooperation of many people, we could finish making the big photomosaic.

On the day of the school festival in September, the photomosaic was *exhibited at school. Many people enjoyed it. I was very glad to make many people happy.

Well, here is the most important thing I learned from my experience. If we think about what we can do and keep trying, we can achieve our goals.

（注）　play an important role　重要な役割を果たす　　theme　テーマ
photomosaic　モザイク写真（複数の写真をつなぎ合わせて1枚の作品としたもの）
suggest　提案する　　graduate　卒業生　　achieve　達成する　　goal　目標
cooperation　協力　　exhibit　展示する

⑴　本文の流れに合うように、文中の　　A　　、　　B　　にあてはまる最も適切なものを、それぞれ
ア〜エの中から1つずつ選び、その記号を書きなさい。

　A

　ア　I will join the school festival and buy a picture.
　イ　I will take my picture and bring it to you.
　ウ　I will tell my friends how to collect pictures at the school festival.
　エ　I will help my friends send pictures to Tokyo.

　B

　ア　I'm glad to receive your picture at the school festival.
　イ　I'm glad to start collecting 5,000 pictures.
　ウ　I'm glad to suggest the project to your team.
　エ　I'm glad to support your project by sending my picture.

⑵　下線部ⓐItの内容を、日本語で具体的に書きなさい。

⑶　下線部ⓑ、ⓒについて、それぞれ本文の流れに合うように（　　）の中の語句を並べかえ、英文を完成さ
せなさい。

⑷　次の①、②の質問の答えを、それぞれ英語で書きなさい。
　①　What did Kazuki decide to become to make a wonderful memory?
　②　When was the school festival?

⑸　次のア〜エの英文を、本文の流れに合うように並べかえると、どのような順序になりますか。その記号
を順に書きなさい。
　ア　Kazuki and the other members decided to collect 5,000 pictures.
　イ　Kazuki and the other members finished making the big photomosaic.
　ウ　Kazuki created a website to introduce the project.
　エ　Kazuki read a message from a woman living in Tokyo.

⑹　和紀が、自身の経験を通じて学んだ最も大切なことはどのようなことですか。日本語で書きなさい。

解答解説 ▷ 別冊 P.032

 確認問題

日付	／	／	／
○△×			

2 次の英文を読んで、あとの問いに答えなさい。なお、あとの注を参考にしなさい。　　　　[2022 長崎]

　　Risa is a junior high school student who likes to study English. She joins a lesson at the culture center in her city every Saturday. She loves this lesson because she can talk to other people about different cultures in English. People that are interested in languages and cultures are welcomed to this lesson, so the members are very different from each other. They are students, people with jobs, older people, and people from other countries. The teacher is Tom. He is 30 years old and from Australia. He has been a *CIR in the city for two years. This lesson is also special and interesting work for him because (a)he usually works in a city hall. He makes English websites of the city with Japanese workers and helps them talk with people from foreign countries.

　　Tom chose Japan because his mother loved it. Many years ago, when she was a university student in Australia, she met a girl from Japan. They took the same classes, had lunch, and went shopping on weekends together. Soon they became good friends. Since then, Tom's mother has loved Japan and its culture. One of the words she really likes is *daijoubu*. She gave him a Japanese *fan with that *kanji* on it before he left Australia to start working in Japan. She said, "You may feel hot in summer in Japan, but ___A___ with this fan. When you don't feel happy, please look at this fan. *Daijoubu*."

　　In one lesson, Tom said to Risa, "Don't worry about mistakes. Your English is getting better. *Daijoubu*." She said, "Thank you, but why do you say *daijoubu* in Japanese?" He said, "My mother and I love this word. I think the word has the power to *cheer people up. Risa, please look at my fan with this *kanji* on it. It's a little old, but I like it." "Wow. It's a beautiful Japanese fan," Risa said. Then, she found that two names and a year were also written on the fan. — Olivia and Yoshiko, 1981 — "Yoshiko ... this woman may be ..." Risa thought. But she didn't say anything.

　　Risa's city has the Culture Festival every August to show its people the cultures from the three countries of the three CIRs. Risa took her grandmother to the festival and said to Tom, "This is my grandmother. She lived in Australia many years ago." Her grandmother said, "Hello, Tom. I'm here to learn about the culture of your country." "Thank you for coming. It's very hot today. *Daijoubu*?" Tom said, and opened his fan. Her grandmother said, "Tom! Show me your fan ... You may not believe this, but this is the fan I gave to a friend in Australia 40 years ago." Tom asked, "40 years ago? In 1981? ... Are you my mother's friend, Yoshiko?" Her grandmother said, "Yes, I am. You've seen my name on the fan many times." Risa said, "When I first saw those names and the year, I realized everything! So I came here with my grandmother." Her grandmother said to Tom, "I gave this fan to your mother on my last day in Australia. I like the word *daijoubu*, so I always used it to cheer her up when she was not fine. She asked me to write it in big *kanji* with our names and the year. Since then, *daijoubu* has been an important word to me." Risa said, "Tom, I want your mother and my grandmother to meet again. Can I ask your mother to join this festival and talk with my grandmother on the Internet now?" Tom said, "Yes, let's do it. Yoshiko, are you ready?" "Yes, I am!" Yoshiko answered.

(They talked on the Internet in English.)

After they talked, Tom smiled at Risa and said, "You became a bridge between people today! Because you came to this place with your grandmother, I was able to meet my mother's good friend. And you asked my mother to join this festival on the Internet, so they had a chance to talk with each other again." Risa was very glad and said, "This experience helped me open a new world. Today I found a dream. I want to be a bridge between people. Tom, you are working for Australia in Japan, so I will work for Japan in Australia in the future. I may meet your mother there!" Risa began to study languages and cultures harder.

(注) CIR 国際交流員　　fan 扇子（せんす）　　cheer ～ up　～を元気づける

(1) 次は、下線部(a)の具体的な内容を説明したものである。文中の（　①　）、（　②　）に10字以上20字以内で、それぞれあてはまる日本語を書け。なお、句読点も字数に含む。

> 市役所でのトム（Tom）の仕事は、日本人の職員と一緒に（　　①　　）ことと、日本人の職員が（　　②　　）ことである。

(2) 本文中の　A　に入る英語として最も適当なものを次のア～エの中から一つ選んで、その記号を書け。

　ア　I want people here to feel cooler　　　イ　you don't have to worry about that
　ウ　I wish I could go to Japan for you　　　エ　you will forget life in Australia

(3) 次のア～エの英文を、**出来事が起きた順**に並べ、記号で答えよ。

　ア　Tom began to work as a member of the CIRs in Risa's city.
　イ　Tom's mother gave an old but special fan to Tom.
　ウ　Tom met Yoshiko at the Culture Festival for the first time.
　エ　Yoshiko studied in Australia and made a good friend there.

(4) 次は、リサが今回の出来事を書いた日記の一部である。文中の（　①　）～（　③　）に入る最も適当な英語を、それぞれア～エの中から一つずつ選んで、その記号を書け。

> I will not forget today's experience. Tom is the son of my grandmother's old (　①　). I first realized that when I saw the words written on his fan. It is the thing which his mother (　②　) from my grandmother. It's a small world! I felt really happy to be a bridge between people. Through this experience, I was able to find a (　③　) to work in Australia. I will study harder from today.

（　①　）　ア　friend　　　イ　student　　　ウ　teacher　　　エ　family
（　②　）　ア　wrote　　　イ　bought　　　ウ　gave　　　エ　got
（　③　）　ア　culture　　　イ　dream　　　ウ　memory　　　エ　fan

例題 ❶

次の英文を読んで、あとの問いに答えなさい。　　　　　　　　　　　　　　　　［2022栃木］

How many times do you look at a clock or a watch every day? To live without them is difficult today. Now, we can find many kinds of clocks and watches around us. It's very interesting to see them.

People in Egypt used the sun to know the time about 6,000 years ago. They put a stick into the ground and knew the time from its shadow. | A |
They knew the time by measuring the speed of dropping water and how much water was used. After that, a clock with sand was invented. It was good for people who were on ships.

Do you know the floral clock? It tells us the time with flowers. Some flowers open about seven o'clock, and others open about noon. Like this, different kinds of flowers open at different times of a day. Around 1750, a Swedish man used this point and chose certain kinds of flowers. In this way, the floral clock was made. By seeing which flowers open, people can know the time. Flowers cannot tell the exact time, but don't you think it's amazing?

A watch is another kind of clock. Pocket watches were first invented in the 16th century, and people started to use wrist watches around 1900. We can know the time at any place. Now, we can do many other things with a watch. For example, we can check our health.

People have invented many kinds of clocks and watches. If you could create a new watch, what kind of watch would it be?

本文中の | A | に入る次の**ア、イ、ウ、エ**の文を、意味が通るように並べかえて、記号を用いて答えなさい。

ア The people couldn't use this kind of clock when they couldn't see the shadow.

イ It was useful because they could know the time when it was cloudy or night time.

ウ However, there was one problem.

エ To solve the problem, they invented a clock that used water.

答え

| A | で前後の話を論理的につなげる

| 6,000年前のエジプトの日時計の話 | → | A | → | 水時計の話 |

日時計に問題点があり、解決のために水時計を発明したという流れ

選択肢を確認

ア 「影が見えないときは、この種の時計は使えなかった」

イ 「くもりや夜間でも時間を知ることができ、便利だった」
→水時計の特徴

ウ 「しかし、1つの問題があった」
→日時計の問題の内容

エ 「その問題を解決するため、水を利用した時計を発明した」

⇒**ウ→ア→エ→イ**

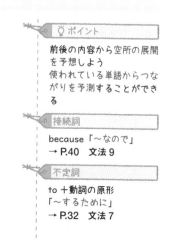

💡 ポイント

前後の内容から空所の展開を予想しよう
使われている単語からつながりを予測することができる

🐌 接続詞

because 「～なので」
→ P.40　文法9

不定詞

to ＋動詞の原形
「～するために」
→ P.32　文法7

例題 ❷

Read the passage and choose the answer which best completes each sentence (1) and (2).

[2022 大阪 改]

　　Our daily lives are supported by a lot of *satellites in space. Now, there are about 4,300 satellites around the earth. By 2030, about 46,000 satellites will be there. These satellites help our activities and communication. For example, weather information, the Internet, and cellphones can be used with this satellite technology.

　　However, *space debris makes the situation of satellites ▢①▢. Space debris is trash in space. For example, old satellites which are not working, and, some parts which were separated from a rocket are all space debris. There are various sizes and shapes of space debris. The space debris flies around the earth very fast. What will happen if the fast space debris hits a satellite? It may destroy the satellite. Now, the number of pieces of space debris has been getting bigger. This means there may be more accidents in the near future. If we do nothing, the accidents will have an influence on our daily lives.

　　Now, scientists and many teams around the world are trying three things to solve this problem. First：finding and watching space debris. Second：reducing the number of new pieces of space debris. This means improving technology to reduce the number of the separated parts from rockets. Making satellites which can work longer is also helpful. Third：removing space debris which is already in space.

（注）　satellite　人工衛星　　space debris　スペースデブリ（宇宙ゴミ）

(1)　The word which should be put in ▢①▢ is
　　ア　better.　　　イ　convenient.　　　ウ　dangerous.　　　エ　wrong.

(2)　The plan which is not tried for solving the problem of space debris is
　　ア　finding and watching space debris.　　　　イ　making satellites work longer.
　　ウ　reducing the number of rockets and satellites.　　　エ　taking space debris out from space.

答え

(1)　宇宙ゴミは人工衛星の状況をどうしているか？

　　│私たちの日常生活は人工衛星によって支えられている│（第1段落）

　　　　　　　　　　　　↕

　　│宇宙ゴミが衝突したら人工衛星は破壊されてしまう│（第2段落）

　　→人工衛星は宇宙ゴミによって危険にさらされている　⇒ウ

(2)　ア　→第3段落 First ┐
　　イ　→第3段落 Second ├　で挙げられている事例
　　エ　→第3段落 Third ┘　　　　　　　　　　　　　⇒ウ

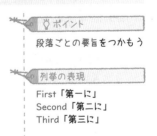

💡ポイント

段落ごとの要旨をつかもう

列挙の表現

First「第一に」
Second「第二に」
Third「第三に」

解答解説 別冊 P.034

 確認問題

日付	／	／	／
○△✕			

1 次の文章を読んで、あとの(1)から(5)までの問いに答えなさい。　　　　　　　　　　[2022 愛知]

　　Japan is surrounded by the sea and people in Japan can see many kinds of fish and sea animals.　However, it may be difficult for them to survive.　In the world, about 8 million tons of plastic waste go into the sea every year.　So, we should protect the sea for the future.　This story is about 　①　 the way to solve it.

　　You may know Aichi is famous for making things, such as pottery and cars.　But do you know that, in 2019, Aichi produced the most plastic products in Japan, about 12%?　Plastic *parts produced in Aichi are （　A　） in stationery, electronic devices, and so on.　A lot of plastic products are around people in Japan.　They are useful and support their daily lives.

　　Plastic products are convenient, but plastic waste is causing some problems in the sea.　Plastic waste on roads moves into rivers, and then they carry the waste to the sea.　②So there 【 in / is / our daily lives / from / plastic waste / a lot of 】 the sea.　Some people say that sea animals may eat the plastic waste and die.　Other people say dangerous chemicals *adhere to small pieces of plastic in the sea and fish may eat them.　If we eat the fish, we may get sick.　We should know plastic waste is a big problem not only for fish, but also for people.

　　Now many countries are trying hard to *reduce plastic waste.　One example is *free plastic bags which people often use after shopping.　In 2002, people in *Bangladesh stopped using plastic bags for the first time in the world.　In 2015, shops in the U.K. started selling a plastic bag *for 5 pence.　In 2018, people in more than 127 countries stopped using free plastic bags or any kind of plastic bags.　In 2020, Japan started selling plastic bags instead of giving free plastic bags.　In fact, Japan has reduced about three quarters of plastic bags for a year.

　　What should we do to reduce plastic waste?　Aichi is running a campaign and trying to keep the sea clean.　The campaign tells us that it is important to be interested in plastic *pollution and take action.　We should take our own bags for shopping instead of buying plastic bags after shopping.

　　The sea and the land are connected in nature.　Our daily lives on the land influence many lives in the sea.　Let's change our behavior as soon as possible.　Taking action will make the sea cleaner.

(注)　part　部品　　adhere to ～　～に付着する　　reduce ～　～を減らす　　free　無料の
　　　Bangladesh　バングラデシュ　　for 5 pence　5ペンスで(ペンス：英国の貨幣単位)
　　　pollution　汚染

(1)　　①　にあてはまる最も適当な英語を、次の**ア**から**エ**までの中から一つ選んで、そのかな符号を書きなさい。

ア　the sea, plastic pollution and

イ　sea animals, Japanese people or

ウ　Asian countries, plastic waste and

エ　global warming, renewable energy or

(2)　(**A**)にあてはまる最も適当な語を、次の５語の中から選んで、正しい形にかえて書きなさい。

have　　　　live　　　　make　　　　save　　　　use

(3)　下線②のついた文が、本文の内容に合うように、【　　】内の語句を正しい順序に並べかえなさい。

(4)　本文中では、ビニール袋についてどのように述べられているか。最も適当なものを、次の**ア**から**エ**までの文の中から一つ選んで、そのかな符号を書きなさい。

ア　Fish and sea animals do not eat small pieces of plastic bags as food at all.

イ　Japanese people use plastic bags to reduce plastic waste and to keep the sea clean.

ウ　In 2002, people in Bangladesh started using plastic bags for the first time in the world.

エ　Many countries in the world have changed rules to reduce plastic bags since 2002.

(5)　次の**ア**から**カ**までの文の中から、その内容が本文に書かれていることと一致するものを二つ選んで、そのかな符号を書きなさい。

ア　Every year, about 8 million tons of plastic waste come to Japan by the sea.

イ　About 12% of the people in Aichi have been making only pottery and cars since 2019.

ウ　People in Japan live their daily lives with a lot of convenient plastic products.

エ　Plastic waste in the sea influences sea animals, but it does not influence people at all.

オ　It is important for the people in the world to be interested in only plastic pollution.

カ　The sea and our lives are connected, so changing our behavior makes the sea cleaner.

解答解説 別冊 P.035

確 認 問 題

日付	／	／	／
○△×			

2 次の英文を読んで、各問いに答えよ。なお、英文の左側の[1]〜[5]は各段落の番号を示している。[2022 奈良]

[1] Have you ever seen the 2D codes which have a special *mark on the corners? For example, you can find the 2D codes in your textbooks. When you *scan them with a *tablet computer, you can see pictures or watch videos. Today, a lot of people around the world use them in many different ways. This *type of 2D code was invented by *engineers at a car *parts *maker in Japan.

2D code
（2次元コード）

[2] When cars are produced, many kinds of parts are needed. Car parts makers have to *manage all of the car parts. About 30 years ago, car companies needed to produce more kinds of cars, and car parts makers had to manage many different kinds of car parts for each car. At that time, they used barcodes to manage the car parts, but they could not *put a lot of information in one barcode. So, they used many barcodes. *Workers had to scan many barcodes. A worker at a car parts maker had to scan barcodes about 1,000 times a day. It took a lot of time to scan them. The workers needed some help to improve their *situation.

barcode
（バーコード）

[3] The engineers at a car parts maker in Japan knew the situation of the workers. They started to learn about 2D codes because 2D codes can *contain more information than barcodes. There were already some types of 2D codes in the U.S. One type could contain a lot of information, but it took a lot of time to scan that type. Another type was scanned very *quickly, but it contained less information than other types. The engineers at the car parts maker did not use these types. They decided to create a new type of 2D code which had both of those good points. The engineers needed a long time to create this new type which could be scanned quickly. Finally, they *thought of an idea. They thought, "If a 2D code has a special mark on the three corners, it can be scanned very quickly from every *angle." In this way, the new type of 2D code with special marks was invented by the engineers at a car parts maker in Japan.

[4] How did people around the world start to use the new type of 2D code? After car parts makers started to use it, other *businesses also started to *pay attention to it. For example, a *mobile phone company started to use it to help people visit websites *directly by using their mobile phone cameras. By scanning a 2D code with their mobile phones, *users can get a lot of information quickly and easily. With this technology, people learned that the new type of 2D code was very useful.

[5] Today, the 2D code invented by the engineers at a car parts maker in Japan has become popular in people's lives around the world. It was invented by engineers to help workers, but now, it helps people around the world a lot.

（注）　mark　目印　　scan　読み込む　　tablet computer　タブレットコンピュータ　　type　種類
engineer　エンジニア　　part　部品　　maker　製造業者　　manage　管理する
put　（情報などを）入れる　　worker　労働者　　situation　状況　　contain　含む
quickly　素早く　　think of　〜を思いつく　　angle　角度　　business　事業
pay attention to　〜に注目する　　mobile phone　携帯電話　　directly　直接
user　利用者

(1)　英文の段落ごとの見出しを次の表のようにつけるとき、表中の　A　、　B　、　C　に入る最も適切な英語を、後の**ア〜カ**から１つずつ選び、その記号を書け。

段落	見出し
[1]	The 2D codes in our daily lives
[2]	A
[3]	B
[4]	C
[5]	The 2D code for people around the world

ア　A new type of 2D code invented by engineers in Japan

イ　The barcode which can improve the situation of workers

ウ　Another way of using the new type of 2D code

エ　The way of using some 2D codes from the U.S.

オ　The company which started to use mobile phone cameras

カ　The problems of using barcodes

(2)　英文の内容について、次の問いにそれぞれ３語以上の英語で答えよ。ただし、コンマやピリオドなどは語数に含めないこと。

①　Did the engineers at the car parts maker in Japan use the 2D codes from the U.S.?

②　Where did the engineers put a special mark when they invented the new type of 2D code?

(3)　英文の内容と合っているものを、次の**ア〜カ**から２つ選び、その記号を書け。

ア　A car parts maker in Japan invented barcodes.

イ　Car parts makers used barcodes to sell more cars.

ウ　Barcodes can contain more information than 2D codes.

エ　The 2D code with special marks can be scanned quickly.

オ　A mobile phone company used the new type of 2D code to help users visit websites easily.

カ　The engineers from Japan and the U.S. worked together to invent the new type of 2D code.

20 【読解】 資料（ポスター、ウェブサイト）を使った文

例題 ① ポスターを使った文

次の掲示物と会話を読んで、(1)、(2)の質問の答えとして最も適切なものを、ア～エから1つずつ選び、符号で書きなさい。

[2022 岐阜]

Welcome to the City Zoo

Open : 9 : 30 a.m. — 6 : 00 p.m.

Closed : Every Monday and the last day of every month

【Special Events】

> ・You can take pictures with a baby panda every Friday and Sunday.
> ・You can feed an elephant and touch a snake every Sunday.
> ・You can ride a horse every weekend.

Ms. White : Kana, look at this. We can join some special events here.

Kana : Wow, I'm so excited. I want to try this event because I have loved pandas since I watched them on TV. They're so cute.

Anne : I want to feed an elephant because it is my favorite animal.

Ms. White : Oh, that's too bad. Those two events are not held today. We can try only this one.

Kana : No problem. I also love horses.

Anne : Let's ride a horse!

(1) What special event did Kana want to do at the beginning?

　ア　To feed an elephant 　　　　イ　To ride a horse

　ウ　To take pictures with a baby panda 　　エ　To touch a snake

(2) When are they talking?

　ア　On Friday 　　イ　On Saturday 　　ウ　On Sunday 　　エ　On Monday

答え

(1) 質問：最初にカナがしたかった特別イベントは？

　・カナの最初の発言

　I want to try this event because I have loved pandas since I watched them on TV.

　・ポスターの情報

　You can take pictures with a baby panda every Friday and Sunday.

　→パンダが好きだから、パンダと撮影したい⇒**ウ**

(2) 質問：彼女たち（＝ホワイトさん、カナ、アン）はいつ話をしているか？

　・パンダと撮影（金曜日と日曜日）→×

　・ゾウの餌やり（日曜日）→×　　　日曜日ではない

　・乗馬（週末）→○

　→週末だが日曜日ではない→土曜日⇒**イ**

💡 ポイント

英文とポスターの両方の情報から推測する

● 問題を読み始める前に問いを必ず確認して、資料のどの部分に注目すべき
か見極めよう！

例題 ❷　ウェブサイトを使った文

次は、アメリカに留学中のNamiと、友人のChrisとの対話の一部である。対話文と【ウェブサイト】を読ん
で、下の(1)、(2)に答えなさい。

【ウェブサイト】　　　　　　　　　　　　　　　　　[2022 山口]

Chris : Nami, what are you looking at?

Nami : This is a website about a photo book.
I'll make a photo book with the pictures
I took in this city.

Chris : That's a good idea. What kind of photo
book will you make?

Nami : Well, I think I'll order a medium photo
book.

Chris : How about a cover?

Nami : I know soft covers of all sizes are (c   )
than hard covers. But I'll choose a hard
cover photo book. And I'll make it
gloss-finished.

Chris : Sounds good. I'm sure it'll be nice.

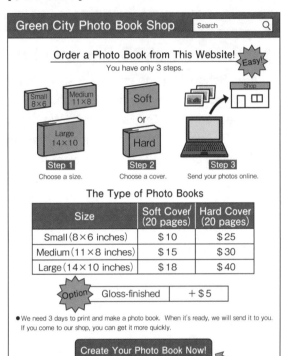

(1) 【ウェブサイト】の内容に合うように、対話文中
の下線部に入る適切な英語1語を書きなさい。た
だし、(　　)内に与えられた文字で書き始めなさ
い。

(2) 対話と【ウェブサイト】の内容によると、Namiが購入しようとしているフォトブックの値段はいくらにな
るか。次のア〜エから1つ選び、記号で答えなさい。

ア　20 dollars　　　　イ　30 dollars

ウ　35 dollars　　　　エ　40 dollars

答え

(1) ソフトカバーとハードカバーを比較する

soft covers of all sizes are (c   ) than hard covers

Size	Soft Cover (20 pages)	Hard Cover (20 pages)
Small (8×6 inches)	$10	$25
Medium (11×8 inches)	$15	$30
Large (14×10 inches)	$18	$40

→すべてのサイズにおいて、ソフトカバーのほうが安い⇒**cheaper**

(2) 対話とウェブサイトの情報から値段を計算する

medium ＋ hard cover ＋ gloss-finished　←対話の情報
　　$30　　　　　　　　$5　　←ウェブサイトの情報

→ 30 ＋ 5 ＝ 35 ⇒**ウ**

比較級

形容詞の比較級＋ than …
「…より〜だ」
→ P.44　文法10

ポイント

資料の情報を読み取り、そ
こから計算する

✓ 確認問題

日付	／	／	／
○△×			

1 健（Ken）と健の母親は夏に開催される予定の英語プログラムのパンフレット（pamphlet）を見ながら話しています。以下のパンフレットと会話を読んで、各問いに答えなさい。　　　　[2022 沖縄]

ABC Summer English Program 2022

ABC School is going to have a special summer English program for junior high school students who like learning English.　You can take an English conversation class, play games, and sing English songs.　We believe that you will have a great time and make new friends.　If you want to join our summer English program, you must send us an e-mail by July 22nd.　Please look at the *schedule for more information.

Schedule

	Activity
Morning Class 1 10:00-10:50	Introduce yourself & play a warm-up game
Morning Class 2 11:00-11:50	English conversation class with English teachers from the UK, US, and New Zealand
Lunch 12:00-13:00	BBQ & Bingo
Afternoon Class 13:00-14:00	Choose one activity you like. Scavenger Hunt You are a *hunter!　Solve problems with your team members.　　　　Singing Songs Let's sing some popular English songs together with a guitar.

Date : Sunday, July 24th

*Fee : 3,000 yen

★If you bring some food or drinks to share with other people, you'll get 10% OFF.

For More Information:

Please e-mail abc2525@jmail.com or call 099-117-1944.

（注）　schedule　スケジュール　　hunter　ハンター（狩りをする人）　　fee　料金

Mother : Ken, look at this pamphlet. There will be a summer English program next Sunday. You like studying English, right? I think you'll like it.

Ken : Let me see. Wow! It looks exciting. I can talk with people from different countries.

Mother : You're right. Also, you can learn some English songs and play games, too.

Ken : Sounds fun. By the way, what does "scavenger hunt" mean?

Mother : It's a game. You have to find things written on a paper. For example, if you see the words "red shirt" on the paper, you have to find a red shirt. A person wearing a red shirt is also fine. If you find all of the things on the paper first, you will be the winner.

Ken : Wow! I have never done such an activity.

Mother : Look. You can also bring some food you want to share. I can make *okonomiyaki*. Then everyone can enjoy eating it.

Ken : That's a good idea. I'll bring that. Can I join the program?

Mother : Of course.

(1) 健と母親がこのパンフレットについて話をしているのはいつですか。次の**ア**〜**エ**のうちから１つ選び、その記号を書きなさい。

   ア　June 27th   **イ**　July 17th   **ウ**　July 24th   **エ**　August 1st

(2) 健はこの英語プログラムに参加することに決めました。申し込むために健が必ずしなければならないことは何ですか。次の**ア**〜**エ**のうちから１つ選び、その記号を書きなさい。

   ア　Call ABC school.

   イ　Send an e-mail to ABC school.

   ウ　Talk to his school teacher.

   エ　Visit ABC school.

(3) この英語プログラムに参加するために、健が支払うことになる金額はいくらですか。パンフレットと会話の内容を踏まえ、最も適切なものを次の**ア**〜**エ**のうちから１つ選び、その記号を書きなさい。

   ア　¥2,500   **イ**　¥2,700   **ウ**　¥3,000   **エ**　¥3,300

(4) 健は "scavenger hunt" に参加することにしました。"scavenger hunt" について書かれた以下の文のうち、パンフレットと会話の内容に一致していないものを次の**ア**〜**エ**のうちから１つ選び、その記号を書きなさい。

   ア　He will have a scavenger hunt after lunch.

   イ　He will have a scavenger hunt with other students.

   ウ　He will look for things written on a paper during the scavenger hunt.

   エ　He will have a scavenger hunt after singing songs.

確認問題

日付	／	／	／
○△×			

2 夏休みにアメリカでホームステイをしている高校生の葵（Aoi）さんと同級生の雅樹（Masaki）さんが、それぞれのホストファミリーのエミリー（Emily）さん、オリバー（Oliver）さんと話しています。ポスター（poster）と会話を読んで、あとの各問に答えなさい。

[2022 石川 改]

Let's Enjoy Different Cultures Together!

★**What will happen?**
· Performance Contest
　~ Enjoy performances of many cultures.
· Games ~ Make friends with more people!

★**If you want to join**
　　　Performance Contest...
· Choose one type from the list on the right.
· The top five people or groups will get prizes.
· The prizes are decided by the points you get.
· Group performances are welcome.
· You will get more points if your group has people from different countries.
· Visit our website https://www.greenfestival.com or contact us at 415-780-6789.

Green Festival
August 1st
14:00 ～ 16:00
White Park
(If it rains, this event will be on the next day.)

Types of Performance			
· Music	· Dance	· Drama	· Talk Show

Get a Prize!		Tickets to...
1st Place	:	Green Orchestra
2nd	:	Sky Baseball Stadium
3rd	:	Star Amusement Park
4th	:	Car Museum
5th	:	Sunny Zoo

Oliver : Look! I brought a poster for an interesting event. This Saturday, an exciting event is going to be held in our community. Let's go together and have fun!

Emily : Oh, Green Festival. My favorite part is 　あ　. Last year, I enjoyed the performance of students from Brazil. They performed a traditional dance and came in first place.

Masaki : Sounds interesting! It'll be fun to see performances from different cultures.

Aoi : But just watching performance is not as good as performing. Masaki, what do you think about joining the contest with me? Let's do something about Japanese culture together!

Masaki : OK. But what can we do? Do you have anything in mind?

Aoi : How about a calligraphy performance? It's getting popular with young people in Japan.

Emily : I know about calligraphy, but what is a calligraphy performance? 　　A　　

Masaki : It is a team activity. A group of people work together to make a big calligraphy work and they usually wear traditional Japanese clothes. They use big brushes and large paper. Japanese pop music is often played during their performance.

Oliver : Wow! I'm sure the audience will be surprised. I enjoyed calligraphy when I visited Japan last summer. I want to try this new type of calligraphy. Can I join you?

Masaki : Of course. Our performance will be more exciting if we have more people with us. Emily, 　①　?

Emily : Well... It'll be the first time for me to do calligraphy, but don't worry. I'll do my best!

Aoi : Have fun with us!

Masaki : OK, everyone will join the contest. Well, what type of performance will our performance be?

Aoi : Maybe, dance... because music is played when we are performing. 　　B　　

Oliver : Umm... I'm not sure. OK, I'll call the office tomorrow and ask.

Aoi : Thank you. Emily, did you check the prizes?

Emily : No, let's see... Wow, I want to go to 　い　. I'm a big fan of its top violin player.

Aoi : To me, the Ferris wheel in Star Amusement Park is more attractive! I saw it in a magazine before I came here. Let's go and ride it if we win the prize!

Masaki : Good idea, Aoi! According to the rules, we can get a prize more easily because 　②　.

Oliver : Yes. We are American, and Aoi and Masaki are Japanese.

Emily : By working with people from different cultures in the same performance, we learn a lot.

Masaki : Oh, what can we learn? Give me one example.

Emily : We can learn a popular thing in a different country, for example. I've not known a calligraphy performance with pop music.

Masaki : You're right, Emily. I think that is an important goal of this contest. Now, let's get ready for the performance!

(1) 　あ　、　い　の中に入る英語として、次の**ア**〜**エ**から最も適切なものをそれぞれ1つ選び、その符号を書きなさい。

　　ア　the concert by Green Orchestra 　　　　**イ**　the night tour at Sunny Zoo

　　ウ　the performance contest of many cultures 　　**エ**　the talk show by a famous actor

(2) 　A　、　B　の中に入る英語として、次の**ア**〜**エ**から最も適切なものをそれぞれ1つ選び、その符号を書きなさい。

　A　**ア**　How did you like it? 　　　　　**イ**　I've never heard of it.

　　　ウ　What a good performance! 　　　**エ**　What are you going to do?

　B　**ア**　What can you do? 　　　　　　**イ**　What do you think?

　　　ウ　What shall I do? 　　　　　　　**エ**　Why do you think so?

(3) 　①　、　②　の中に、それぞれ4語〜8語の適切な内容の英語を書きなさい。

(4) 次の**ア**〜**オ**のうち、ポスター及び会話の内容に合うものを2つ選び、その符号を書きなさい。

　　ア　Aoi wants to come in third place in the contest and win the prize.

　　イ　Emily was in the group from Brazil and gave a performance last year.

　　ウ　If we cannot hold Green Festival on August 1st because of rain, it will be on Sunday.

　　エ　The type of the performance of the four students is dance.

　　オ　When you want to take part in the performance contest, you must visit the office.

資料（表、グラフ）を使った文

例題 ❶　グラフを使った文

次の英文は、留学生のロバート（Robert）さんが下の掲示について図書館だよりに書いたコメントです。掲示の内容に合うように、（ あ ）に入る数字と（ い ）、（ う ）に入るアルファベットをそれぞれ解答欄に書きなさい。

[2022 富山]

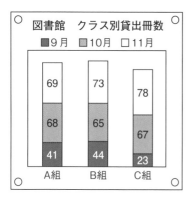

図書館　クラス別貸出冊数
■9月 ■10月 □11月

	9月	10月	11月
A組	41	68	69
B組	44	65	73
C組	23	67	78

Class A and Class B borrowed more than forty books in September, but my class borrowed only （ あ ） books. I thought my class should use the library more, so I told them that there were a lot of interesting books in the library. My class began to borrow more books, but Class （ い ） borrowed the most books in October. Class （ う ） borrowed the most books *in total in these three months, but my class finally borrowed the most books in November. I'm happy students in my class enjoy reading more than before.

Robert

（注）　in total　合計で

答え

グラフから必要な情報を読み取る

→コメントとグラフから、ロバートのクラスはC組とわかる

・9月—C組は（ あ ）冊だけ
→A組は41冊、B組は44冊、
　C組は23冊⇒**23**

・10月—（ い ）組が最多
→A組は68冊、B組は65冊、
　C組は67冊⇒**A**

・11月—3か月合計では
　（ う ）組が最多
→グラフの縦棒が3か月の合計
　貸出冊数を示している⇒**B**

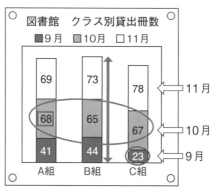

図書館　クラス別貸出冊数
■9月 ■10月 □11月

11月
10月
9月

	69	73	78	
	68	65	67	
	41	44	23	
	A組	B組	C組	

💡 ポイント

資料を正しく分析する

比較の表現

more than ～
「～より多く」
the most ～
「最も多くの～」
→ P.44-45　文法10

💡 ポイント

積み上げ棒グラフから、
情報を取捨選択する

合格への
ヒント

● 最初に「グラフのタイトル」「縦軸・横軸の内容（棒・線グラフの場合）」を
確認して、グラフが表している内容を正確に把握しよう。

例題 ❷　表、グラフを使った文

次の英文は、真衣（Mai）が、平均睡眠時間（average sleep hours）について、英語の授業で発表したときの
ものです。(1)、(2)の問いに答えなさい。

[2022 岐阜 改]

Look at the graph. This is the average sleep hours in Japan and the four other countries in 2018. You can see that people in Japan sleep 7 hours and 22 minutes on average. You may think that 7 hours of sleep is enough, but when you look at the graph, you will find that it is very short. The graph shows that people in China sleep the longest of all, and people in India sleep almost as long as people in America. People in Germany sleep shorter than people in those three countries, but I was surprised that they sleep about one hour longer than us.

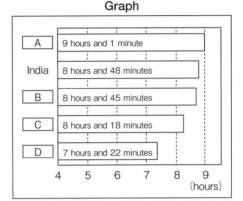

Graph

A	9 hours and 1 minute
India	8 hours and 48 minutes
B	8 hours and 45 minutes
C	8 hours and 18 minutes
D	7 hours and 22 minutes

4　5　6　7　8　9 (hours)

Now look at the table. This is the average sleep hours of people in Japan in 2007, 2011 and 2015. What can you see from this table? In 2007, about one third of the people sleep 7 hours or longer. But in 2015, almost 40% of the people sleep less than 6 hours, and only about a quarter of the people sleep 7 hours or longer. It means that more people in Japan sleep (①s　　) than before.

Table

	Less than 6 hours	Between 6 and 7 hours	7 hours or longer
2007	28.4%	37.8%	33.8%
2011	34.1%	36.7%	29.2%
2015	39.4%	34.1%	26.5%

You may watch TV or use the Internet until late at night. But we need to sleep longer especially when we are young. Sleep is important not only for our bodies but also for our minds. To make our bodies and minds more active, let's go to bed earlier and count sheep tonight.

(1)　Graphの　B　に入る最も適切なものを、ア〜エから１つ選び、符号で書きなさい。

　　ア　America　　　イ　China　　　ウ　Germany　　　エ　Japan

(2)　本文中の（①　　）に入る最も適切な英語を、本文中から抜き出して１語書きなさい。ただし、（　　）内に示されている文字で書き始め、その文字も含めて答えること。

答え

(1)　グラフ（Graph）に注目

　　A←中国（people in China sleep the longest of all）

　　B←アメリカ（インドとほぼ同じ平均睡眠時間）

　　C←ドイツ（中国、インド、アメリカより短いが、日本より約１時間長い）

　　D←日本（people in Japan sleep 7 hours and 22 minutes on average）⇒ア

(2)　表（Table）に注目

　　６時間未満の人…増えている｜日本人の睡眠時間は短くなっている
　　７時間より長い人…減っている｜　　　　　　　⇒**shorter**

💡 ポイント

英文から数字を使った表現や、比較の表現を見つける

📐 分数の表し方

「何分の１」は〈one ＋序数〉
3分の１…one third
ただし、2分の１は one half
4分の１は one quarter

確認問題

日付	／	／	／
○△×			

1 次の英文は、高校生の由衣(Yui)が、販売実習について、英語の授業で行ったスピーチの原稿です。これを読み、あとの問いに答えなさい。

[2022 和歌山]

In our school, we can study *agriculture. I'm in the agriculture *course. I learn how to *grow good vegetables, flowers, and fruits. I grow them with my classmates. At school, we sometimes make *processed products like juice.

In June, we started to sell vegetables, flowers, fruits, and processed products. Every Friday, we sold them at the station near our school. When we sold them, I *recorded the *sales there. I was happy when many people came to the station to buy our products. I sometimes asked them how they liked our products.

At the *end of each month, I made a *pie chart to check the *percentage of all sales in the month. Today, I'll show you the pie charts of June and July. In those months, we sold vegetables the most. In June, the percentage of processed products was higher than fruits and flowers. However, in July, processed products weren't so popular. *Compared to June, the percentage of fruits became higher and the percentage of flowers was the same.

It has been a great experience for me to make and sell products. At the station, people tell me what they think about our products. And the pie charts show me the popular products in different seasons. I'm glad I have some useful information now.

Well, here is the thing which I want to tell you the most. I want to improve our products by *making use of the things I learned.

円グラフ

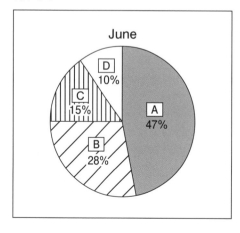

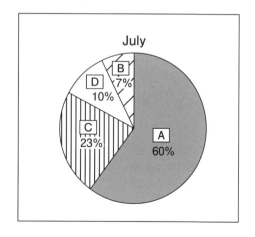

(注)　agriculture　農業　　course　学科　　grow　育てる　　processed product　加工製品
　　　record　記録する　　sales　売上げ　　end　終わり　　pie chart　円グラフ
　　　percentage　割合　　compared to ～　～と比較すると　　make use of ～　～を生かす

⑴　本文の内容に合うように、次の（　　）にあてはまる最も適切なものを、ア～エの中から１つ選び、その記号を書きなさい。

Yui（　　）.

ア　sold the products in her school
イ　made juice at the station
ウ　wanted to teach agriculture at school
エ　recorded the sales at the station

⑵　文中の下線部the pie chartsについて、本文の内容に合うように、円グラフの A ～ D にあてはまる最も適切なものを、次のア～エの中から１つずつ選び、その記号を書きなさい。

ア　vegetables　　　　イ　flowers　　　　ウ　fruits　　　　エ　processed products

⑶　由衣が、スピーチを通していちばん伝えたいことはどのようなことですか。最も適切なものを、次のア～エの中から１つ選び、その記号を書きなさい。

ア　Yui wants to make better products.
イ　Yui wants to show her pie charts.
ウ　Yui wants to record the sales.
エ　Yui wants to think about more products.

⑷　由衣は、スピーチのあと、ALT（外国語指導助手）のトム（Tom）と話をしました。次の対話文は、そのやりとりの一部です。これを読み、あとの①、②に答えなさい。

Tom：That was a wonderful speech.　It's a good idea to sell products at the station.

Yui：Yes.　People look happy when they buy our products.　So I become happy.

Tom：Good.　I want to buy some fruits next Friday.

Yui：Please come to the station.　I want more people to come.

Tom：Well, what can you do about that?

Yui：I think I can _____.

Tom：That's a good idea.　If you do it, more people will come to the station.

①　対話の流れに合うように、文中の _____ にふさわしい英語を書きなさい。ただし、語数は２語以上とし、符号（．　，？！など）は語数に含まないものとする。

②　対話の内容に合う最も適切なものを、次のア～エの中から１つ選び、その記号を書きなさい。

ア　Yui could buy some fruits on Sunday.
イ　Yui wants people to enjoy the products.
ウ　Tom was sad to hear Yui's speech.
エ　Tom has a question about fruits.

確　認　問　題

日付	／	／	／
○△×			

2 次の会話を読んで、あとの問いに答えなさい。　　　　　　　　　　　　　　　[2022 長崎]

> 中学生の香菜（Kana）のクラスでは、地域活性化のために、外国人向けの新しい観光プランを考えて班ごとに英語で発表することになりました。香菜と同じ班の留学生ジム（Jim）は、市が現在実施している観光プログラムを参考にするため、市役所で国際課の佐藤さん（Ms. Sato）に話を聞いています。

　　　Jim : Could you tell us about our city's programs for foreign people?

Ms. Sato : Sure. Our city has three programs now. Do you know anything about them?

　Kana : I have seen a *poster at the station, but I don't know much about them.

　　　Jim : I （　A　） one of them with my mother when I first came to this city last year. Have you changed the programs since then?

Ms. Sato : No, we haven't.　| X |

　　　Jim : Well, I enjoyed looking at Japanese *paintings. It was my first time to see them.

Ms. Sato : I see. Then, you joined Program Ⅱ. Look at this Information of the city's programs.

　Kana : Wow, each program is different and looks interesting.

　　　Jim : Ms. Sato, we are （　B　） for useful ideas for our plan, but we can't find anything.

Ms. Sato : Then, this *Chart will help you. This shows the things foreign people want to do when they visit a *rural area in Japan.　| Y |

　Kana : Enjoying *hot springs is the most popular *activity on the *list. Oh, it's as popular as visiting *natural *tourist *spots.　| Z |

　　　Jim : That's right. I'm surprised to find shopping isn't in the *Chart*, but I understand more than 50% of them are interested in local food. The third and the fifth on the list are activities about food.

　Kana : Something about food is not in the Information of the city's programs. How about such a plan?

Ms. Sato : Great. You've got a good idea by checking the Information and the Chart. Now I'll tell you more information. There are many foreign people who want to try traditional culture. And, if a program is too expensive, they will not want to join it.

　　　Jim : Thank you, Ms. Sato. Then, let's start to make our plan!

〈*Information of the city's programs*〉

Program Ⅰ 1,300 *yen	**Visiting natural famous spots** You can go up a mountain and visit a hot spring.
Program Ⅱ 1,500 yen	**Visiting a museum and a temple** You can learn about Japanese paintings and go into a traditional building.
Program Ⅲ 2,000 yen	**Having fun on a bus trip** You can visit many tourist spots by bus, and enjoy good views of the city.

〈*Chart*〉日本の地方観光地を訪れた際にしたいこと

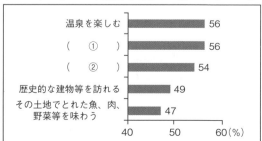

（注）　poster　ポスター　　painting(s)　絵　　chart　図表　　rural area　地方

hot spring(s)　温泉　　activity(activities)　活動　　list　リスト　　natural　自然の

tourist　観光客用の　　spot(s)　地点、場所　　yen　円（日本のお金の単位）

(1)　本文中の（　A　）、（　B　）に入る英語として最も適当なものを次の中から一つずつ選んで、それぞれ正しい形に直して書け。

> look ／ leave ／ talk ／ try

(2)　次の英文が入る最も適当な空所を本文中の ⬚X⬚ ～ ⬚Z⬚ の中から一つ選んで、その記号を書け。

Do you remember what you did at that time?

(3)　〈Information of the city's programs〉の内容と一致するものを次の**ア**～**エ**の中から一つ選んで、その記号を書け。

ア　In Program Ⅰ, people can go to a temple and a hot spring.

イ　People can see Japanese art when they join Program Ⅱ.

ウ　In Program Ⅲ, people have to walk to many tourist spots.

エ　Joining Program Ⅱ is more expensive than joining Program Ⅲ.

(4)　〈Chart〉内の（　①　）、（　②　）に入る最も適当なものを次の**ア**～**エ**の中から一つずつ選んで、その記号を書け。

ア　郷土料理を食べる　　**イ**　買い物をする　　**ウ**　自然観光地を訪れる　　**エ**　美術館に行く

(5)　次は、佐藤さんの話を参考にして香菜たちの班が作成した発表原稿である。文中の（　1　）～（　4　）に入る最も適当な英語を1語ずつ書け。なお、あとの（注）を参考にしなさい。

> Our city is famous for its green tea, so our plan gives foreign people a chance to join *ochakai*, a tea ceremony, and wear *yukata*. They can also eat *chasoba*, our local food. To make this plan, we checked the city's programs and a chart, "（　1　）do foreign people want to do in a rural area in Japan?" Then, we've found our city doesn't have a program about （　2　）. We want to make a plan which has an experience of （　3　）Japanese culture, so our plan has *ochakai* and *yukata*. In our plan, people don't need to use much （　4　）. There are many tea farmers here, so we may get tea for *ochakai* at a low *price. *Chasoba* isn't expensive. We hope our plan will help people know about our city.

（注）　*ochakai*　お茶会　　*yukata*　浴衣　　*chasoba*　茶そば　　price　価格

英作文

対話補充、条件英作文、テーマ英作文

例題 ① 対話補充

次の英文は、正太（Shota）とマーク（Mark）との会話である。会話の流れが自然になるように、次の 　(1)　、

　(2)　 の中に、それぞれ7語以上の英語を補いなさい。 [2022 静岡]

> Shota：Hi, Mark. Let's go to the sea next week.
>
> Mark：OK. Let's go there by bike because 　　(1)　　
>
> Shota：I understand, but using a train is better. If we use a train,
>
> 　　(2)　　
>
> Mark：I see.

答え

(1) マークの最初の発言：

「　(1)　 だから、自転車でそこ（＝海）へ行こう」

→海へ自転車で行くことを提案する理由が入る

- 天気がよさそう
- 新しい自転車に乗りたい
- お金がかからない

解答例

① it's going to be sunny next week.（7語）

② my father bought me a new bike.（7語）

③ we can save money if we go by bike.（9語）

(2) 正太の2番目の発言：

「もし電車を使ったら、　(2)　 」

→自転車よりも電車のほうがよいと主張する理由が入る

- 会話ができる
- 早く着く
- 帰りに休める

解答例

① we can enjoy talking on the train.（7語）

② we can[will] get to the sea earlier.（7語）

③ we can rest on the train when we go back home.（11語）

💡 ポイント

空所の前後だけでなく文意を把握する

💡 ポイント

英語で正確に表現できそうな理由を選ぶ

💡 ポイント

空所の前後に注意して
・書き始めの大文字・小文字
・ピリオドの有無
・時制
などを合わせる

接続詞

because「～なので」
if「もし～ならば」
→ P.40 文法9

● 自分が書いた英文が正しいか不安になったときは、身近な先生に添削をお願いしよう。

● 解答例を見て「これは使える！」と思った表現をノートに書き出して、コツコツ覚えていこう。

例題 ❷　条件英作文、テーマ英作文

あなたの将来の夢について、〔条件〕に従い、Danny に伝わるように、　A　に３文以上の英文を書いて、メールを完成させなさい。

[2022 埼玉]

> Hi, Danny. How are you? Thank you for your interesting e-mail.
>
> |　　　　　　　　　　　A　　　　　　　　　　　|
>
> See you!

〔条件〕　①　１文目は、あなたの将来の夢はどのようなものかを、My dream に続けて、書きなさい。

　　　　②　２文目以降は、①について具体的に、２文以上で書きなさい。

答え

条件をしっかりおさえる

①１文目

My dream から文を始める

→将来なりたい職業や、やってみたいことを

　My dream is to ～「私の夢は～する［になる］ことです」の形でまとめる

[解答例]

My dream is to travel around the world.

「私の夢は世界中を旅行することです」

②２文目以降

①で書いた自分の夢について具体的に２文以上で書く

→「理由」や実現のために「努力していること」などを続ける

[解答例]

I want to meet a lot of people. I will learn about many other cultures during my travels.

「私はたくさんの人に会いたいです。私は旅行中に多くの他の文化について知るでしょう」

[別　解]

My dream is to be a baseball player. I want to play baseball in the U.S. I practice every day and study English hard, too.

「私の夢は野球選手になることです。私はアメリカで野球をしたいです。私は毎日練習し、英語も一生懸命勉強しています」

ポイント

条件に沿って英文を作る

My dream is to ＋動詞の原形 ～ .

「私の夢は～することです」

My dream is to be ＋職業名.

「私の夢は～になることです」

→ P.32　文法 7

よく使う表現

I agree with ～

「私は～に賛成する」

We should ～

「私たちは～すべき」

I have two reasons.

「理由は２つあります」

First「第一に」

Second「第二に」

So「だから」

Also「また」

確 認 問 題

日付	／	／	／
○△×			

1 高校生の果歩(Kaho)と、果歩の高校に留学しているマイク(Mike)が、次のような会話をしています。この英文を読んで、あとの(1)、(2)の問いに答えなさい。　　　　　　　　　　　　　　　　[2022 宮城]

Kaho : A new *exchange student is going to come to our class next month.

Mike : I know! Her name is Alice, right? I'm very excited.

Kaho : Do you know anything about her?

Mike : Yes, a little. I heard about her from our English teacher. She is interested in Japanese culture.

Kaho : 　　　①　　　

Mike : She likes Japanese comics. So she studies Japanese.

Kaho : Oh, really? Then, let's have a welcome party for her.

Mike : That will be nice. Kaho, what do you want to do for her at the party?

Kaho : 　　　　　　②　　　　　　

（注）　exchange student　交換留学生

(1)　2人の会話が成立するように、本文中の　①　に入る英語を1文書きなさい。

(2)　2人の会話が成立するように、本文中の　②　に3文以上の英語を書きなさい。

2 英語の授業で、次のテーマについて意見を書くことになりました。あなたなら、田舎と都会のどちらを選び、どのような意見を書きますか。あなたの意見を、あとの〔注意〕に従って、英語で書きなさい。　　　[2022 香川]

将来、あなたが暮らしたい場所は、田舎と都会のどちらか。
田舎　the country　　　　都会　a city

〔注意〕

①　　　　　内に the country または a city のどちらかを書くこと。

②　I think living in 　　　　 is better. の文に続けて、4文の英文を書くこと。

③　1文の語数は5語以上とし、短縮形は1語と数える。ただし、ピリオド、コンマなどの符号は語として数えない。

④　田舎または都会を選んだ理由が伝わるよう、まとまりのある内容で書くこと。

I think living in 　　　　 is better.
＿＿＿＿＿＿＿＿＿＿＿＿＿＿＿＿＿＿＿＿＿.
＿＿＿＿＿＿＿＿＿＿＿＿＿＿＿＿＿＿＿＿＿.
＿＿＿＿＿＿＿＿＿＿＿＿＿＿＿＿＿＿＿＿＿.
＿＿＿＿＿＿＿＿＿＿＿＿＿＿＿＿＿＿＿＿＿.

3 次の(1)、(2)の質問に答える文を書け。ただし、(1)と(2)は、2つとも、それぞれ6語以上の1文で書くこと。
（「,」「.」などの符号は語として数えない。）　　　　　　　　　　　　　　　　　　　　　　[2022 愛媛]

(1)　あなたが今までの学校生活で学んだことのうち、特に大切に思うことについて、下級生に伝える機会が
　　あるとすれば、どのようなことを伝えますか。

(2)　また、なぜそのことが大切だと思うのですか。

4 次は、KentaとALTのSmith先生との授業中の対話の一部である。あなたがKentaならば、来日したばか
りのSmith先生に何を伝えるか。対話文を読んで、□□□にSmith先生に伝えることを書きなさい。ただ
し、下の【注意】に従って書くこと。　　　　　　　　　　　　　　　　　　　　　　　　　[2022 山口]

Ms. Smith：It's very hot in Japan now, but I know Japan has other seasons, too. Can anyone tell
　　　　　　me about the seasons in Japan?

Kenta：Yes. I'll tell you about the next season. It's *autumn. It's a good season for *going out.

Ms. Smith：OK. What can I enjoy when I go out in autumn?

Kenta：

Ms. Smith：Thank you. I'm *looking forward to going out in autumn in Japan!

（注）　autumn　秋　　　go(ing) out　外出する　　　look(ing) forward to ～　～を楽しみにする

【注意】
①　対話の流れに合うように、20語以上30語以内の英語で書くこと。文の数はいくつでもよい。符号
　（．，?!など）は、語数に含めないものとする。
②　内容的なまとまりを意識して、具体的に書くこと。

---

5 次の英文は、高校1年生のまどか(Madoka)のスピーチ原稿の一部です。下線部 One small thing I can do
について、あなたなら人のため、または社会のために、どのようなことができると思いますか。下の条件に
従って書きなさい。　　　　　　　　　　　　　　　　　　　　　　　　　　　　　　　　[2022 山梨]

　　I believe we all can do something to solve many problems and help many people. I think it
is important to start with small things that we can do in our daily lives. <u>One small thing I can
do</u> is to join a volunteer activity. So, I have decided to help at a *food bank to stop *food loss.
How about you? Let's do something small to make our lives better. Thank you for listening.
（注）　food bank　フードバンク　　　food loss　食品ロス

条件　　・1つのことについて、具体的に書くこと。
　　　　・35語以上50語以内の英語で書くこと。文の数はいくつでもよい。
　　　　　なお、短縮形(I'veやisn'tなど)は1語と数え、符号(, や? など)は語数に含めない。

Chapter 23

場面設定型英作文、イラスト・図表を使った英作文

英作文

例題 ❶ 場面設定型英作文

　由美（Yumi）は、友人のルーシー（Lucy）にメールを送ることにした。伝えたいことは、来月、英語を勉強している子どもたちに英語の歌を歌ってあげるつもりなので、ルーシーも私の部屋に来てピアノを弾いてくれないかということである。あなたが由美なら、このことを伝えるために、どのようなメールを書くか。次の ▭ の中に英語を補い、メールを完成させなさい。

[2022 静岡]

Hello, Lucy.

Bye,
Yumi

答え

設定された場面を正確に把握

→友人にメールで依頼したいことがある

- 来月、英語を勉強している子どもたちに英語の歌を歌ってあげる予定
- 私の部屋に来てピアノを弾いてくれないか

⬇

解答例

（1文目）

① I'll sing (some) English songs to[for] the children (who are) studying[learning] English next month.

② Next month, I'm going to sing an English song to[for] the children who study[learn] English.

（2文目）

① Will you come to my room to play the piano?

② Can you (also) come to my room and play the piano (for us)?

③ Please come to my room to play the piano.

ポイント

語数や文の数の指定はないので、書きやすいように2文に分けるとよい

未来を表す文

will や be going to を使って表す
→ P.21　文法4

相手に依頼する表現

Can[Will] you ～ ?
「～してくれませんか」
Could[Would] you ～ ?
「～していただけませんか」
→ P.24　文法5

丁寧な命令文

Please ＋動詞の原形 ～ .
「～してください」
→ P.12　文法2

● 空所補充英作文では、解答を書いた後に文全体を読み直して
内容に一貫性があるか確認しよう。

例題 ❷　イラスト・図表を使った英作文

次の(1)、(2)のイラストについて、自然な会話になるように（　a　）、（　b　）に入る適当な表現をそれぞれ3語以上の英語で書きなさい。2文以上になってもかまいません。なお、会話は①〜④の順に行われています。（. , ?! などの符号は語数に含めません。）

[2022 島根]

(1)

① Where have you been?
② I went fishing in the lake.

③（　a　）
④ That's a good question. I caught ten.

(2)

① Excuse me.
② Yes?

③（　b　）
④ Just a moment ... Oh, I'm sorry.

答え

(1)

③（　a　）
④ That's a good question. I caught ten.

③で質問をしたとわかる

その質問は数量に関するもの

対象はクーラーボックスの中の魚

> 💡 ポイント
>
> セリフやイラストから場面の状況を理解する

> 💡 ポイント
>
> 魚（fish）は単数・複数で同じ形
> → P.16　文法 3

解答例　①How many fish did you catch?　「何匹釣ったの？」

②Cool. Did you catch many fish?　「いいね。たくさん釣った？」

(2)

③（　b　）
④ Just a moment ... Oh, I'm sorry.

新幹線などの車内で、男性が女性に申し訳なさそうにしている

1コマ目では女性だけが乗車券を持っていたが、2コマ目では男性も手にしている

> 💡 ポイント
>
> 女性の立場に立って、自分ならこの状況で何と言うかを考えて入れる

解答例　① I think that's my seat.　「そちらは私の席だと思います」

②This is my ticket. Will you check yours?

「これは私のチケットです。あなたのも確認してもらえますか」

確 認 問 題

日付	／	／	／
○△×			

1 あなたのクラスでは、帰国するALT（外国語指導助手）のためのお別れ会を計画しており、下の案内状（invitation）を送ることになった。あなたは、クラスで、そのALTのためにどのようなことをするか。（　　　）にあてはまるように文を書け。ただし、8語以上の1文で書くこと。（「,」「.」などの符号は語として数えない。）

[2022 愛媛]

Invitation

> Hello. We will have a party for you next Friday.
> (　　　　　　　　　　　　　　　　　　　　　　　　)
> We hope you will enjoy the party.

2 あなたは、英語の授業で、自分の関心のあることについて発表することになり、次のメモを作成しました。メモをもとに、原稿を完成させなさい。原稿の　(1)　、　(2)　にはそれぞれメモに即して、適切な英語を書きなさい。また、　(3)　には、【あなたが参加したいボランティア活動】をAまたはBから1つ選んで符号で書き、【その理由】について、あなたの考えを、次の《注意》に従って英語で書きなさい。

[2022 岐阜]

《注意》・文の数は問わないが、10語以上20語以内で書くこと。

　　　　・短縮形（I'mやdon'tなど）は1語と数え、符号（, や . など）は語数に含めないこと。

> ＜メモ＞
> （導　　入）　先週、ボランティア活動についてのポスターを見た。
> 　　　　　　長い間ボランティア活動に興味があったので参加したい。
> （活動内容）　A　公園でゴミを拾う。
> 　　　　　　B　図書館で、子どもたちに本を読む。
> 　　　　　　【あなたが参加したいボランティア活動とその理由】
> 　　　　　　　あなたの考え
> （ま と め）　参加の呼びかけ

> ＜原稿＞
> 　Last week, I saw a poster about volunteer activities. I'd like to join one of them because (1) _____ volunteer activities for a long time.
> 　In the poster, I found two different activities, A and B. If I choose A, I will *pick up trash in the park. If I choose B, I will (2) _____ . I want to join (3) _____
> 　Would you like to join me?　　　　　　　　　（注）　pick up trash　ゴミを拾う

(3) I want to join [　　] because _____

3 下の英文は、ステーションホテル（Station Hotel）から北海スタジアム（Hokkai Stadium）への行き方を示した案内図（Access Information）です。次のようにたずねられたとき、あなたはどのように答えますか。案内図を見て、主語と動詞を含む英文1文で自由に書きなさい。 [2022 北海道]

How do you want to go to the stadium from Station Hotel? And why?

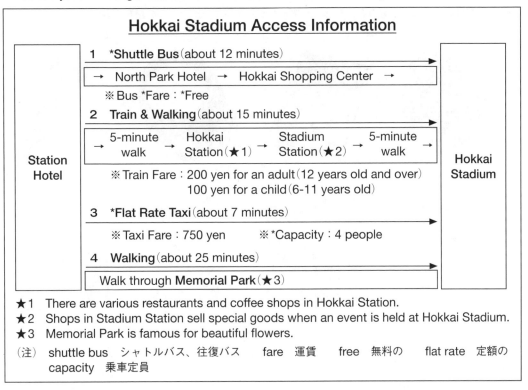

Hokkai Stadium Access Information

Station Hotel		Hokkai Stadium
	1　***Shuttle Bus**（about 12 minutes）	
	→　North Park Hotel　→　Hokkai Shopping Center　→	
	※Bus ***Fare**：***Free**	
	2　**Train & Walking**（about 15 minutes）	
	→　5-minute walk　→　Hokkai Station（★1）　→　Stadium Station（★2）　→　5-minute walk	
	※Train Fare：200 yen for an adult（12 years old and over）　100 yen for a child（6-11 years old）	
	3　***Flat Rate Taxi**（about 7 minutes）	
	※Taxi Fare：750 yen　　※***Capacity**：4 people	
	4　**Walking**（about 25 minutes）	
	Walk through **Memorial Park**（★3）	

★1　There are various restaurants and coffee shops in Hokkai Station.
★2　Shops in Stadium Station sell special goods when an event is held at Hokkai Stadium.
★3　Memorial Park is famous for beautiful flowers.
（注）　shuttle bus　シャトルバス、往復バス　　fare　運賃　　free　無料の　　flat rate　定額の　　capacity　乗車定員

4 中学生のEmiは、あるレストランの前で見かけた看板に書かれていた内容を留学生のJimに紹介するための英文をノートに書いています。Emiが考えている内容を参考にしながら、書き出しに続けて、 (1) に2語の、 (2) に4語以上の英語を書き、Emiのノートを完成させなさい。 [2022 岡山]

看板

レストラン　Rui's

当店人気ナンバーワン

ハンバーグセット
￥1,500

シェフRui
本日のおすすめ

「人気ナンバーワン」の部分をnumber oneで書いてみたけれど、この表現では「人気である」ということが伝わらないかもしれないな。別の表現で書いてみよう。

「おすすめ」の部分は、シェフが私たちにどうしてほしいのかを考えると、知っている単語で表現できそう。

[Emi]

Emiのノート

「当店人気ナンバーワン」
This is the <u>number one</u> food at this restaurant.
This is the 　(1)　 food at this restaurant.
「シェフRui本日のおすすめ」
It is the food that Chef Rui 　(2)　 today.

24 リスニング イラストを選ぶ問題、応答文選択

例題 ① イラストを選ぶ問題

(1)、(2)の英語の内容に合うものを、それぞれア〜エから1つずつ選び、その記号を書け。 [2022 奈良]

(1) **ア**   **イ**   **ウ**   **エ**

(2) **ア**   **イ**   **ウ**   **エ**

答え

(1) 選択肢のイラストを確認

ア「ピアノ」、 **イ**「英語の本」、 **ウ**「ヘッドホン」、 **エ**「マイク」

for listening to music 「音楽を聞くために」

→音楽を聞くために使われるもの⇒**ウ**

(2) イラストの違いに注目→注意して聞き取る

　①人物…**ア・ウ**→2人、**イ・エ**→3人
　②持ち物…傘、本、花束

Three people are waiting for a bus. 「3人の人がバスを待っている」

→**イ**または**エ**

The person between the two other people is holding an umbrella.

「他の2人の間にいる人物は傘を持っている」

→真ん中にいる人物：傘を持っている⇒**イ**

> 💡 ポイント
>
> 音声を聞く前にイラストの内容を確認する

> 💡 ポイント
>
> 人物の数や位置、持ち物を確認する

between
「〜（と…）の間に」
→ P.41　文法9

合格への
ヒント
● 問題を解いたあとには、解答編のスクリプトを読みながら
音声を聞きなおそう！

02 例題 ②　応答文選択

太郎（Taro）とサリー（Sally）が会話をします。2 人の会話は、次に示されている順に進みます。☐に入る発言として最も適切なものを、それぞれア、イ、ウ、エの中から 1 つ選んで、その記号を書きなさい。会話の☐☐☐のところでは、チャイム音が鳴ります。

[2022 宮城]

(1)　*Taro* : ・・・・・・・・・

　　Sally : ・・・・・・・・・

　　Taro : ・・・・・・・・・

　　Sally : ☐（チャイム音）

　ア　It was too big for me.

　イ　It was 1,000 yen.

　ウ　I bought it at a sports shop.

　エ　I thought it was nice.

(2)　*Taro* : ・・・・・・・・・

　　Sally : ・・・・・・・・・

　　Taro : ・・・・・・・・・

　　Sally : ☐（チャイム音）

　ア　I don't have good news today.

　イ　Our favorite singer will come to our city.

　ウ　We watch TV every morning.

　エ　I have never heard about the news.

▌答え

(1)　選択肢を確認

　　ア　「それは私にとって大きすぎたよ」

　　イ　「それは 1,000 円だったよ」

　　ウ　「私はそれをスポーツ店で買ったよ」

　　エ　「私はそれはすてきだと思ったよ」

　│買ったものについて話している場面と予想する│

Where did you get it? 「きみはそれをどこで手に入れたの？」

→買った場所をたずねている⇒**ウ**

(2)　選択肢を確認

　　ア　「今日はいい知らせがないよ」

　　イ　「私たちの大好きな歌手が私たちの市に来るよ」

　　ウ　「私たちは毎朝テレビを見るよ」

　　エ　「私はその知らせを聞いたことがないよ」

What is it? 「それは何？」への応答を考える

＊it が指すものは？

I have ｜good news｜ for us. 「私たちにいい知らせがあるよ」

　　　　│→ it ＝ good news（news は単数扱い）

What is it? 「それ（＝いい知らせ）は何？」

→いい知らせの内容⇒**イ**

💡 ポイント

・音声を聞く前に選択肢を確認する
　→選択肢から対話文の内容を予想できる場合もある

・直前の文を特に注意して聞く

📋 疑問詞のまとめ

what 「何」
when 「いつ」
where 「どこ」
who 「だれ」
which 「どちら、どれ」
whose 「だれのもの」
why 「なぜ」
how 「どのくらい、どう」
how many 「いくつ」
how much 「いくら」
how long 「どのくらい
　　　　　（の時間・期間）」
→ P.12-13　文法 2

Chapter 24

イラストを選ぶ問題、応答文選択

確 認 問 題

日付	/	/	/
○△×			

※ 2、4 の音声は2回聞くようにしてください。

1 それぞれの問いについて英文と質問が読まれます。質問の答えとして最も適切なものを次のア〜エのうちから1つ選び、その記号を書きなさい。　[2022 沖縄]

(1)　ア　　　　　イ　　　　　ウ　　　　　エ

(2)　ア　　　　　イ　　　　　ウ　　　　　エ

2 質問に対する答えとして最も適切なものを、ア〜エの中から1つずつ選び、その記号を書きなさい。

Listen to each talk, and choose the best answer for each question.　[2022 埼玉]

(1)　ア　　　　　イ　　　　　ウ　　　　　エ

(2)　ア　　　　　イ　　　　　ウ　　　　　エ

(3)

3 会話を聞いて、その会話に続く応答として適切なものを選びなさい。会話のあとに放送される選択肢ア〜ウから応答として適切なものを、それぞれ1つ選びなさい。 [2022 兵庫]

(1) (場面)客が店員と会話している

(2) (場面)駅の忘れ物センターで会話している

(3) (場面)生徒と先生が会話している

4 チャイムのところに入るナオミの言葉として最も適するものを、次のア〜エの中からそれぞれ1つずつ選び、その記号を答えなさい。 [2022 神奈川]

(1) ア I have been to my guitar lesson three times.

　 イ I play the guitar with my brother on weekends.

　 ウ I usually play the guitar in the park.

　 エ I got a nice guitar last Saturday.

(2) ア I have already made my speech about India.

　 イ I live in Japan to learn about the Japanese language.

　 ウ I'll write about Australia because I want to see its animals.

　 エ I want to listen to other students' speeches.

(3) ア Sure. Your friends in your country will help you.

　 イ Sure. My friends said the video was interesting.

　 ウ OK. I told you why I wanted to make it.

　 エ OK. I think I have some good ideas.

Chapter

25

リスニング
資料（地図やグラフ、表など）を使った問題

🔊 07 **例題 ①**　地図を使った問題

これから短い英文を読みます。英文を読む前に、日本語で内容に関する質問をします。その質問に対する答えとして最も適切なものを、ア～エから１つ選び、符号で書きなさい。

[2022 岐阜]

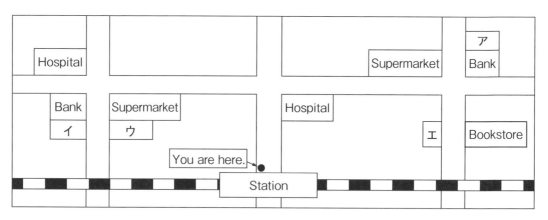

答え

現在地を確認

> You are here.「あなたはここにいます」→ here「ここ」＝駅の前

日本語の質問も聞き逃さない→目的地＝郵便局

重要な情報を聞き取り、地図上で確認

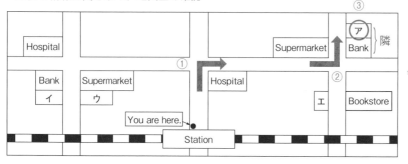

①turn right at the hospital 「病院で右に曲がる」

②when you get to the supermarket, turn left
「スーパーマーケットに着いたら左に曲がる」

③you can find the post office next to a bank
「郵便局は銀行の隣にある」⇒**ア**

💡 **ポイント**

音声を聞く前に資料の情報を確認する

🏢 **道案内で頻出の建物名**

station「駅」
hospital「病院」
supermarket
「スーパーマーケット」
bank「銀行」
bookstore「書店」

📍 **位置を表す表現**

next to ～「～の隣」
between A and B
「AとBの間」
in front of ～
「～の前」

🗨 **道案内の会話表現**

turn right[left]
「右に[左に]曲がる」
go straight
「まっすぐ進む」
→ P.68 文法16

● 音声を聞いてわかった情報を資料に書き込んで情報を「見える化」し、
解答選択の参考にしよう！

🔊 08 **例題 ②** 　グラフを使った問題

中学生の健太（Kenta）と留学生のメアリー（Mary）が、英語で会話をします。会話のあとに、英語で質問をします。その質問の答えとして最も適切なものを、ア〜エの中から１つ選び、記号で答えなさい。　　[2022 静岡]

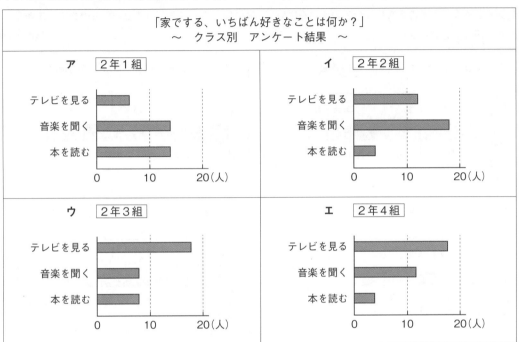

「家でする、いちばん好きなことは何か？」
〜　クラス別　アンケート結果　〜

答え

英語の質問を正しく聞き取る

　→ **Which is** Mary's class?　「メアリーのクラスはどれですか」

重要な情報を聞き取り、グラフと照らし合わせる

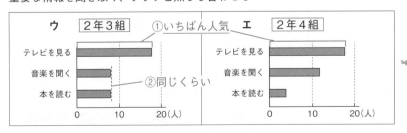

① watching TV is **the most popular**　「テレビを見ることがいちばん人気がある」

　→ **ウ**か**エ**にしぼられる

② reading books is as popular as listening to music

　「読書は音楽を聞くことと同じくらい人気がある」　⇒**ウ**

💡 **ポイント**

・質問を理解して、情報の取捨選択をする
　→健太の情報は直接的には必要ない
・比較の表現に注意して、数や量の多少を正しく把握する

🔊 **比較の表現**

more popular than A
「Aより人気がある」
the most popular in A
「Aの中で最も人気がある」
as popular as A
「Aと同じくらい人気がある」
→ P.44-45　文法 10

確認問題

日付	／	／	／
○△×			

※ **1** ～ **4** の音声すべて、2回聞くようにしてください。

1 放送される英文とその英文についての問いを聞いて、問いに対する答えとして適切なものをア～エから1つ選び、記号で書きなさい。

[2022 高知]

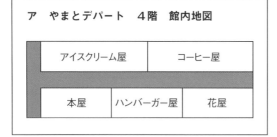

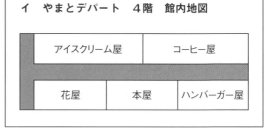

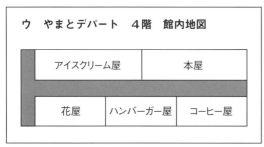

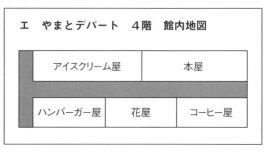

2 会話を聞いて、その内容について質問に答えなさい。会話のあとに質問が続きます。その質問に対する答えとして適切なものを、ア～エから1つ選びなさい。

[2022 兵庫]

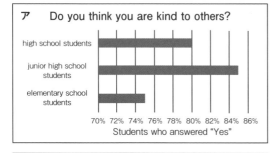

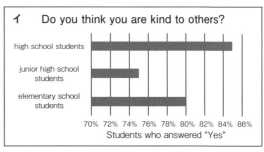

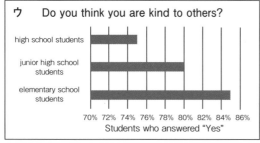

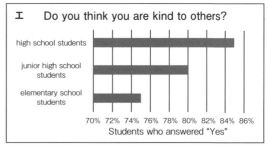

3 これから短い英文を読みます。英文を読む前に、日本語で内容に関する質問をします。その質問に対する答えとして最も適切なものをア〜エから１つ選び、符号で書きなさい。

［2022 岐阜］

	Flight number is ...	The weather in London now is ...	Flight time will be ...
ア	Flight 735	☁	10 hours and 12 minutes
イ	Flight 735	☂	12 hours and 10 minutes
ウ	Flight 753	☁	10 hours and 12 minutes
エ	Flight 753	☂	12 hours and 10 minutes

 4 あなたは、カナダの語学学校へ留学しています。語学学校のオリエンテーションで説明を聞きながら、メモを取っています。メモ用紙の(1)〜(4)のそれぞれにあてはまるものを、ア〜エの４つのうち、１つずつ選んで、記号で書きなさい。

［2022 高知］

メ モ

グリーン語学学校について

○もらったカードについて

・校舎に入るときに必要

・　(1)

○学校が開く時間

・　(2)

○時間割

・月，火，木：午前　３時間授業

　　　　　　　午後　２時間授業

・水，金　　：午前　３時間授業

　　　　　　　午後　(3)

○英語テストについて

・毎週月曜日の１時間目

・テストの結果は　(4)　に返される

---

(1)　ア　市バスの料金が平日無料になる

　　イ　市バスの料金が週末無料になる

　　ウ　市バスの料金が平日半額になる

　　エ　市バスの料金が週末半額になる

(2)　ア　午前７時15分

　　イ　午前７時50分

　　ウ　午前８時15分

　　エ　午前８時30分

(3)　ア　３時間授業

　　イ　テスト勉強

　　ウ　農業体験

　　エ　歴史学習

(4)　ア　試験の直後

　　イ　試験の翌週

　　ウ　月曜日の放課後

　　エ　火曜日の朝

Chapter

26

リスニング

適語・適文補充、英問英答

🔊13 例題 ❶ 適語・適文補充

英語の授業で先生がクイズを出します。その内容に合うように、次の〈メモ〉を完成させなさい。また、先生の指示を聞いて、3番目のヒント(hint)を英語で書きなさい。ただし、(1)、(2)はそれぞれ英語1語で、(3)は主語と動詞を含む英語で答えなさい。

[2022 島根]

〈メモ〉

> Hint 1：red, ＿＿(1)＿＿, gray, black
>
> 　　 2：birds and planes ＿＿(2)＿＿ there
>
> 　　 3：

〈3番目のヒント〉

> At night, ＿＿＿＿＿＿(3)＿＿＿＿＿＿ there.

▌答え

(1)
> ヒント1：赤、＿＿(1)＿＿、灰色、黒

→(1)も色だと予想して聞き取る

It is sometimes red, sometimes blue, sometimes gray, and sometimes black.⇒**blue**

> 💡 ポイント
>
> 列挙される情報のうち、メモから抜け落ちている情報は何か

(2)
> ヒント2：鳥や飛行機はそこで ＿＿(2)＿＿

→birds and planesのあとを聞き逃さない

Birds and planes fly in it.⇒**fly**

> 💡 ポイント
>
> 放送文とメモで、同意だが別の表現にかえられていることもある(in it = there)

(3)
> ヒント3：夜に、そこで ＿＿＿＿(3)＿＿＿＿。

→先生の指示とは？

- ・3ヒントクイズの答えはsky「空」
- ・At night「夜に」に続けて3番目のヒントを完成させる

→夜の空について、主語と動詞を含む英文ヒントを作る

解答例
- ① **the moon can be seen**
  「(夜に、そこで)月が見られる」
- ② **we can see a lot of stars**
  「(夜に、そこで)私たちはたくさんの星を見ることができる」

> 💡 ポイント
>
> 3ヒントクイズなので、3つのヒントと答えが存在すると予想できる

合格への ヒント
● 音声が始まるまえに選択肢を先読みして、「どのような部分が質問されるか（どの部分に注目して聞けばいいか）」を想定しておこう。

例題 ②　英問英答

授業でブラウン先生がしている説明を聞いて、それに続く2つの質問に対する答えとして最も適しているものを、それぞれア〜エから1つずつ選び、記号で答えなさい。

[2022 大阪]

(1)
　ア　Two.
　イ　Three.
　ウ　Four.
　エ　Five.

(2)
　ア　The first thing to do in the cooking lesson.
　イ　People who will make curry.
　ウ　People who will make the fruit cake.
　エ　The fruit used for the cake.

答え

(1)　数を正しく把握

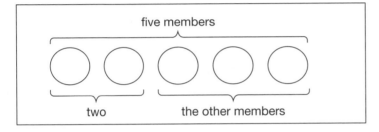

（図：five members ／ two ／ the other members）

放送による質問：In a group, how many members will make the fruit cake?
　　　　　　　（フルーツケーキを作るのは何人？）

・Your group has five members.（1グループ5人）
・two of you will make curry（2人はカレーを作る）
・the other members will make the cake
　（他のメンバーはケーキを作る）

→フルーツケーキを作るのは、5人−2人＝3人 ⇒イ

> **ポイント**
> 聞き取った情報をもとに計算するなど、情報処理能力も問われる

(2)　選択肢の意味を把握

　ア　「調理実習でいちばんにやるべきこと」
　イ　「カレーを作る人」
　ウ　「フルーツケーキを作る人」
　エ　「ケーキに使うフルーツ」

放送による質問：What should students decide now?
　　　　　　　（生徒たちは今、何を決めるべき？）

・Now, your group will choose one fruit from these four kinds
　（4つの種類のフルーツから1つ選ぶ）
・decide which fruit your group wants to use
　（どのフルーツを使いたいか決める）

⇒エ

> **ポイント**
> 放送文が長文でも、選択肢の意味を把握してポイントをおさえ、適宜メモを取りながら聞こう

確 認 問 題

日付	／	／	／
○△✕			

※ **1** ～ **4** の音声すべて、2回聞くようにしてください。

1 留学中の Hajime は、外出しているホストファミリーの Mary からの電話を家で受けています。その電話を聞いて Hajime が必要な内容をまとめたメモの ⬚(1)⬚ ～ ⬚(3)⬚ にそれぞれ適当な英語1語を入れなさい。

[2022 岡山]

[Hajime のメモ]

> Mary　needs her ⬚(1)⬚ for her lesson.
> 　　　　will take the ⬚(2)⬚ at ⬚(3)⬚ .

[Hajime]

2 中学生の香織 (Kaori) が英語の時間に行ったスピーチと、その内容について5つの質問を放送します。(1)～(5)の英文が質問の答えとなるように、⬚⬚⬚⬚⬚ に入る最も適切なものを、ア～エの中から1つずつ選び、その記号を書きなさい。

[2022 和歌山]

(1)　She has been doing judo ⬚⬚⬚⬚⬚ .

ア　for one year　　　　　　　　イ　for five years
ウ　for nine years　　　　　　　エ　for fourteen years

(2)　He was ⬚⬚⬚⬚⬚ .

ア　a junior high school teacher　イ　a student in the judo school
ウ　Kaori's judo teacher　　　　エ　Kaori's brother

(3)　She met him ⬚⬚⬚⬚⬚ .

ア　when she joined a judo tournament　イ　when she talked with her judo teacher
ウ　when she went to India　　　　　　エ　when she practiced judo in her school

(4)　She was surprised because she heard ⬚⬚⬚⬚⬚ in India.

ア　there were many music teachers　イ　there were many judo teachers
ウ　there weren't many music teachers　エ　there weren't many judo teachers

(5)　She wants ⬚⬚⬚⬚⬚ .

ア　to teach music in elementary school　イ　to teach judo in foreign countries
ウ　to go to India to meet Mr. Sato　　　エ　to go to judo schools in Japan

17 **3** 英語による説明を聞いて、その内容についての2つの質問(1)、(2)に答えなさい。英文と選択肢が放送されます。英文のあとに放送される選択肢ア〜エから質問に対する答えとして適切なものを、それぞれ1つ選びなさい。

[2022 兵庫]

（場面）　先生が高校1年生の生徒に話をしている

(1)　What is the teacher talking about?

(2)　Why is the teacher speaking to the students?

18 **4** これからALTや生徒が授業中に話している場面の英文が流れます。なお、この問題は〈Part 1〉と〈Part 2〉の、2つの問題に分かれています。

[2022 石川]

〈Part 1〉ALTのジョンソン（Johnson）先生の、授業の始めの場面の英文が流れます。そのあと(1)〜(3)まで3つの質問を読みますから、各質問に対する答えとして最も適切なものを、**ア**、**イ**、**ウ**から1つずつ選び、その符号を書きなさい。

(1)　**ア**　Listening to music.
　　イ　Talking with his family.
　　ウ　Watching TV.

(2)　**ア**　He himself did.
　　イ　His mother did.
　　ウ　His sister did.

(3)　**ア**　He did the dishes.
　　イ　He grew vegetables.
　　ウ　He walked his dogs.

〈Part 2〉雅美（Masami）さんと浩二（Koji）さんが、ALTのジョンソン（Johnson）先生の話を聞いたあとに話し合っている場面の英文が流れます。そのあと、(1)から(3)まで3つの質問を読みますから、指示に従ってそれぞれ書きなさい。

(1)（質問に対する適切な答えになるように、下線部にあてはまる英語を書きなさい。）
　　_____ a month.

(2)（質問に対する適切な答えになるように、下線部にあてはまる英語を書きなさい。）
　　At _____.

(3)（質問に対する適切な答えを英語で書きなさい。）
　　_____

形容詞・副詞の比較変化

▶ 規則的に変化する単語

	原級	比較級	最上級	原級の意味
語尾に −er、−est を つける	cold	colder	coldest	冷たい、寒い
	cool	cooler	coolest	すずしい
	fast	faster	fastest	速い、速く
	hard	harder	hardest	熱心に
	high	higher	highest	高い
	long	longer	longest	長い
	new	newer	newest	新しい
	old	older	oldest	古い、年をとった
	short	shorter	shortest	短い
	small	smaller	smallest	小さい
	strong	stronger	strongest	強い
	tall	taller	tallest	背が高い
	warm	warmer	warmest	暖かい、温かい
	young	younger	youngest	若い
語尾に −r、−st を つける	large	larger	largest	大きい、広い
	safe	safer	safest	安全な
	wide	wider	widest	広い
語尾の子音字を重ねて −er、−est を つける	big	bigger	biggest	大きい
	hot	hotter	hottest	暑い、熱い
y を i にかえて、 −er、−est を つける	busy	busier	busiest	忙しい
	early	earlier	earliest	早い、早く
	easy	easier	easiest	簡単な
	happy	happier	happiest	幸せな
	heavy	heavier	heaviest	重い

▶ 比較的つづりの長い単語

原級	比較級	最上級	原級の意味
beautiful	more beautiful	most beautiful	美しい
careful	more careful	most careful	注意深い
difficult	more difficult	most difficult	難しい
exciting	more exciting	most exciting	わくわくするような
expensive	more expensive	most expensive	高価な
famous	more famous	most famous	有名な
important	more important	most important	大切な
interested	more interested	most interested	興味を持っている
interesting	more interesting	most interesting	おもしろい
necessary	more necessary	most necessary	必要な
popular	more popular	most popular	人気のある
quickly	more quickly	most quickly	速く
serious	more serious	most serious	重大な
slowly	more slowly	most slowly	ゆっくりと
terrible	more terrible	most terrible	ひどい
tired	more tired	most tired	疲れた
useful	more useful	most useful	役に立つ
wonderful	more wonderful	most wonderful	すばらしい

▶ 不規則に変化する単語

原級	比較級	最上級	原級の意味
bad	worse	worst	悪い
good	better	best	よい
well			よく、上手に
little	less	least	小さい、少し
many	more	most	多くの（可算）
much			多くの（不可算）

不規則動詞の変化

▶ 過去形と過去分詞が同じパターンの不規則動詞

原形	過去形	過去分詞	原形の意味
bring	brought	brought	持ってくる
build	built	built	建てる
buy	bought	bought	買う
catch	caught	caught	捕まえる
feel	felt	felt	感じる
find	found	found	見つける
forget	forgot	forgot / forgotten	忘れる
get	got	got / gotten	得る
have	had	had	持っている
hear	heard	heard	聞く
hold	held	held	開く、持つ
leave	left	left	出発する
lend	lent	lent	貸す
make	made	made	作る
meet	met	met	会う
say	said	said	言う
sell	sold	sold	売る
send	sent	sent	送る
sleep	slept	slept	眠る
spend	spent	spent	費やす
teach	taught	taught	教える
tell	told	told	話す
think	thought	thought	思う

▶ 原形と過去分詞が同じパターンの不規則動詞

原形	過去形	過去分詞	原形の意味
become	became	become	～になる
come	came	come	来る
run	ran	run	走る

▶ 原形と過去形と過去分詞がすべて異なるパターンの不規則動詞

原形	過去形	過去分詞	原形の意味
am、is	was	been	～である
are	were	been	～である
begin	began	begun	始める
break	broke	broken	壊す
do	did	done	する
draw	drew	drawn	描く
drive	drove	driven	運転する
eat	ate	eaten	食べる
fall	fell	fallen	落ちる
give	gave	given	与える
go	went	gone	行く
grow	grew	grown	成長する
know	knew	known	知る
see	saw	seen	見る
show	showed	shown	示す
sing	sang	sung	歌う
speak	spoke	spoken	話す
swim	swam	swum	泳ぐ
take	took	taken	取る
throw	threw	thrown	投げる
write	wrote	written	書く

▶ 原形と過去形と過去分詞がすべて同じパターンの不規則動詞

原形	過去形	過去分詞	原形の意味
cut	cut	cut	切る
hit	hit	hit	打つ
put	put	put	置く
read [ríːd]	read [réd]	read [réd]	読む

監修者紹介

清水　章弘 （しみず・あきひろ）

◉──1987年、千葉県船橋市生まれ。海城中学高等学校、東京大学教育学部を経て、同大学院教育学研究科修士課程修了。新しい教育手法・学習法を考案し、東大在学中に20歳で起業。東京・京都・大阪で「勉強のやり方」を教える学習塾プラスティーを経営し、自らも授業をしている。

◉──著書は『現役東大生がこっそりやっている 頭がよくなる勉強法』（PHP研究所）など多数。青森県三戸町教育委員会の学習アドバイザーも務める。現在はTBS「ひるおび」やラジオ番組などに出演中。

佐藤　大地 （さとう・だいち）

◉──1992年、三重県津市生まれ。現在はプラスティー教育研究所の英語科の主任を務めながら、中学生から高校生まで幅広く英語の指導を行う。数多くの指導経験から英語学習法の研究を深め、その手法を講演会や授業を通じ、全国の中高生に伝えている。趣味は映画・洋楽鑑賞。セリフや歌詞を分析・紹介し、英語に対する興味を引き出すことライフワークとしている。

◉──雑誌『螢雪時代』（旺文社）に入試分析記事を寄稿。執筆協力に『高校入試の要点が1冊でしっかりわかる本 5科』（小社刊）など。

プラスティー

東京、京都、大阪で中学受験、高校受験、大学受験の塾を運営する学習塾。代表はベストセラー『現役東大生がこっそりやっている、頭がよくなる勉強法』（PHP研究所）などの著者で、新聞連載やラジオパーソナリティ、TVコメンテーターなどメディアでも活躍の幅を広げる清水章弘。

「勉強のやり方を教える塾」を掲げ、勉強が嫌いな人のために、さまざまな学習プログラムや教材を開発。生徒からは「自分で計画を立てて勉強をできるようになった」「自分の失敗や弱いところを理解し、対策できるようになった」の声が上がり、全国から生徒が集まっている。

学習塾運営だけではなく、全国の学校・教育委員会、予備校や塾へのサービスの提供、各種コンサルティングやサポートなども行っている。

高校入試の要点が1冊でしっかりわかる本 英語

2023年11月6日　　第1刷発行

監修者──清水　章弘／佐藤　大地
発行者──齊藤　龍男
発行所──株式会社かんき出版
　　　　　東京都千代田区麴町4-1-4　西脇ビル　〒102-0083
　　　　　電話　営業部：03(3262)8011代　編集部：03(3262)8012代
　　　　　FAX　03(3234)4421　　　　　　振替　00100-2-62304
　　　　　https://kanki-pub.co.jp/
印刷所──シナノ書籍印刷株式会社

English

高校入試の要点が1冊で
しっかりわかる本　英語

別冊解答

解答と解説の前に、
「点数がグングン上がる！英語の勉強法」をご紹介します。
時期ごとにおすすめの勉強法があるので、
自分の状況に合わせて試してみてください。
解答と解説は４ページ以降に掲載しています。

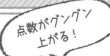

英語の勉強法

 基礎力UP期（4月～8月）

● 耳で聞いて、声を出して、五感で覚えよう！

　この時期は、じっくりと英語力を伸ばす時期。高校に入ってからの基礎にもなるので、正しい勉強のやり方を身につけよう。そもそも、英語は言葉だ。言葉を身につけるためには、黙って読んだり書いたりするだけでは不十分。必ず、耳で聞いたり声に出したりして、（味覚以外の）五感をフル活用することを心がけよう！赤ちゃんが母国語を身につけるときは、ほとんどの場合、周りの人が話している言葉を聞いて、その真似をしながら徐々に話せるようになるんだ。英語の学習も同様に、「聞いて真似する」から始めるといい。リスニング用音源も活用して「聞いて真似する」を始めてみよう。

● 音読で英語力はグングン上がる！

　加えて取り組んでもらいたいのが、「音読」。音声を聞いて、真似することができたら、自力で教科書を読む練習をしよう。とにかくたくさん音読にはげみ、教科書や本書の例文を瞬時に引き出せるようになったら、怖いものなしだ！　まずは、教科書1ページ分の英文を、10回ずつ音読してみよう。

　それができたら次は「リードアンドルックアップ」。別名「アナウンサー読み」と言われており、英文を目で追いながら声に出して読み、直後に顔を上げて（英文を見ないで）読む方法のこと。このトレーニングによって、英文を短期間で効率よく覚えられる。

　本書を読み進める際にも、出てきた英文をリードアンドルックアップで10回音読してほしい。読み終わるころ、きっとあなたの英語力は向上しているはずだ！

 復習期（9月～12月）

● 苦手な単元を把握し、問題を解き直そう！

　全単元（とくに文法）をすでに学習済みのみなさんは、「絶対おさえる！」と「合格へのヒント」を読み込んでみよう。とくに、「合格へのヒント」には、その単元の学習の注意点が記載してある。すべて読み込むことで、自身の苦手な単元が明確になるはずだ。

　苦手な単元がわかったら、「確認問題」を順番に解き、抜けている知識がないか確認してみよう。問題を解くときは、「○△×管理法」がおすすめ。○は「解説を見ずに正解できた問題」、△は「解説を読めば理解できた問題」、そして×は「解説を読んでも理解できなかった問題」だ。×の問題は先生や友達に質問して理解できれば△に書きかえ、△の問題は後日何も見ずに解くことができれば○に書きかえ、最後はすべての問題が○印になることを目指そう！

準備するもの：ノート2冊（1冊目を「演習ノート」、2冊目を「復習ノート」と呼びます）

❶ 問題を「演習ノート」に解く。丸つけをするときに、問題集の番号に「○」「△」「×」をつけて、自分の理解状況をわかるようにする。

○ … 自力で正解できた。
△ … 間違えたけど、解答を読んで自力で理解した。
　　　次は解ける！
× … 間違えたので解答・解説を読んだけど、
　　　理解できなかった。

❷ △の問題は解答・解説を閉じて「復習ノート」に解き直す。「答えを写す」のではなく、自分で考えながら解き直して、答案を再現する。

❸ ×の問題は先生や友人に質問したり、自分で調べたりしたうえで「復習ノート」に解き直す。

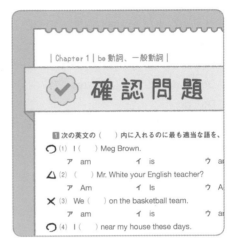

| Chapter 1 | be動詞、一般動詞 |

✓ 確認問題

１ 次の英文の（　　）内に入れるのに最も適当な語を、

○ (1) I （　　） Meg Brown.
　　　ア am　　　イ is　　　ウ a

△ (2) （　　） Mr. White your English teacher?
　　　ア Am　　　イ Is　　　ウ A

× (3) We （　　） on the basketball team.
　　　ア am　　　イ is　　　ウ a

○ (4) I （　　） near my house these days.

○△×管理法は、文法や英作文には特に有効な管理法だ！ぜひ実践してみてほしい。長文問題でのミスが多い人は、どの文が読み取りづらかったのか、どの文を誤解していたのかを細かく確認する必要がある。時間をかけて解答・解説を読み込もう。文構造が複雑だったり文法項目が複数入っていたりする一文は、辞書を使って丁寧に読み解き、その後に音読して定着を目指そう。まだまだ伸びる！

📅 まとめ期（1月〜受験直前）

● まずは「合格へのヒント」で総ざらいを

この時期にこの本を手にしたあなたは、まず「合格へのヒント」を読んでみよう。これまでに覚えてきたことと、各単元の注意点と学習のポイントを照らし合わせてほしい。

● 間違えた過去問題は、スクラップ化して確認！

入試まで2カ月を切ったら、過去問演習に取り組もう。出題傾向を把握し、試験問題と自分の相性を確認しながら、弱点克服につとめよう。過去問題を解く際のルールは2つ。「時間を計る」ことと「コピーを取る」ことだ。入試は時間との戦い。本番通りの時間で解いてみて、時間内に解き切れるかを確認しよう。また、間違えた問題はコピーしてスクラップ化するのもおすすめ。該当問題を切って貼りつけ、余白部分にポイントを整理しよう。なお、スクラップ化はノートでやると順番で答えを覚えてしまうことも多い。ルーズリーフで実施し、シャッフルできるようにしておこう。

文法を復習するときには、「該当単元を誰かに説明できるか？」と自問してほしい。家族や友達に協力してもらい、授業をしてみるのもいい。長文は、本文と正解の選択肢の対応箇所への線引きと、間違いの選択肢がなぜダメなのかを、自分の言葉で説明できるようにすることが大切だ。また、単語や熟語の勉強も怠ってはいけない。本番にど忘れがあると、悔やんでも悔やみきれない。「勉強の科目を切り替える間の5分間は単語の時間！」のようにルールを設定し、試験当日まで継続しよう！

文法

1 be動詞、一般動詞  本冊 P.010, 011

■ 解答

1 (1) ア (2) イ (3) ウ (4) イ
(5) ウ (6) ア (7) イ

2 (1) Are, am (2) Do, do
(3) Does, doesn't (4) Is, isn't
(5) Does, does (6) Are, are
(7) Do, don't

3 (1) are (2) Is, is (3) goes
(4) does (5) doesn't eat[have]
(6) Do, don't

4 (1) Lily is my classmate.
(2) Is she from China?
(3) I am not[I'm not] thirteen years old.
(4) He studies math every day.
(5) Does Andy speak Spanish?
(6) They do not[don't] live in New York.

5 (1) I am not good at math.
(2) Are they famous singers?
(3) My mother teaches science on (Mondays and Thursdays.)
(4) Do you get up early every (morning?)
(5) He does not sing Japanese songs.

6 (1) We are very happy.
(2) She has a cat.

■ 解説

1 (1) 主語がIのとき、be動詞はam。
(2) 主語Mr. Whiteは3人称単数なので、be動詞はis。
(3) 主語がweのとき、be動詞はare。
(4) run「走る」を選ぶと意味が通る。cookは「料理する」、writeは「書く」。
(5) 主語My sisterは3人称単数で、drinkという一般動詞があるので、doesを選ぶ。
(6) 主語がyouで、readという一般動詞があるので、Doを選ぶ。
(7) 主語がTheyで、cleanという一般動詞があるので、doを選ぶ。

2 (1) 一般動詞がないのでbe動詞の文。主語がyouなので、Areを入れる。答えの文でもbe動詞を

使う。主語がIなのでam。
(2) 主語がyouで一般動詞practiceがあるので、主語の前にDoを置く。答えの文でもdoを使う。
(3) 主語Ms. Smithは3人称単数で一般動詞likeがあるので、主語の前にDoesを置く。答えの文でもdoesを使う。Noで答えているので、does notの短縮形doesn'tを入れる。
(4) 一般動詞がないのでbe動詞の文。主語がthat boyなので、Isを入れる。答えの文でもisを使う。Noで答えているので、is notの短縮形isn'tを入れる。
(5) 主語Tomは3人称単数で一般動詞helpがあるので、主語の前にDoesを置く。答えの文でもdoesを使う。
(6) 一般動詞がないのでbe動詞の文。主語Alice and Emmaは複数なので、areを選ぶ。
(7) 主語theyは複数で一般動詞comeがあるので、doを選ぶ。答えの文でもdoを使う。Noで答えているので、do notの短縮形don'tを入れる。

3 (1) 主語Natsuko and Iは複数なので、be動詞はare。
(2) 主語が3人称単数でbe動詞の疑問文なので、Isを主語の前に置く。答えの文でもisを使う。
(3) 「行く」はgo。主語が3人称単数なので、goesとする。
(4) 「する」はdo。主語が3人称単数なので、doesとする。
(5) 「食べる」はeatまたはhave。主語が3人称単数で一般動詞の否定文なので、動詞の前にdoesn'tを置く。
(6) 主語がyouで一般動詞の疑問文なので、Doを主語の前に置く。Noで答えているので、don'tを入れる。

4 (1) 主語を3人称単数にかえるので、areをisにかえる。
(2) be動詞の疑問文にするので、Isを主語の前に置く。
(3) be動詞の否定文にするので、amのあとにnotを置く。
(4) 主語を3人称単数にかえるので、studyをstudiesにかえる。studyはyをiにかえてesをつける。
(5) 主語が3人称単数で一般動詞の疑問文なので、

Does を主語の前に置く。動詞は原形speakに
する。

(6) 主語が複数で一般動詞の否定文なので、do
not[don't] を動詞の前に置く。

5 (1) 「〜が得意だ」はbe good at 〜。否定文なの
で、amのあとにnotを置く。

(2) 疑問文なので、Areを主語theyの前に置く。

(3) 〈主語＋一般動詞＋目的語〉の語順にする。
「〜曜日に」は〈on ＋曜日〉で表す。

(4) 「起きる」はget up。疑問文なので、Doを主語
youの前に置き、動詞get upを続ける。

(5) 否定文なので、does notを動詞singの前に置
く。

6 (1) be動詞の文。「幸せな」はhappy。

(2) 「飼っている」はhave。主語が3人称単数なの
で、hasにする。

---

2 命令文、疑問詞 本冊 P.014, 015

解答

1 (1) ア (2) ア (3) エ (4) ウ
(5) ウ (6) イ

2 (1) Don't (2) Whose (3) Please
(4) Why (5) When (6) What time
(7) How much

3 (1) How is (2) Don't take
(3) Clean, please (4) Why do
(5) Let's go (6) Which, or

4 (1) Please look at this graph.[Look at this
graph, please.]
(2) Let's listen to music.
(3) Where are they from?
(4) When did Suzan visit her grandparents?
(5) Whose car is this?[Whose is this car?]

5 (1) Who is his favorite singer?
(2) How old is your brother?
(3) What sports do you play?
(4) Please don't use this computer.
(5) Where does she buy those vegetables?

6 (1) Let's eat lunch in the park.
(2) How do they come to school?
(3) How many apples do you want?

解説

1 (1) fine「元気な」と答えているので、How「どう」を
選ぶ。

(2) 動詞で始まるのは命令文なので、原形のWrite
を選ぶ。

(3) 人の名前を答えているので、Who「だれ」を選
ぶ。

(4) 最初のFredはあとにコンマがあるので、呼び
かけ。否定の命令文になるように、don'tを選ぶ。

(5) be動詞の命令文。原形のBeを選ぶ。

(6) （ ）のあとにracketという名詞が続くので、
「どちらのラケット」となるようにWhichを選ぶ。

2 (1) 否定の命令文になるように、Don'tを選ぶ。All
right. で「わかりました」という意味。

(2) BがMeg's「メグのもの」と答えているので、
Whose「だれのもの」を選ぶ。

(3) 丁寧な命令文になるようにPleaseで文を始め
る。

(4) Bが目的を答えているので、Why「なぜ」で文を
始める。

(5) Bが時を答えているので、When「いつ」で文を
始める。

(6) Bが時刻を答えているので、「何時」となるよう
にWhat timeとする。

(7) Bが値段を答えているので、「いくら」となるよ
うにHow muchとする。

3 (1) 様子や状態をたずねるときはHowで文を始め
る。

(2) 「写真を撮る」はtake pictures。否定の命令文
なので、Don'tで文を始める。

(3) 丁寧な命令文。「掃除する」cleanで文を始め、
コンマのあとにpleaseを入れる。

(4) 「なぜ」はwhyで表す。一般動詞の疑問文にな
るように、2つ目の（ ）にはdoを入れる。

(5) 「〜しましょう」はLet'sを動詞の前に置く。「買
い物に行く」はgo shopping。

(6) 「AとBのどちら」はWhich 〜 , A or B? で表
す。

4 (1) 丁寧な命令文は〈Please ＋動詞の原形〜.〉ま
たは〈動詞の原形〜 ＋ , please.〉で表す。

(2) 「〜しましょう」はLet'sのあとに動詞の原形を
続ける。

(3) 場所をたずねるので、「どこ」Whereで文を始

め、be動詞の疑問文を続ける。

(4) 時をたずねるので、「いつ」When で文を始め、一般動詞の過去の疑問文を続ける。

(5) 所有者をたずねるので、「だれのもの」Whose（＋名詞）で文を始め、be動詞の疑問文を続ける。

5 (1) Who で文を始め、be動詞の疑問文を続ける。

(2) 「何歳」は How old で表す。

(3) 「どんなスポーツ」What sports で文を始め、一般動詞の疑問文を続ける。

(4) 丁寧な否定の命令文なので、Please don't のあとに動詞 use を続ける。

(5) Where で文を始め、一般動詞の疑問文を続ける。

6 (1) 「〜しましょう」は〈Let's ＋動詞の原形〜 .〉で表す。

(2) 「どうやって」How で文を始め、一般動詞の疑問文を続ける。

(3) 「何個の〜」は〈How many ＋名詞の複数形〉で表す。apples になることに注意する。

---

3 名詞、冠詞、代名詞   本冊 P.018, 019

解答

1 (1) My (2) an (3) She (4) you
(5) some (6) his (7) those

2 (1) Its (2) watches (3) hers
(4) memories (5) us
(6) men (7) coffee (8) tomatoes

3 (1) we are (2) he is (3) Whose, It
(4) they, you (5) piece of

4 (1) a[one], The (2) mine, yours
(3) children, the (4) her, his
(5) They, countries (6) any birds

5 (1) I have three caps.
(2) Do they need any balls?
(3) We are classmates.
(4) I usually eat lunch with them.
(5) This is my racket.

6 (1) I have some fish.
(2) That is our school.
(3) Those uniforms are not theirs.
(4) Do you have any questions?
(5) How much milk do you need?

7 (1) I use five boxes.
(2) Do you know him?
(3) She always helps me.

解説

1 (1) 直後に名詞が続くので、所有格の My を選ぶ。

(2) あとの名詞が単数で、母音で始まる語なので、an を選ぶ。

(3) Ms. は女性につける敬称なので、She を選ぶ。

(4) for という前置詞があるので、目的格の you を選ぶ。

(5) あとの名詞が複数で肯定文なので、some を選ぶ。

(6) あとに名詞が続かないので、所有代名詞の his を選ぶ。

(7) Whose で所有者をたずねる文。be動詞のあとに目的格の them は不適切。be動詞が are なので複数を表す those を選ぶ。

2 (1) 直後に名詞が続くので、所有格にする。

(2) two があるので、複数形にする。

(3) あとに名詞が続かないので、1語で「〜のもの」という意味を表す所有代名詞にする。

(4) many「たくさんの」があるので、複数形にする。memory の複数形は y を i にかえて es をつける。

(5) to という前置詞があるので、目的格にする。

(6) three があるので、複数形にする。man の複数形は men。

(7) coffee は数えられない名詞なので、そのままの形。

(8) some「いくつかの」があるので、複数形にする。tomato の複数形は語尾に es をつける。

3 (1) 答えの文では you and Bob を代名詞1語で we にかえる。

(2) Mr. は男性につける敬称なので、答えの文の主語は he にする。

(3) Andy's は「アンディーのもの」という意味。所有者をたずねる Whose を使ってたずね、bike は単数なので答えの文の主語は It にする。

(4) cookies は複数なので、答えの文の主語は they にする。Yes で答えているので、2つ目の（　　）は「あなたのために」となるように目的格の you を入れる。

(5) a piece of ～で「1切れの～」という意味。

4 (1) 「1ぴき」はaまたはone、「その」はtheで表す。

(2) 「私のもの」はmine、「あなたのもの」はyours。

(3) 「子ども」childの複数形はchildren。「その」は
theで表す。

(4) 「彼女の」はher、「彼の」はhis。

(5) 「彼らは」はThey。「国」countryの複数形はy
をiにかえてesをつける。

(6) 「1羽も～ない」は〈否定文＋any＋名詞の複数
形〉で表す。

5 (1) あとの名詞capを複数形にする。

(2) 疑問文ではsomeをanyにかえる。

(3) Mary and I「メアリーと私」を「私たち」Weに
かえる。

(4) Sam and Kate「サムとケイト」を代名詞にす
ると「彼ら」theyになる。前置詞withのあとなの
で、目的格になる。

(5) 「このラケットは私のものです」という意味の
文を、「これは私のラケットです」という意味の文
にかえる。

6 (1) 「魚を数ひき」はsome fishで表す。fishは単数
と複数が同じ形である。

(2) 「私たちの学校」はour schoolで表す。

(3) 「あれらのユニフォーム」はthose uniformsで
表す。「彼らのもの」はtheirs。

(4) 「何か質問」はany questionsで表す。

(5) 「どのくらいの(量)」はHow muchで表す。こ
こでは、How muchの直後にmilkを置いて、
How much milkというかたまりを作る。

7 (1) 「使う」はuse。「箱」boxを複数形にする。box
の複数形は語尾にesをつける。

(2) 「あなたは～を知っていますか」をDo you
knowで表し、heの目的格himを続ける。

(3) 「手伝う」はhelp。主語が3人称単数なので、
helpsとする。「いつも」alwaysは一般動詞の前
に置くので、She always helpsとし、Iの目的格
meを続ける。

---

4 過去形、進行形、未来を表す文 本冊 P.022, 023

解答

1 (1) イ (2) ア (3) エ (4) ア
(5) ウ (6) ア

2 (1) were (2) buy (3) chose
(4) leave (5) studied (6) dancing

3 (1) Are, am (2) Is, isn't (3) Did, did
(4) Were, wasn't (5) Will, will

4 (1) went, took (2) was not[didn't stay]
(3) is swimming
(4) Are, going (5) were baking
(6) won't practice

5 (1) Alice was tired yesterday.
(2) I'm[I am] not going to ride a bike.
(3) Did Fred read a Japanese book?
(4) They were not[weren't] watching TV then.
(5) We are[We're] running in the park now.

6 (1) It will be sunny tomorrow.
(2) My sister was writing a letter (in English.)
(3) When did you clean the room?
(4) He is not listening to music (now.)
(5) I'm going to go shopping (with my family.)

7 (1) Were they doing their homework?
(2) I'm not going to meet[see] him next week.
(3) She didn't come to school three days ago.

解説

1 (1) 主語がIでlast Sundayがあるので、wasを選
ぶ。

(2) willのあとの動詞は原形。

(3) 主語が3人称単数でlikeという一般動詞があ
るので、didを選ぶ。

(4) be going toのあとの動詞は原形。

(5) last summerがあるので、過去形のenjoyed
を選ぶ。

(6) nowがあるので、現在進行形のare playingを
選ぶ。

2 (1) yesterday morningがあるので過去の文。主
語が複数なのでwereにする。

(2) willのあとの動詞は原形。

(3) Last yearがあるので過去の文。chooseの過
去形は不規則に変化しchoseとなる。

(4) be going toのあとの動詞は原形。

(5) last nightがあるので過去の文。studyの過去
形はyをiにかえてedをつける。

(6) 前にbe動詞がありnowもあるので、現在進行
形の文になるように-ing形にする。danceはe

をとって -ing をつける。

3 (1) 動詞 use が -ing 形になっていて now もあるので、現在進行形の文。主語に合わせて be 動詞をかえる。

(2) be going to の疑問文になるように、be 動詞を入れる。答えの文も be 動詞を使って答える。

(3) two years ago と一般動詞 live があるので、Did で文を始める。答えの文も did を使って答える。

(4) yesterday があるので過去の文。一般動詞がないので、be 動詞の過去形を主語に合わせて入れる。

(5) next Sunday があるので、未来の文になるように Will を入れる。答えの文も will を使って答える。

4 (1) 「行く」go と「(写真を)撮る」take をそれぞれ過去形にする。どちらも不規則に変化する動詞なので注意する。

(2) 「いる」は be 動詞で表す。主語が 3 人称単数で過去の否定文なので、was not を入れる。一般動詞 stay を使って didn't stay としてもよい。

(3) 現在進行形〈be 動詞＋動詞の -ing 形〉の文。「泳ぐ」swim は m を重ねて -ing をつける。

(4) 「～する予定」を be going to の文で表す。疑問文は be 動詞を主語の前に置く。

(5) 「～していました」は過去進行形〈be 動詞の過去形＋動詞の -ing 形〉で表す。主語が複数なので、be 動詞は were。bake は e をとって -ing をつける。

(6) 「～するつもり」を will の文で表す。否定文なので、will not の短縮形 won't を使う。動詞は原形。

5 (1) 過去の文になるので、is を was にかえる。

(2) be going to の否定文は be 動詞のあとに not を置く。

(3) 主語が 3 人称単数なのに read に s がついていないので、この read は過去形だとわかる。一般動詞の過去の疑問文なので、Did を主語の前に置く。

(4) 過去進行形の否定文は、be 動詞のあとに not を置く。

(5) 現在進行形の文にかえるので、主語のあとに be 動詞を置き、run を -ing 形にする。run は n を重ねて -ing をつける。

6 (1) 天候を表す文の主語 It のあとに〈will ＋ be 動詞の原形 ～〉を続ける。

(2) 過去進行形〈was ＋動詞の -ing 形〉の文にする。

(3) 疑問詞 When のあとに一般動詞の過去の疑問文を続ける。

(4) 現在進行形の否定文。be 動詞のあとに not を置く。

(5) 「～する予定」を be going to を使って表す。

7 (1) 過去進行形の疑問文。主語が複数なので、Were を主語の前に置き、動詞 do は -ing 形にする。

(2) 語数が 8 語になるように、be going to の否定文にする。be 動詞のあとに not を入れる。

(3) 一般動詞の過去の否定文。語数が 8 語になるように、動詞 come の前に did not の短縮形 didn't を置く。

---

5 助動詞 　本冊 P.026, 027

解答

1 (1) イ　(2) ア　(3) エ　(4) ア

(5) ウ　(6) エ　(7) ウ

2 (1) I[We] can　(2) Will, won't

(3) Does, doesn't

(4) Can[May / Could / Might] I

(5) don't have　(6) Shall we

3 (1) can[may] use　(2) don't have

(3) Shall I　(4) should read　(5) must be

(6) Can[Will / Could / Would] you

4 (1) Meg will not[won't] go back to Canada this summer.

(2) Must we wash our hands before dinner?

(3) Tom has to write a letter.

(4) You must not[mustn't] eat any food in the library.

(5) Shall we sing some songs?

5 (1) Can your brother drive a car?

(2) She will not work next (weekend.)

(3) Could you clean this room?

(4) Which way should we choose?

(5) You must not play with balls (here.)

6 (1) Can[May / Could / Might] I use your bike?

(2) You should not sit on the box.

(3) They had to go to bed early last night.

■解説

1 (1) 「〜するつもり」はwillで表す。
(2) canのあとの動詞は原形。
(3) 「〜しませんか」と提案する文はShall we 〜?で表す。
(4) 「〜かもしれない」はmayで表す。
(5) 「〜してもらえますか」と相手に依頼する文はWill you 〜?で表す。
(6) 「〜しなければならない」はmustまたはhave toで表すが、( )のあとにtoがあるので、haveを選ぶ。
(7) 「〜できた」は過去の文なので、canの過去形couldを選ぶ。

2 (1) canの疑問文にはcanで答える。
(2) willの疑問文にはwillで答える。Noで答えているので、will notの短縮形won'tを入れる。
(3) have toの疑問文は主語の前にDo[Does]を置き、答えの文でもdo[does]を使う。主語が3人称単数なので、doesを使う。
(4) Bの応答文から、「ハンバーガーをいただいてもいいですか」という文になると考える。「〜してもいいですか」はCan[May] I 〜?で表す。丁寧な言い方のCould[Might] I 〜?でもよい。
(5) mustの疑問文にNoで答えるときは、don't have toにする。must not 〜は「〜してはいけない」という意味になる。
(6) Bの応答文から、Aは「テレビを見ませんか」と提案したと考える。「〜しませんか」はShall we 〜?で表す。

3 (1) 「〜してもよい」をcanまたはmayで表し、あとに動詞の原形を続ける。
(2) 「〜する必要はない」をdon't have to 〜で表す。
(3) 「(私が)〜しましょうか。」という意味なので、Shall I 〜?の文にする。
(4) 「〜するべきだ」をshouldで表し、あとに動詞の原形を続ける。
(5) 「〜にちがいない」はmustで表す。mustのあとの動詞は原形なので、beを入れる。
(6) 「〜してもらえますか」はCan[Will] you 〜?で表す。丁寧な言い方のCould[Would] you 〜?でもよい。

4 (1) willの否定文なので、willのあとにnotを置く。
(2) mustの疑問文なので、主語の前にMustを置く。
(3) 主語が3人称単数にかわるので、haveをhasにかえる。
(4) Don't 〜 .は「〜しないで」という禁止の命令文。mustの否定文とほぼ同じ意味になるので、主語をYouとし、動詞の前にmust notを置く。
(5) Let's 〜 .は「(一緒に)〜しましょう」と誘う表現。Shall we 〜?の文とほぼ同じ意味になる。

5 (1) canの疑問文なので、主語の前にCanを置く。
(2) willの否定文なので、動詞の前にwill notを置く。
(3) 「〜していただけませんか」をCould you 〜?の文で表す。
(4) 「どちらの方法」をWhich wayで表し、あとにshouldの疑問文を続ける。shouldの疑問文は、主語の前にshouldを置く。
(5) mustの否定文なので、動詞の前にmust notを置く。「ボール遊び」は「ボールで遊ぶ」と考え、play with ballsと表す。

6 (1) 「〜してもいいですか」をCan[May / Could / Might] I 〜?で表す。
(2) 「〜するべきではない」をshouldの否定文で表す。should notを動詞sitの前に置く。
(3) 「〜しなければならなかった」は過去の文なので、had to 〜で表す。「早く寝る」はgo to bed earlyで表す。

---

6 文型、There is[are] 〜の文 本冊 P.030, 031

■解答

1 (1) イ (2) ウ (3) ア (4) ウ (5) エ

2 (1) There aren't[There're not]
(2) sounds, interesting
(3) became[got] sleepy (4) Were there
(5) ask him

3 (1) basketball player (2) There is
(3) to him (4) for me

4 (1) bring it to you
(2) there are five books
(3) my friends call me
(4) keep your desk clean

009

5 (1) there isn't[there's not]　(2) looks tired

　　(3) are, boxes　(4) give you

6 (1) My brother named the dog John.

　　(2) What can I call you?

　　(3) She will cook curry for us.

　　(4) I'll show you some pictures of my family.

　　(5) How many people are there on the bus?

7 (1) The movie made her famous.

　　(2) My grandmother bought me new shoes.

　　(3) There aren't[There're not] any parks near our school. [There are no parks near our school.]

｜解説

1 (1) There is[are] ～ . の文。(　)のあとの名詞が複数なので、are を選ぶ。

　　(2) 動詞のあとに代名詞が続く場合は、「～に[を]」を意味する目的格にする。〈teach + 人 + もの〉で「(人)に(もの)を教える」という意味。

　　(3) looks を選び、「すばらしく見える」とすると意味が通る。

　　(4) There is[are] ～ . の文。文末に過去を表す three years ago があり、(　)のあとの名詞が単数なので、was を選ぶ。

　　(5) 〈make + (人／もの) + (状態)〉で「(人／もの)を(状態)にする」という意味。

2 (1) There is[are] ～ . の否定文。あとに続く名詞が複数で現在の文なので、be動詞は are を使い、あとに not を置く。

　　(2) 「～に聞こえる」は sound ～で表す。主語が3人称単数で現在の文なので、sounds とする。「おもしろい」は interesting。

　　(3) 「～になる」は become[get] ～で表す。過去の文なので、過去形 became[got] を入れる。「眠い」は sleepy。

　　(4) There is[are] ～ . の疑問文。あとに続く名詞が複数で過去の文なので be動詞は Were を使い、there の前に置く。

　　(5) 「(人)に(もの)をたずねる」は〈ask + (人) + (もの)〉で表す。

3 (1) (　)の直前に a があるので、単数の名詞が入ると考える。「ケンはバスケットボールをします」という意味の文を、「ケンはバスケットボール選

手です」という意味の文にする。

　　(2) 「私の学校にはプールがあります」を There is ～ . の文で表す。

　　(3) SVOO の文を〈SVO(もの) + to[for] + (人)〉の文に書きかえる。send は〈to + (人)〉になる動詞。

　　(4) SVOO の文を〈SVO(もの) + to[for] + (人)〉の文に書きかえる。make は〈for + (人)〉になる動詞。

4 (1) (　)内に to があるので、〈bring + (もの) + to + (人)〉の語順にする。

　　(2) there are five books と並べるとあとの and some notebooks in it とつながる。

　　(3) SVOC の文。〈call + (人) + (呼び名)〉の語順にする。

　　(4) SVOC の文。〈keep + (もの) + (状態)〉の語順にする。

5 (1) There is ～ . の疑問文には there を使って答える。

　　(2) 「～のように見える」は〈look + 形容詞〉で表す。主語が3人称単数なので、is を looks にかえる。

　　(3) あとの名詞が複数になるので is を are にかえ、box も複数形の boxes にかえる。

　　(4) 〈give + (もの) + to + (人)〉の SVO の文を、〈give + (人) + (もの)〉の SVOO の文にかえる。

6 (1) 「(人／もの)を～と名づける」は〈name + (人／もの) + 名前〉の語順。

　　(2) 「(人／もの)を～と呼ぶ」は〈call + (人／もの) + (名前)〉の語順だが、〈名前〉の部分が疑問詞 what になって文の最初にくる。

　　(3) for があるので、〈S + cook + O(もの) + for + (人)〉の語順にする。

　　(4) 「(人)に(もの)を見せる」を〈show + (人) + (もの)〉の語順で表す。「(何枚かの)私の家族の写真」は some pictures of my family で表す。

　　(5) 人の数をたずねるので、How many people で文を始め、あとに there are ～の疑問文を続ける。

7 (1) 「(人／もの)を(状態)にする」は〈make + (人／もの) + (状態)〉で表す。「有名な」は famous。

　　(2) 「(人)に(もの)を買う」は〈buy + (もの) + for + (人)〉の SVO の文または〈buy + (人) + (もの)〉の SVOO の文で表す。指定語数が6語なので、SVOO の文にする。過去の文なので、buy は

過去形boughtにする。

(3) There is[are] 〜 .の否定文になるように、be動詞のあとにnotを置く。「一つも〜ない」は、not any 〜 で表す。There are no parks 〜 . としてもよい。

7 不定詞①、動名詞 〔本冊 P.034, 035〕

解答

1 (1) ウ (2) エ (3) ア (4) ウ (5) エ

2 (1) finished reading (2) to live
(3) sorry to (4) to help (5) for coming

3 (1) to drink (2) washing (3) to buy
(4) running (5) To ask

4 (1) to cook (2) good, singing
(3) to do (4) sad to (5) Listening, is

5 (1) have something to give
(2) is to go shopping
(3) do before going to
(4) was there to take

6 (1) Sophie decided to go abroad.
(2) (The important) thing is to study hard(.)
(3) (I talked with) her about a way to grow vegetables(.)
(4) I'm looking forward to meeting you.
(5) We were surprised to hear his story.

7 (1) To speak English is difficult.
(2) How about taking pictures here?
(3) Do you have time to read books?

解説

1 (1) 動作の目的を表す不定詞の副詞的用法を使って「美しい海を見るために」となるように、to seeを選ぶ。

(2) 前に名詞moneyがあるので、不定詞の形容詞的用法を使ってmoneyを説明する。「食べ物を買うためのお金」となるように、to buyを入れる。payは「(お金を)払う」という意味なので合わない。

(3) be glad to 〜で「〜して嬉しい」という意味になる。「勝つ」winを選ぶと意味が通る。

(4) hopeのあとに動詞が続くときは、不定詞にする。

(5) 前に前置詞forがあるので、動名詞にする。

「着る」weを選ぶと意味が通る。

2 (1) 「〜し終える」を〈finish +動名詞〉で表す。過去の文なのでfinishedにする。

(2) 「〜すること」を2語で表すので、不定詞の名詞的用法を使う。

(3) 「〜してすまなく思う」を不定詞の副詞的用法を使ってbe sorry to 〜で表す。

(4) 「だれか〜する人」を不定詞の形容詞的用法を使ってanyone to 〜で表す。「手伝う」はhelp。

(5) 「〜してくれてありがとう」を〈Thank you for +動名詞.〉で表す。

3 (1) 「飲むための水」となるようにto drinkにする。

(2) 前に前置詞afterがあるので、動名詞にする。

(3) wantのあとに動詞を続けるときは、不定詞にする。

(4) 文の内容から、「走るのをやめた」という意味になるように動名詞にする。

(5) Why 〜?の疑問文に対して、「〜するため」と答えるときは不定詞の副詞的用法を使う。

4 (1) startはあとに動名詞と不定詞のどちらもとることができるので、cooking を to cookにかえる。

(2) 「私の姉[妹]は上手に歌を歌うことができます」という意味の文を「私の姉[妹]は歌を歌うことが得意です」という意味の文にかえる。be good atのあとに動詞が続くときは動名詞にする。

(3) 「私はたくさんの宿題をしなければなりません」という意味の文を「私はするべき宿題がたくさんあります」という意味の文にかえる。「〜するべき…」は不定詞の形容詞的用法を使って〈名詞 + to +動詞の原形〉で表すことができる。

(4) 「そのニュースが私を悲しくさせました」という意味の文を「私はそのニュースを聞いて悲しかったです」という意味の文にかえる。「〜して悲しい」はbe sad to 〜。

(5) 主語が不定詞の名詞的用法の文。To listen「聞くこと」を1語で表すときは動名詞にする。

5 (1) 動詞が2つとtoがあるので、どちらかの動詞が不定詞になると考える。「私はあなたにあげるものを持っています」という意味の文にする。

(2) My plan と to go shopping をisで結び、「私の計画は姉[妹]と買い物に行くことです」という意味の文にする。

(3) 前置詞 before と動詞の -ing 形 going があるので、before going to bed になると考える。「あなたは寝る前に何をしますか」という意味の文にする。

(4) 不定詞の副詞的用法を使って、「私は7時19分の新幹線に乗るためにそこにいました」という意味の文にする。

6 (1) 「～することに決める」は decide to ～で表す。

(2) 「一生懸命に勉強すること」を不定詞の名詞的用法を使って to study hard と表し、「大切なこと」The important thing と be 動詞 is でつなぐ。

(3) 「～と…について話す」は talk with ～ about …。a way のあとに to grow vegetables を置いて a way を説明する不定詞の形容詞的用法の文にする。

(4) 「～することを楽しみに待つ」は〈look forward to ＋動名詞〉で表す。

(5) 「～して驚く」は be surprised to ～で表す。

7 (1) 「英語を話すこと」を不定詞の名詞的用法を使って To speak English とする。

(2) about を使わなければならないので、「～してはどうですか」を〈How about ＋動名詞 ～ ?〉で表す。

(3) 「本を読む時間」を不定詞の形容詞的用法を使って time to read books とする。

---

8 不定詞② 本冊 P.038, 039

解答

1 (1) ウ (2) エ (3) ア (4) ア (5) イ

2 (1) what to (2) helped, write

(3) asked, to (4) how to

(5) made, wash (6) It's, for, to

3 (1) how to (2) told, to

(3) It's, to (4) asked, to

4 (1) want me to open that

(2) tell him to call you

(3) know when to visit

(4) me carry this desk to

5 (1) I let my brother use my camera.

(2) It is[It's] interesting for me to read foreign books.

(3) Our coach always tells us to practice

---

hard.

(4) I know how to buy the ticket.

6 (1) We didn't know where to sit.

(2) I want everyone to come to the party.

(3) My mother made me clean my room.

(4) It is important for students to do (their homework.)

(5) Can you tell us what to bring (to the camp?)

7 (1) I will help her make[cook] dinner.

(2) He wants you to dance with him.

(3) Do you know when to start our practice?

解説

1 (1) to のあとの go now から、「すること」と「時」はわかっている。「今、行くべき場所」が知りたいと判断し、where を選ぶ。

(2) 〈It is ～＋ to ＋動詞の原形〉の文。

(3) 〈tell ＋（人）＋ to ＋動詞の原形〉の文。

(4) 動詞が let なので、あとに〈（人）＋原形不定詞〉が続く。

(5) 〈ask ＋（人）＋ to ＋動詞の原形〉の文。（人）の部分が代名詞のときは目的格にする。

2 (1) 「何を～すべきか」を what to ～で表す。

(2) 「（人）が～するのを手伝う」を〈help ＋（人）＋原形不定詞〉で表す。過去の文なので helped とする。

(3) 「（人）に～するように頼む」を〈ask ＋（人）＋ to ＋動詞の原形〉で表す。過去の文なので asked とする。

(4) 「～のし方」を how to ～で表す。

(5) 「（人）に～させる」は〈make ＋（人）＋原形不定詞〉で表す。過去の文なので made とする。

(6) good という形容詞が文の前半にきているので、〈It is ～ for ＋（人）＋ to ＋動詞の原形〉の文にする。1つ目の（　）には It is の短縮形 It's を入れる。

3 (1) 「私はこのコンピュータを使うことができます」という意味の文を「私はこのコンピュータの使い方を知っています」という意味の文にかえる。「～のし方」を how to で表す。

(2) "　"内の文が「早く寝なさい」という意味の命令文なので、〈tell ＋（人）＋ to ＋動詞の原形〉の

文にする。過去の文なので tell を told とする。

(3) 最初の文で主語になっている To travel abroad が、2つ目の文では最後にきているので、〈It is 〜 ＋ to ＋動詞の原形〉の文にすると考える。1つ目の（　）には It is の短縮形 It's を入れる。

(4) "　"内の文が「ぼくを待っていてください」と依頼する文なので、〈ask ＋（人）＋ to ＋動詞の原形〉の文にする。過去の文なので ask を asked とする。

4 (1) 「あなたは私にあのドアを開けてほしいですか」という意味になるように、〈want ＋（人）＋ to ＋動詞の原形〉の順に並べる。

(2) 〈tell ＋（人）＋ to ＋動詞の原形〉の文にする。対話の内容から、「<u>あなた</u>に電話をかけなおすように<u>彼</u>に伝える」となるように tell のあとには him を置き、to call you back となるように並べる。

(3) 「いつサムの家を訪れるべきか知っていますか」という意味になるように、know のあとに〈when to ＋動詞の原形〉を続ける。

(4) 「この机を教室に運ぶのを手伝う」という意味になるように並べかえる。help のあとは原形不定詞も to 不定詞も続けることができるが、carry this desk to で to を使わなければならないので、help のあとは原形不定詞を続ける。

5 (1) 「（人）が〜するのを許す」は〈let ＋（人）＋原形不定詞〉で表す。use が原形になることに注意する。

(2) 〈It is 〜 for ＋（人）＋ to ＋動詞の原形〉の文にかえる。

(3) 〈tell ＋（人）＋ to ＋動詞の原形〉の文にかえる。主語が3人称単数で現在の文なので、tell は tells とする。

(4) the way は「方法」という意味なので、how にかえると how to 〜 ＝「〜する方法」となり、ほぼ同じ意味になる。

6 (1) 「どこに座るべきか」は where to sit で表す。

(2) 「（人）に〜してもらいたい」は〈want ＋（人）＋ to ＋動詞の原形〉で表す。

(3) 「（人）に〜させる」は〈make ＋（人）＋原形不定詞〉で表す。過去の文なので make が made になっている。

(4) 〈It is 〜 for ＋（人）＋ to ＋動詞の原形〉の文にする。

(5) 「何を持っていくべきか」は what to bring で表す。

7 (1) 指定語の will を使って I will で文を始め、〈help ＋（人）＋原形不定詞〉の形を続けて6語の文にする。

(2) 〈want ＋（人）＋ to ＋動詞の原形〉の文にする。主語が3人称単数で現在の文なので、wants にし、「彼と踊る」は指定語の with を使って dance with him とする。

(3) 「あなたは知っていますか」を Do you know で表し、「〜 をいつ始めたらいいか」＝ when to start 〜を続ける。

9 接続詞、前置詞　　本冊 P.042, 043

解答

1 (1) イ　(2) ウ　(3) ウ　(4) ア　(5) イ
(6) ア　(7) エ

2 (1) at, on　(2) If, to　(3) sorry that
(4) around, in　(5) until[till] you
(6) because I'm　(7) between, and
(8) glad[happy] that

3 (1) with　(2) because　(3) after
(4) by car

4 (1) know that　(2) she goes
(3) because she　(4) if, are

5 (1) Is there a cat under the bed?
(2) Take your umbrella because it will rain.
(3) Please wait here until she comes.
(4) My father hopes I will become a teacher.
(5) (The library) opens from nine in the morning to seven in the evening(.)

6 (1) I'll help you if you are busy[If you are busy, I'll help you].
(2) I am sure that she will like this present.
(3) He often listens to music when he has time[When he has time, he often listens to music].

解説

1 (1) 「博多に住んでいる」という意味の文にする。都市など広い場所の前の前置詞は in。

(2) when を選び、「8歳のときに日本に来た」とい

う意味の文にする。

(3) 「火曜日までに」となるように、by を選ぶ。until ＝「～まで（ずっと）」との違いに注意する。

(4) （　　）のあとに〈主語＋動詞〉が続くので、while「～する間」を選ぶ。for と during も「～の間」という意味だが、前置詞なのであとに名詞がくる。between は位置を表す「～の間」という意味。

(5) if のあとの文の中では、未来のことであっても現在形で表すので、rains を選ぶ。

(6) 〈make ＋（もの）＋ for ＋（人）〉の文。for は「～のために」という意味。

(7) （　　）のあとに〈主語＋動詞〉が続くので、〈I think that ＋主語＋動詞 ～〉の文にする。

2 (1) 時刻の前の前置詞は at、曜日の前の前置詞は on。

(2) 「もし～なら」を if、「（人）に（もの）をあげる」を〈give ＋（もの）＋ to ＋（人）〉で表す。

(3) 「～して残念に思う」を〈sorry that ＋主語＋動詞〉で表す。

(4) 「～のまわりに」を around ～、「（季節）に」を〈in ＋（季節）〉で表す。

(5) 「～するまで」を〈until ＋主語＋動詞〉で表す。

(6) 「～なので」を〈because ＋主語＋動詞〉で表す。2つ目の（　　）には I am の短縮形 I'm を入れる。

(7) 「～と…の間に」を between ～ and ... で表す。

(8) 「～して嬉しい」を〈glad［happy］that ＋主語＋動詞〉で表す。

3 (1) 「マイクと私は一緒に歌を歌いました」という意味の文を「私はマイクと一緒に歌を歌いました」という意味の文にかえる。「～と一緒に」＝ with ～

(2) 〈主語＋動詞（＝理由を表す文）＋, so ＋主語＋動詞（＝結果を表す文）〉を〈主語＋動詞（＝結果を表す文）＋ because ＋主語＋動詞（＝理由を表す文）〉にかえる。

(3) she eats dinner と she takes a bath の文の位置が逆になっているので、before の反意語 after を入れて「彼女は夕食を食べた<u>あと</u>風呂に入ります」という意味の文にかえる。

(4) drive to ～は「～へ車を運転していく」という意味なので、「<u>車で</u>～へ行く」となるように go ～ <u>by car</u> とする。

4 (1) 「あなたは～だと知っていますか」は〈Do you know (that) ＋主語＋動詞 ～?〉で表す。

(2) before のあとに〈主語＋動詞〉を続ける文にする。主語は My sister を代名詞にかえて she で表す。主語が3人称単数で現在の文なので、go は goes となる。

(3) because で2つの文をつないで、「アリスはとても親切なので、私は彼女が好きです」という意味の文にする。

(4) 「もし～ならば」は〈if ＋主語＋動詞〉で表す。if の文の中では未来のことも現在形で表す。

5 (1) 「～がいる」は There is ～. で表す。ここでは疑問文なので Is there ～? の語順。「～の下に」は under ～。

(2) 「～なので…」は〈主語＋動詞（＝結果を表す文）＋ because ＋主語＋動詞（＝理由を表す文）〉で表せる。ここでは命令文なので動詞の原形で文を始める。

(3) 丁寧な命令文〈Please ＋動詞の原形 ～ .〉の文のあとに「～するまで」＝〈until ＋主語＋動詞〉の文を続ける。

(4) 「～することを望む」は〈hope (that) ＋主語＋動詞〉の語順。語群内に that がないので省略すると考え、hope のあとに〈主語＋動詞〉を続ける。

(5) 「～から…まで」を from ～ to ... 、「午前［午後］に」を in the morning［evening］で表す。

6 (1) 「私があなたを手伝います」I'll help you と「あなたは忙しい」you are busy を if でつなぐ。if の文を前半に置く場合は、〈If ＋主語＋動詞〉の直後にコンマ(,)を入れるのを忘れない。

(2) 「私は～を確信しています」は〈I am sure that ＋主語＋動詞 ～〉で表す。

(3) 「彼はよく音楽を聞きます」he often listens to music と「彼は時間があります」he has time を when でつなぐ。when の文を前半に置く場合は、〈When ＋主語＋動詞〉の直後にコンマ(,)を入れるのを忘れない。

10 比較 本冊 P.046, 047

解答

1 (1) smaller　(2) highest

(3) more important　(4) most famous

(5) early　(6) biggest　(7) better

2 (1) hotter than　(2) most difficult of

(3) as interesting[funny] as

(4) the longest in

(5) twice as, as

(6) harder than, student

3 (1) heavier than　(2) the youngest

(3) more, than　(4) faster than

(5) larger than, lake

4 (1) the best tennis player of

(2) Which is newer, your bike or

(3) the most beautiful mountains in

(4) I cannot sing as well as

5 (1) My sister likes coffee better than tea.

(2) This tree is the tallest of the ten.

(3) I can play the piano as well as Miki.

(4) Who is[Who's] the strongest in this class?

6 (1) My brother usually comes home later than me.

(2) What was the worst experience in your life?

(3) Our teacher is three times as old as us.

(4) I like spring the best of all the seasons.

(5) This dictionary is more useful than that one.

7 (1) I'm not as tired as you.

(2) Which is more popular, soccer or baseball?

(3) Are you the busiest in your family?

｜解説

1 (1) 直後にthanがあるので、比較級にする。

(2) 直前にtheがあり、文末にin Japanがあるので、最上級にする。

(3) 直後にthanがあるので、比較級にする。important の比較級は前にmoreをつける。

(4) 直前にtheがあり、文末にin the worldがあるので、最上級にする。famousの最上級は前にmostをつける。

(5) as ～ as の間の形容詞は原級にする。

(6) 直前にtheがあり、文末にof the fourがあるので、最上級にする。bigの最上級はgを重ねて-estをつける。

(7) 直後にthanがあるので、比較級にする。good

の比較級はbetter。

2 (1) 比較級の文にする。「暑い」hotの比較級はtを重ねてhotterとなる。「～より」はthanで表す。

(2) 最上級の文にする。「難しい」difficultの最上級は、前にmostをつける。「5教科の中で」は複数を表す語句の前なのでofを入れる。

(3) 「～と同じくらい…」を〈as＋形容詞＋as ～〉で表す。

(4) 最上級の文にする。「長い」longの最上級の前にthe を入れる。「この都市で」は場所を表す語句の前なのでin を入れる。

(5) 「～の2倍」は〈twice as＋形容詞＋as〉で表す。

(6) 「他のどの～より」は〈比較級＋than any other＋名詞の単数形〉で表す。

3 (1) 「私のコンピュータはあなたのものより軽いです」という意味の文を「あなたのコンピュータは私のものより<u>重い</u>です」という意味の文にかえる。「重い」heavyはyをiにかえて-erをつけて比較級にする。

(2) 1つ目の文は「ケビンはジムより若いです。アンディーはケビンより若いです」という意味。2つ目の文の主語はAndyで、比べるのはof the three（Andyを含めて3人）であることに注目し、「アンディーは3人の中で<u>いちばん若い</u>です」という意味の最上級の文にする。youngの語尾に-estをつけて最上級にする。

(3) 1つ目の文は「私は50冊の本を持っています。母は100冊の本を持っています」という意味。2つ目の文の主語はMy motherで、比べるのはIであることに注目し、「母は私が持っている<u>よりたくさんの</u>本を持っています」という意味の比較級の文にする。manyの比較級はmoreになることに注意する。

(4) 「メグはルーシーほど速く走ることができません」という意味の文を「ルーシーはメグより<u>速く</u>走ることができます」という意味の比較級の文にかえる。fastの語尾に-erをつけて比較級にする。

(5) 1つ目の文は「琵琶湖は日本で最も大きい湖です」という意味。2つ目の文の後半にany otherがあるので、〈比較級＋than any other＋名詞の単数形〉の文にし、「琵琶湖は日本の他のどの湖よりも大きいです」という意味の文にかえる。large の語尾に-rのみをつけて比較級にする。

4 (1) 語群にtheとbestがあるので、最上級の文に
なると考える。「(5人)の中でいちばんよいテニ
ス選手」となるように並べる。

(2) 語群にwhichとnewerがあるので、Whichで
始まる比較級の疑問文にする。〈Which is＋比較
級, A or B?〉の語順。

(3) 〈one of the＋最上級＋名詞の複数形〉で「いち
ばん［最も］～な…の一つ」という意味になる。

(4) 語群にasが2つと副詞wellがあるのでas
well as ～の文にする。

5 (1) 「…よりも～が好きだ」はlike ～ better than
… で表す。

(2) 「10本の中で」はof the ten。「いちばん」は最上
級で表せるので、前にtheを置いて、tallは最上
級のtallestとする。

(3) 副詞wellの前後にasを入れ、as well asとし、
「ミキ」Mikiを続ける。

(4) 人についてたずねるので、Whoで疑問文を始
める。疑問詞が主語になるので、語順の変更が生
じない。

6 (1) 「より遅く帰宅する」＝ comes home laterの
あとにthan meを続ける。

(2) Whatで疑問文を始める。「いちばん悪い経験」
はthe worst experience、「あなたの人生の中
で」はin your lifeで表す。

(3) 「～の3倍…」はthree times as … as ～で表
す。

(4) 「～がいちばん好き」はlike ～ the best、「すべ
ての季節の中で」はof all the seasonsとする。

(5) 〈比較級＋than ～〉の文にする。「あの辞書」は
繰り返しを避けるために、ここではthat oneで
表す。

7 (1) 「…ほど～ではない」はas ～ as … の否定文で
表す。

(2) 「AとBのどちらがより～」は〈Which ～＋比
較級, A or B?〉で表す。

(3) 最上級の文〈the＋最上級＋in ～〉を疑問文に
する。

11 受動態 　　　　　　　本冊 P.050, 051

解答

1 (1) visited　　(2) used　　(3) read

(4) spoken　　(5) built

(6) written　　(7) sung

2 (1) were carried

(2) are, seen

(3) is made from

(4) will be held

(5) was broken by

(6) was covered with

3 (1) is taught

(2) is driven by

(3) was cooked by

(4) can be borrowed

(5) was shown[showed], by

4 (1) is played　　(2) was taken

(3) be finished　　(4) Is, cleaned

(5) known to

5 (1) The door was not[wasn't] closed.

(2) Is this book written in English?

(3) Yes, it is.

(4) I was named Shota by my grandfather.

(5) What was sent to Sam?

6 (1) The birds were not found on the island.

(2) This bottle is filled with water.

(3) Are a lot of fish caught in this river?

(4) The news was told to us by our teacher.

(5) Should this calendar be put on the wall
over there?

7 (1) These vegetables aren't eaten by
Chinese people. [These vegetables are not
eaten by Chinese.]

(2) Is this bag made of paper?

(3) The children will be given nice presents.

解説

1 受動態は〈be動詞＋過去分詞＋(by ～)〉の形。

(1) visitの過去分詞は語尾に-edをつける。

(2) useの過去分詞は語尾に-dをつける。

(3) readの過去分詞はread。

(4) speakの過去分詞はspoken。

(5) build の過去分詞は built。

(6) write の過去分詞は written。

(7) sing の過去分詞は sung。

2 (1) 「運ばれました」を〈be動詞の過去形＋carried〉で表す。主語が複数なので、be動詞は were を使う。

(2) 疑問詞のある受動態の疑問文は〈疑問詞＋be動詞＋主語＋過去分詞 ～ ?〉の語順。

(3) 製品を見ても材料自体がわからない場合、「～で作られる」は be made from ～ で表す。

(4) 助動詞 will のあとに〈be＋過去分詞〉を続ける。「開催する」hold の過去分詞は held。

(5) 「壊されました」は、主語が単数で過去の文なので、be動詞は was を使う。break の過去分詞は broken。

(6) 「～でおおわれている」は be covered with ～ で表す。主語が単数で過去の文なので、be動詞は was。

3 (1) 主語が単数で現在の文なので be動詞は is。teach の過去分詞は taught。

(2) 主語が単数で現在の文なので be動詞は is。drive の過去分詞は driven。my mother の前に by を入れ「母によって」という意味にする。

(3) 主語が単数で過去の文なので be動詞は was。cook の過去分詞は語尾に -ed をつける。

(4) 助動詞 can のあとは〈be＋過去分詞〉にする。

(5) 主語が単数で過去の文なので be動詞は was。show の過去分詞は shown[showed] となる。

4 (1) 「サッカーは昼食後クラスメートたちによってプレーされています」という意味の受動態の文にする。

(2) 「この写真は元日に父によって撮られました」という意味の受動態の文にする。take の過去分詞は taken。

(3) 「この宿題は明日までに終えられなければなりません」という意味の受動態の文にする。助動詞 must があるので、be動詞は原形 be を使う。

(4) 「この部屋は毎日メアリーによって掃除されていますか」という意味の受動態の疑問文にする。be動詞 Is で文を始め、2つ目の（　）には clean の過去分詞 cleaned を入れる。

(5) 「この映画は多くの人に知られています」という意味の受動態の文にする。「～に知られている」

は be known to ～ になることに注意する。

5 (1) 受動態の否定文なので、be動詞のあとに not を置く。

(2) 受動態の疑問文なので、be動詞で文を始める。

(3) 受動態の疑問文には be動詞を使って答える。

(4) I を主語にし、named を was named とする。最後に「祖父によって」となるように by my grandfather を置く。

(5) ものをたずねる疑問文なので、What で文を始める。疑問詞が主語になるので、語順の変更が生じない。

6 (1) 受動態の過去の否定文。were のあとに not を置く。

(2) 「～で満たされている」は be filled with ～ で表す。

(3) 受動態の疑問文。Are で文を始め〈主語＋過去分詞〉を続ける。

(4) 「私たちに話された」を was told to us、「先生によって」を by our teacher で表す。

(5) 「～されるべき」を〈should be＋過去分詞〉で表す。疑問文なので助動詞 should を主語の前に出す。

7 (1) 受動態の否定文。主語が複数で現在の文なので be動詞は are。「食べる」eat の過去分詞は eaten。

(2) 見て材料がわかる場合は「～で作られる」を be made of ～ で表す。受動態の疑問文なので〈be動詞＋主語＋過去分詞 ～ ?〉の語順にする。

(3) 助動詞 will を使った受動態の文にするので、〈will be＋過去分詞〉となる。「与える」give の過去分詞は given。

12 現在完了形、現在完了進行形　本冊 P.054, 055

■ 解答

1 (1) エ　(2) ウ　(3) エ　(4) イ　(5) ア

2 (1) have already done[finished]

(2) been playing, since

(3) has met[seen], before

(4) Have, had[eaten], yet

(5) has wanted, for

(6) have just cleaned

3 (1) have, left　(2) has heard

(3) has been walking

(4)　has, got[gotten]　　(5)　have known

4　(1)　he has　　(2)　they haven't

(3)　How many times

(4)　How long

5　(1)　I have not[haven't] washed the dishes yet.

(2)　Has Suzan ever climbed Mt. Fuji?

(3)　We have[We've] been busy since last week.

(4)　How long has he been practicing basketball?

(5)　How many times[How often] have they tried Mexican food?

6　(1)　Lucy has visited the museum five times.

(2)　They have not answered the question yet.

(3)　We have been waiting for Nick for an hour.

(4)　My mother has lived in this town since she was born.

(5)　Have you ever been to foreign countries?

7　(1)　I have never seen snow.

(2)　Have they arrived in[got/gotten to] Japan yet?

(3)　She has liked animals since she was a child.

解説

1　(1)　have、just があるので、現在完了形の「完了」の文だと考え、過去分詞の finished を選ぶ。

(2)　直前に has があり、文末に for three years と期間を表す表現があるので、現在完了形の「継続」の文だと考え、過去分詞の loved を選ぶ。

(3)　since yesterday があるので「継続」の文。現在完了進行形になるように、has been looking を選ぶ。

(4)　since Monday があるので「継続」の文。現在完了形になるように、has been を選ぶ。

(5)　〈have + 過去分詞〉の現在完了形の文。「すでに」という意味の already を選ぶ。ever は疑問文、yet は疑問文または否定文の中で使う。since はあとに期間を表す語(句)が続く。

2　(1)　「やってしまいました」は「完了」の現在完了形で表す。「すでに」は already で表し、have と過去

分詞の間に入れる。

(2)　「ずっと〜をし続けています」は現在完了進行形〈has been + 動詞の -ing形〉で表す。「今朝から」は this morning が過去の一時点を表す語句なので since を使う。

(3)　「会ったことがある」は「経験」の現在完了形で表す。「会う」meet の過去分詞は met。「以前に」は before。

(4)　「もう〜を食べました」は「完了」の現在完了形で表す。疑問文なので have を主語の前に置き、「もう」は yet で表す。

(5)　「ほしい」want は -ing形にしない動詞(状態を表す動詞)なので、〈has + want の過去分詞〉で「継続」を表す。「長い間」は for a long time。

(6)　「掃除したところ」は「完了」の現在完了形で表す。「ちょうど」は just で表し、have と過去分詞の間に入れる。

3　(1)(4)　「完了」の意味の現在完了形になるので、〈have[has] + 過去分詞〉にする。leave の過去分詞は left、get の過去分詞は got または gotten。

(2)　「経験」の意味の現在完了形になり、主語が3人称単数なので、〈has + 過去分詞〉にする。hear の過去分詞は heard。

(3)　「2時間ずっと歩いている」という意味の現在完了進行形になるように〈has been + 動詞の -ing形〉にする。

(5)　「6年間ずっと知っている」という意味で「継続」を表す文にする。know は -ing形にしない動詞(状態を表す動詞)なので、〈have + 過去分詞〉で「継続」を表す。

4　(1)(2)　現在完了形の疑問文には have[has] を使って答える。

(3)　B が three times と経験した回数を答えているので、How many times でたずねる。

(4)　B が since 2010 と答えているので、How long でたずねる。

5　(1)　現在完了形の否定文は、have のあとに not を置く。「まだ」は yet で表し、ふつう文末に置く。

(2)　現在完了形の疑問文は、have[has] を主語の前に置く。「これまでに」は ever で表し、過去分詞の前に置く。

(3)　「先週から」を since last week で表し、「継続」の意味の文にする。be動詞の文なので have

been busyとする。

(4) 下線部が期間を表しているので、How long で文を始め、あとに現在完了進行形の疑問文を続ける。

(5) 下線部が経験した回数を表しているので、How many times[How often]で文を始め、あとに現在完了形の疑問文を続ける。

6 (1) 〈主語 + has + 過去分詞 ～〉の語順に並べ、現在完了形（経験）の文にする。

(2) 〈主語 + have not + 過去分詞 ～〉の語順に並べ、現在完了形（完了）の否定文にする。yet は否定文で「まだ」という意味。

(3) 〈主語 + have been + 動詞の -ing 形 ～〉の語順に並べ、現在完了進行形の文にする。「～を待つ」はwait for ～、「1 時間」は for an hour。

(4) 「住む」live は -ing 形にしない動詞（状態を表す動詞）なので、〈has + live の過去分詞〉で「継続」を表す。「母が生まれたときから」は since のあとに〈主語 she + 動詞 was born〉を続けて表す。

(5) 「～へ行ったことがある」は「経験」の現在完了形 have been to ～で表す。疑問文なので Have を主語の前に出す。ever は過去分詞の前に置く。

7 (1) 「一度も～したことがない」を現在完了形（経験）〈have never + 過去分詞〉で表す。名詞 snow は数えられない名詞なので冠詞は不要。

(2) 「～しましたか」を現在完了形（完了）の疑問文〈Have + 主語 + 過去分詞 ～?〉で表す。疑問文での「もう」は yet を文末に置く。

(3) 「好きだ」like は -ing 形にしない動詞（状態を表す動詞）なので、〈has + like の過去分詞〉で表す。「子どものころから」は since のあとに〈主語 + 動詞 ～〉を続けて表す。

13 関係代名詞、分詞 本冊 P.058, 059

解答

1 (1) which (2) who
(3) which (4) talking
(5) spoken (6) dancing (7) drawn

2 (1) who[that] is[comes] (2) sleeping, is
(3) house built (4) which[that] I took
(5) I saw[watched], was

3 (1) who[that] live (2) crying baby
(3) he grows (4) which[that], caught
(5) sent by

4 (1) know the boy who is drinking
(2) show me the dolls you made
(3) Who is the man sitting on the bench
(4) is the train that goes to
(5) places loved by many people who enjoy

5 (1) who[that] is carrying a big box
(2) which[that] I've been looking for
(3) running over there
(4) chosen as the best tennis player

6 (1) The story told by the man was very interesting.
(2) I liked the present that she gave me.
(3) Is there anything I can do for you?
(4) I have a sister studying math at university.
(5) Tom is a boy who is good at swimming.

7 (1) That musician playing the guitar is popular.
(2) Do you read books written in English?
(3) I want to be[become] a doctor who[that] helps sick people.

解説

1 (1)(3) 先行詞が「もの」なので、which を選ぶ。

(2) 先行詞が「人」なので、who を選ぶ。

(4) 「話している女性」となるように、talking を選ぶ。

(5) 「話されている言葉」となるように、spoken を選ぶ。

(6) 「踊っている少女」となるように、dancing を選ぶ。現在分詞1語であとの girl を修飾する前置修飾。

(7) 〈by + 人〉があるので、「祖母によって描かれた」となるように drawn を選ぶ。

2 (1) 「友達」a friend と「中国出身の」be[come] from China を関係代名詞でつなぐ。先行詞が「（一人の）人」なので、関係代名詞は who または that、動詞は is[comes] を使う。

(2) 「ベッドの上で眠っているネコ」を The cat のあとに〈現在分詞 + 語句〉を続けて表す。主語が3人称単数で現在の文なので、be 動詞は is を入れ

る。

(3) 「100年前に建てられた家」を the house のあとに〈過去分詞＋語句〉を続けて表す。「建てる」build の過去分詞は built。

(4) 「私が撮った」を I took で表す。空所が３つなので、the pictures と I took を関係代名詞でつなぐ。先行詞が「もの」なので、which または that を使う。

(5) 目的格の関係代名詞が省略された形。The movie のあとに「私が見た」I saw [watched] を入れる。主語が単数で過去の文なので、be動詞は was を使う。

3 (1) 直前に my grandparents、直後に in Kobe があるので、関係代名詞 who [that] のあとに live を続ける。

(2) 「泣いている赤ちゃん」という意味になるように、crying baby とする。

(3) 関係代名詞 which [that] を省略した文を考え、直接〈主語＋動詞 ～〉をつなげる。

(4) some fish が先行詞の関係代名詞を使った文にする。

(5) 「私は手紙を受け取りました。私の叔母がそれをフランスから送りました」という意味の文を「私は叔母によってフランスから送られた手紙を受け取りました」という意味の文にする。〈過去分詞＋by＋人 ～〉でうしろから a letter を説明する。

4 (1) Do you のあとには動詞の原形 know が続く。関係代名詞 who があるので、the boy を先行詞にして who is drinking と並べると直後の coffee とつながる。

(2) can の文の中の動詞は原形なので、Can you のあとには show を続け、〈show ＋（人）＋（もの）〉の順に並べる。ここでは、（人）は me、（もの）は the dolls you made とする。

(3) B が「人」を答えているので、この文の who は疑問詞だとわかる。Who is the man のあとに〈現在分詞（sitting）＋語句（on the bench）〉を続ける。

(4) that を関係代名詞と考え、the train を先行詞にして that goes to と並べると直後の Yamagata とつながる。

(5) 主語が Iwate Park なので、one of the のあと

に places がくると考える。また、who は先行詞が人のときの関係代名詞なので、many people who となり、続く動詞を enjoy にすると直後の seeing とつながる。残る loved by の loved を過去分詞と考え、places のあとに入れると (one of the) places loved by many people who enjoy (seeing them.) となり意味が通る。

5 (1) ２つ目の文の主語 He が先行詞 The man を指しているので、関係代名詞のあとに He を除いた残りの文を続ける。先行詞が「人」なので、関係代名詞は who または that を使う。

(2) ２つ目の文の目的語 it が先行詞 the cap を指しているので、関係代名詞のあとに it を除いた残りの文を続ける。先行詞が「もの」なので、関係代名詞は which または that を使う。

(3) the dog のあとに〈現在分詞（running）＋語句（over there）〉を続けて、「あそこで走っているイヌ」という意味にする。

(4) The girl のあとに〈過去分詞（chosen）＋語句（as the best tennis player）〉を続けて、「いちばん上手なテニス選手に選ばれた少女」という意味にする。

6 (1) 過去分詞の told があるので、「その男性が私たちに話した話」は「その男性によって私たちに話された話」と考え、The story のあとに told by the man を続けて表す。

(2) that を関係代名詞と考え、「彼女が私にくれたプレゼント」は、先行詞 the present のあとに that she gave me を続けて表す。

(3) 関係代名詞がないので、目的格の関係代名詞が省略された形と考え、「あなたのために私ができることが何か」は、anything のあとに〈主語＋動詞 ～〉がくるよう I can do for you と並べる。

(4) 現在分詞の studying があるので、「大学で数学を勉強している姉」は、a sister のあとに studying math at university を続けて表す。

(5) who を関係代名詞と考え、「水泳が得意な少年」は、先行詞 a boy のあとに who is good at swimming を続けて表す。

7 (1) 「ギターを弾いているあのミュージシャン」を That musician playing the guitar で表す。

(2) 「英語で書かれた本」を books written in English で表す。

(3) 「私は医者になりたいです」を I want to be [become] a doctor で表し、a doctor を先行詞にして who [that] のあとに「病気の人々を助ける」= helps sick people を続ける。

14 仮定法　　　　　　本冊 P.062, 063

解答

1 (1) エ　　(2) イ　　(3) ア　　(4) エ
　　(5) ア　　(6) エ

2 (1) If, were, would　　(2) I wish, were
　　(3) I wish, could　　(4) If, were, could
　　(5) If, had, could　　(6) If, could, wouldn't

3 (1) practiced, would　　(2) wish, had
　　(3) could cook　　(4) I were
　　(5) knew, could　　(6) wish, had
　　(7) could go　　(8) weren't, could

4 (1) I wish we could stay at that hotel.
　　(2) If I had more time, I could finish reading (this book.)
　　(3) If we had a map, we would not be lost.
　　(4) I wish I could give you good advice.
　　(5) If I were he, I would not say so.
　　(6) If I could meet the actor, I would take pictures (with him.)

5 (1) I wish I could draw pictures well.
　　(2) If you came to the party, you could meet me. [You could meet me if you came to the party.]
　　(3) If it were warm today, I would wear the clothes. [I would wear the clothes if it were warm today.]

解説

1 (1) if を使った仮定法は〈If +主語+動詞の過去形, 主語+ would [could] +動詞の原形 ~.〉で表す。have の過去形 had を選ぶ。
　　(2) wish を使った仮定法は〈I wish +主語+動詞の過去形 ~.〉で表す。仮定法では主語が単数でも be 動詞は were を用いるのがふつう。
　　(3) 後半の文の動詞が will come になっているので、現実に起こることが可能なときに使う条件の文だとわかる。現在の否定文で用いる don't を選ぶ。

(4) 仮定法の文なので、「運転できたら」を could drive で表す。
(5) hope のあとの文は未来形か現在形になるので、will join を選ぶ。
(6) 仮定法の文なので、「見に行くのに」を would go to see で表す。

2 (1) if を使った仮定法の文にするので、be 動詞は were、「会いに行く」は would go to see で表す。
(2) I wish で始まる仮定法の文にする。be 動詞は were。
(3) I wish で始まる仮定法の文にする。「話せる」を could speak で表す。
(4) if を使った仮定法の文にするので、be 動詞は were を使い、「助けられる」は could help で表す。
(5) if を使った仮定法の文にするので、「持っている」は had、「撮れる」は could take で表す。
(6) if を使った仮定法の文にするので、「戻れる」は could go back、「~しない」は would not の短縮形 wouldn't で表す。

3 (1) 「彼らは熱心に練習しないので、試合に勝たないでしょう」という意味の文を、if を使った仮定法で表し、「もし彼らが熱心に練習したら、試合に勝つのに」という意味の文にする。
(2) 「私は自分自身のコンピュータが欲しいですが、持っていません」という意味の文を I wish で始まる仮定法で表し、「私が自分自身のコンピュータを持っていればいいのに」という意味の文にする。
(3) 「私はあなたが料理するのを手伝いたいですが、私は上手に料理することができません」という意味の文を、if を使った仮定法で表し、「もし私が上手に料理することができるなら、あなたを手伝うのに」という意味の文にする。
(4) 「私は数学が得意になりたいですが、そうではありません」という意味の文を I wish で始まる仮定法で表し、「私が数学が得意ならいいのに」という意味の文にする。
(5) 「私はルーシーの電話番号を知らないので、彼女に電話できません」という意味の文を if を使った仮定法で表し、「もし私がルーシーの電話番号を知っていたら、彼女に電話をかけられるのに」という意味の文にする。
(6) 「私は姉妹がいなくて残念です」という意味の

文を、I wish で始まる仮定法で表し、「私に姉妹が
いたらいいのに」という意味の文にする。「～がい
る」は have の過去形 had を使う。

(7) 「私はトムと一緒に釣りに行きたいですが、彼
は行けません」という意味の文を I wish で始まる
仮定法で表し、「トムが私と一緒に釣りに行けた
らいいのに」という意味の文にする。

(8) 「私は忙しいので、あなたたちとサッカーをす
ることができません」という意味の文を if を使っ
た仮定法で表し、「もし私が忙しくないなら、あな
たたちとサッカーをすることができるのに」とい
う意味の文にする。

4 (1)(4) I wish のあとに〈主語 + could + 動詞の原形
～〉を続ける。

(2) 語群にコンマがあるので、コンマの前は〈If +
主語 + 動詞の過去形 ～〉の語順。〈If + 主語 + 動詞
の過去形 ～ , 主語 + could + 動詞の原形 ～ .〉の
語順にする。

(3) 「迷わない」は主語のあとに would not を置き、
動詞の原形を続ける。

(5) 〈If + 主語 + 動詞の過去形 ～ , 主語 + would
not + 動詞の原形 ～ .〉の語順にする。

(6) could と would の 2 つの助動詞があるが、意味
から〈If + 主語 + could + 動詞の原形 ～ , 主語 +
would + 動詞の原形 ～ .〉の語順にする。

5 (1) I wish で始まる仮定法の文にする。「描ける」を
could draw で表す。

(2) if を使った仮定法の文にする。「パーティーに
来る」を came to the party、「会える」を could
meet で表す。

(3) if を使った仮定法の文にする。天候を表す文の
主語は it とし、「暖かい」を were warm、「着る」を
would wear で表す。

15 間接疑問文、付加疑問文、感嘆文 本冊 P.066, 067

解答

1 (1) ウ　(2) エ　(3) ア　(4) イ
(5) ア　(6) ウ

2 (1) where, is　(2) doesn't he
(3) What an old　(4) didn't, did they
(5) when he went[came]
(6) is, isn't she　(7) How well

(8) who will come

(9) won't it

3 (1) what you did　(2) doesn't she
(3) where I can　(4) did you
(5) What big shoes　(6) when I, visit
(7) How beautiful, is

4 (1) How hard they study Japanese!
(2) Mary isn't your classmate, is she?
(3) I want to know who he is.
(4) What a cute dog she has!
(5) Your father often goes abroad, doesn't
he?
(6) Tell me how many boxes you need.
(7) Sam and John will join the event, won't
they?
(8) Do you know why that girl is crying?

5 (1) What an exciting story this is!
(2) You finished your homework, didn't you?
(3) I know where my mother bought the
cake.

解説

1 (1) (　) のあとに is from があるので、「どこの出
身か」となるように、where を選ぶ。

(2) コンマの前が一般動詞（3 人称単数現在）の肯
定文なので、付加疑問は doesn't を選ぶ。

(3) 文末に感嘆符 (!) があるので、感嘆文。あとに
〈形容詞 + 主語 + 動詞〉が続いているので、How
を選ぶ。

(4) 「いつ時間があるか」となるように、when を選
ぶ。

(5) コンマの前が be 動詞の否定文なので、are を
選ぶ。

(6) 文末に感嘆符 (!) があるので、感嘆文。あとに
〈形容詞 + 名詞〉が続いているので、What を選ぶ。

2 (1) 「私のカバンがどこにあるか」を間接疑問
〈where + 主語 + 動詞〉で表す。

(2) 付加疑問文。主語が 3 人称単数で、一般動詞の
現在の肯定文なので doesn't を入れ、あとに Mr.
Brown を代名詞 he にかえて続ける。

(3) (　) のあとに単数名詞が続くので、〈What a
[an] + 形容詞 + 名詞 + 主語 + 動詞 ～ !〉の感嘆文
にする。「古い」は old なので、前に an を入れる。

(4) 付加疑問文。コンマの前が一般動詞の過去の否定文なので、コンマのうしろには did を入れ、they を続ける。

(5) 「いつ家に帰ったか」を間接疑問〈when + 主語 + 動詞 ～〉で表す。動詞を過去形にするのを忘れないように注意する。

(6) 付加疑問文。主語が3人称単数で、be動詞の現在の肯定文なので、コンマのうしろには isn't を入れ、あとに Jane を代名詞 she にかえて続ける。

(7) 空所のあとに名詞がなく、主語がきているので、〈How + 副詞 + 主語 + 動詞 ～!〉の感嘆文にする。

(8) 「だれがパーティーに来るか」を間接疑問〈who + 動詞 ～〉で表す。疑問詞が主語になっているので、語順の変更が生じない。未来の文になるように、come の前に will を入れる。

(9) 付加疑問文。コンマの前が助動詞 will を使った肯定文なので、コンマのうしろには will not の短縮形 won't を入れ、あとに it を続ける。

3 (1)(3) 間接疑問文は〈疑問詞 + 主語 + 動詞〉の語順にする。

(2) 主語が3人称単数で、一般動詞の現在の肯定文なので、コンマのうしろには doesn't を入れ、Ms. Kato を代名詞 she にかえて続ける。

(4) 一般動詞の過去の否定文なので、コンマのうしろには did を入れ、主語 you を続ける。

(5) 「なんて～な…なんだろう」は What で始まる感嘆文で表す。shoes は複数なので a は不要。

(6) もとの文は「私はいつ彼の家を訪問するべきかわかりません」という意味。〈when + 主語 + should + 動詞の原形 ～〉の順に並べ、間接疑問文にする。

(7) What で始まる感嘆文を、〈How + 形容詞 + 主語 + 動詞 ～!〉の感嘆文に書きかえる。

4 (1) 〈How + 副詞 + 主語 + 動詞 ～!〉の順に並べる。

(2) コンマの前に「メアリーはあなたのクラスメートではない」という意味の否定文を作り、あとに is she を続けて付加疑問文にする。

(3) 「私は知りたい」という意味の文のあとに「彼がだれなのか」を〈who + 主語 + 動詞〉の順に続ける。

(4) 〈What a + 形容詞 + 名詞 + 主語 + 動詞!〉の順に並べる。

(5) 「あなたのお父さんはしばしば海外に行く」という意味の肯定文を作り、あとに doesn't he を続けて付加疑問文にする。

(6) 「私に教えてください」を Tell me で表し、あとに「あなたたちは何個の箱が必要か」を〈how many boxes + 主語 + 動詞〉の語順で続ける。

(7) 「サムとジョンはその行事に参加するつもりです」を will を使った肯定文で表し、あとに won't they を続ける。

(8) 「あなたは知っていますか」を Do you know で表し、あとに「あの少女がなぜ泣いているのか」を〈why + 主語 + be動詞 + 動詞の -ing形〉の語順で続ける。

5 (1) 「わくわくする」は exciting なので、What のあとに an exciting story を続け、そのあとは〈主語 + 動詞!〉の語順なので、this is! とする。

(2) 「あなたは宿題を終えた」を You finished your homework と表し、コンマのあとに didn't you? を続けて付加疑問文にする。

(3) 「私は知っています」を I know で表し、あとに「母がどこでそのケーキを買ったか」を〈where + 主語 + 動詞 ～〉の語順になるように続ける。

16 会話表現　　本冊 P.070, 071

解答

1 (1) Can[May], leave　(2) stranger here

(3) get off　(4) wrong number

(5) Change trains　(6) For, to

(7) on your right

2 (1) カ　(2) ウ　(3) エ　(4) イ

(5) ア　(6) オ

3 (1) I'd, please　(2) I'll take

(3) Hold on　(4) Can[May], try, on

(5) How long, take

4 (1) May I speak to Jack, please?

(2) Do you have a smaller one?

(3) Go straight for two blocks and turn left.

5 (1) I'll call her back later.

(2) How much are these shoes?

(3) Could you tell me the way to the library?

1 (1) 「～してもいいですか」をCan[May] I ～?、「～を残す」をleaveで表す。

(2) 「このあたりに詳しくありません」を「ここに不慣れな人です」という意味の文で表す。「不慣れな人」はstrangerで表し、「ここ」hereを続ける。

(3) 「(乗り物から)降りる」をget offで表す。

(4) 「間違った」をwrong、「番号」をnumberで表す。

(5) 「(乗り物を)乗り換える」は、changeのあとに乗り物を表す言葉を続ける。複数形にするのでtrainの語尾に-sをつけるのを忘れないこと。

(6) 「店内で食べる」をfor here, 「持ち帰る」をto goで表す。

(7) 「～の右側に」をon one's rightで表す。

2 (1) Bがどこかの場所への行き方を答えているので、カ「私は銀行を探しています」を選ぶ。

(2) Aが「いらっしゃいませ」と言っているのに対し、BはNo, thank you. と案内を断っているので、ウ「ただ見ているだけです」を選ぶと意味が通る。

(3) Bが「28番のバスに乗ってください」と答えているので、エ「どのバスがそこに行きますか」を選ぶ。

(4) 電話での会話。Bの発言のあとにAが自分の名前を言っているので、イ「どちらさまですか」とたずねられたと考える。

(5) Bの発言のあとにAが「ラージ(=大きいサイズ)をください」と答えているので、ア「どちらのサイズがよろしいですか」とたずねたと考える。

(6) ルーシーがベッキーにかけた電話に対し、Bが「調子はどう、ルーシー」と会話を続けているので、ベッキー本人が出たと判断し、オ「私です」を選ぶ。

3 (1) 1つ目の空所の直後にlikeがあるので、I wouldの短縮形I'dを入れて、I'd like ～ =「～がほしい」とし、コンマのあとにpleaseを入れる。

(2) I'll take it. で「それをいただきます」という意味。

(3) 2語で「そのまま待つ」という意味を表すHold onを入れる。

(4) 「試着する」はtry ～ on、「～してもいいですか」はMay IまたはCan I ～? で表す。

(5) 時間がどのくらいかかるかたずねるときはHow longで文を始める。「(時間が)かかる」はtakeで表す。

4 (1) 電話での会話。「ジャックはいますか[と話せますか]」という意味の文にする。

(2) 直前に、見せてもらったセーターが気に入ったが少し大きいという趣旨のことを話しているので、「もっと小さいものはありますか」とたずねる文にする。

(3) 直前に、大きい公園への行き方を聞かれているので、地図を参考に「2ブロックまっすぐ行って左に曲がってください」という意味の文にする。

5 (1) 「あとでかけ直す」はcall back later。未来のことなのでI willで文を始める。「彼女に」を意味するherをcallのあとに入れ、I will call her back later. とする。指定された5語にするために、I willを短縮形I'llにする。

(2) 値段をたずねるときはHow muchで文を始める。shoesは複数形なので、be動詞はare。指定語のtheseはshoesの前に置き、How much are these shoes? とする。

(3) 「～してくださいませんか」をここではCould you ～? で表す。「私に教える」をtell meで表し、あとに続ける。「図書館への行き方」はthe way to the libraryまたはhow to get to the libraryで表せるが、9語の指定から、the way to the libraryを使う。

読解

17　対話文　本冊 P.072〜079

例題1

和訳

リコ：こんにちは、エマ。元気？

エマ：うん、元気だけど、今週は忙しいの。週末の予定は何？

リコ：日曜日に新しい水族館に行く予定よ。ペンギンが大好きなの。

エマ：まあ、あなたはペンギンが大好きなんだね。私の国のオーストラリアでは野生のペンギンを見ることができるんだよ。

リコ：わあ、信じられないよ！　オーストラリアにいたら、野生のペンギンを見ることができるのに。小さくてとてもかわいいよね！

エマ：わかるよ。でも、私はジャイアントペンギンのニュースを見たよ。

リコ：何？　ジャイアントペンギン？　それについて私にもっと教えてよ。

エマ：ニュースによると、ペンギンの脚の化石が見つかったんだって。約6000万年前のものなんだよ。そのジャイアントペンギンは約1.6メートルの背丈で80キログラムほどだったんだって。

リコ：本当に？　それは私よりも背が高くて大きいよ！　私は大きな海の動物は好きではないよ。もし今の世界にジャイアントペンギンがいたら、とても怖いだろうな。

エマ：心配しないで。それはずっと前の話だし、今の世界のペンギンはとてもかわいいよ。新しい水族館でペンギンを見たいな。あなたと一緒に行ってもいい？

リコ：もちろん。この世界のかわいい小さなペンギンを一緒に楽しもう！

例題2

和訳

ナオト：ALTのスミス先生がオーストラリアに帰るんだよ。彼はよくこの書道部に来るね。部員のみんな彼が大好きだよ。

キミー：彼は私たちにとても親切よ。いいアドバイスもくれるね。

アヤコ：彼は私たちをたくさん助けてくれるね。私た

ちが作る書道作品も大好きだよね。ねえ、考えがあるの。彼にプレゼントをあげるのはどうかな？

ナオト：いい考えだね！　彼に何を買おうか？

キミー：色紙にメッセージを書こう。私たちのメッセージを読んで喜ぶと思うよ。

アヤコ：いいね。それは人気のあるプレゼントで、作るのも簡単だし。彼のために他に何か作ろうか？

ナオト：彼に色紙ともう一つ何かあげるべきだけど、今は良い考えが思い浮かばないな。

キミー：彼は何が好きかな？

アヤコ：他の部員に私たちの考えを話してみようよ。良いプレゼントを選ぶのを手伝ってくれると思うな。

確認問題

解答

1　(1)　(b)　ア　　(d)　エ

　　(2)　①　worked　　②　where

　　(3)　ウ

　　(4)　(X)　supporting　　(Y)　for

解説

1　(1)　選択肢は、ア「うん。そのコードはサンフランシスコでも人気だよ」、イ「そうだね。日本では毎年さまざまな災害が起こるよ」、ウ「あなたのこの学校での滞在もあっという間だったね。日本の学校生活はどう？」、エ「うん。火災訓練の日、ぼくの学校の生徒はそのことを全く知らない」、オ「いいね。技術は日本の強みだよ」という意味。【　b　】と【　d　】はどちらも直前にYesかNoで答える質問があるので、アとエにしぼられる。【　b　】は前後がQRコードの話題なのでア、【　d　】は前後が避難訓練の話題なのでエが適切。【　a　】にはウ、【　c　】にはオ、【　e　】にはイが入る。

　　(2)　①　下線部は「すると彼は、1994年に最初にQRコードを発明した日本の会社で（　　）と教えてくれたんだ」という意味。文脈からホストグランドファザーがその会社を知っていたか働いていたことが考えられるが、空所のあとにforが続いているので、worked for「〜で働いていた」

が適切。

② 下線部は「ぼくのホストファミリーは、どれだけの食べ物や水を備蓄すべきか知っていて、災害時の地元の避難所が（　　）あるかも知っているんだ」という意味。文脈から、間接疑問文を使ってknow <u>where</u> the local shelter is「地元の避難所が<u>どこに</u>あるか知っている」が適切。

(3) 選択肢はア「声」、イ「笑い声」、ウ「音」、エ「歌」。空所を含む文は、「すると学校の火災警報が突然大きな（　A　）を立てて、訓練が始まったことを知らせる」という意味。よって、ウが適切。

(4) （X）空所を含む文は「日本の技術が他の国に広まり、人々に便利な生活を提供し、彼らの日常生活を（　X　）います！」という意味。ボブの4番目の発言の最終文The Japanese technology has <u>supported</u> our daily lives in America. を参照。動詞supportはspreadingやgivingに合わせて進行形にする。

（Y）空所を含む文は「さらに、多くの日本人は災害（　Y　）準備ができています」という意味。「～の準備ができている」はbe ready <u>for</u> ～で表す。

■ 和訳

1 彩　：こんにちは、ボブ。あなたはいつ故郷に帰るの？

ボブ：こんにちは、彩。ぼくは来月、サンフランシスコに帰るよ。

彩　：この学校での滞在は早く過ぎたね。日本の学校生活はどう？

ボブ：すばらしいよ！　去年からぼくたちの学校で日本について学んできたから、それについてホストファミリーとよく話すんだ。

彩　：もっと教えて。

ボブ：ええと、先週の授業でQRコードについて学んだよ。それで、ホストグランドファザーとそれについて話したんだ。ぼくは彼にそのコードは日本製だと伝えたよ。すると彼は、1994年に最初にQRコードを発明した日本の会社で働いていたと教えてくれたんだ。

彩　：そうなの？

ボブ：うん。そのコードはサンフランシスコでも人気なんだ。レストランに家族で行ったとき、

母が食後にスマートフォンでコードをスキャンしてお金を支払うことがときどきあったよ。それは便利だった。日本の技術はアメリカの日常生活を支えているんだ。

彩　：いいね。技術は日本の強みだよ。他に何か話したの？

ボブ：うん、避難訓練について話したよ。それはもうひとつの日本の強みだと思うんだ。日本の訓練はアメリカの訓練とは違うよ。

彩　：そうなの？

ボブ：うん。火災訓練の日、ぼくの学校の生徒はそれについて全く知らない。すると学校の火災警報が突然大きな音を立てて、訓練が始まったことを知らせる。

彩　：日本の学校でもそのような訓練があると聞いたことがあるよ。

ボブ：すごい！　ここに滞在している間に、多くの日本人が火災や地震、豪雨などの災害に備えていることを知ったよ。

彩　：そうだね。日本は毎年さまざまな災害が起こるよ。私の家族も非常用キットを用意して、家に保管しているよ。

ボブ：ああ、そうなの？　ぼくのホストファミリーは、どれだけの食べ物や水を備蓄すべきか知っていて、災害時の地元の避難所がどこにあるかも知ってるんだ。すごいよ！

彩　：私の家族も同じだよ。だれもが緊急時の備えをすることは大切だね。

ボブ：きみの言う通りだよ。アメリカに帰ったら、家族に災害時のために食べ物や水を備蓄するよう伝えるよ。

(4)スピーチ原稿の和訳

日本の強み

日本はとてもすばらしい国です。ある日、私はアメリカからの留学生ボブと話しているとき、新しい事実を知りました。彼はアメリカでもQRコードについて知っていて、授業でそれが日本で生まれたものだと学んだそうです。日本の技術が他の国に広まり、人々に便利な生活を提供し、彼らの日常生活を支えています！

さらに、多くの日本人は災害の準備ができています。ボブは、多くの日本人が災害時のために食料や水を備蓄していることを知って驚きました…。

解答

2 (1)　ア

(2)　イ、エ

(3)　①　（解答例）new technologies

②　（解答例）experience

③　（解答例）decide

(4)　（解答例）play

解説

2 (1)　直樹の最初の発言で「ウェブ会議システムを使った」ことがわかり、その直後のルーカスの発言で「インターネットを通じて韓国の生徒たちと話した」ことがわかるので、アが適切。

(2)　選択肢は、ア「ルーカスはウェブ会議システムを韓国の彼の家族と話すために使ったことがある」、イ「ルーカスは彼の家族からの手書きのポストカードを読むとき、心が温かくなる」、ウ「直樹は、彼のおじさんのドローンは畑に肥料と水をまくと言っている」、エ「直樹のおじさんは人工知能を畑の問題のある場所を探すために使う」、オ「直樹は、彼のおじさんはキャベツを育てるために彼のドローンからのデータを使うことができないと言っている」という意味。ルーカスは3番目の発言で「家族からの手書きのポストカードを読むと心が温まる」と言っているので、イが適切。また、直樹は4番目の発言で「おじさんはドローンと人工知能を使っており、人工知能はドローンからのデータを使って畑の問題のある場所を見つける」と言っているので、エが適切。

(3)　①　図から、traditional things に同列のもので、ウェブ会議システムや人工知能、ドローンを含むものだと判断できる。直樹とルーカスの会話の最後で、「new technologies と traditional things をいつ、どのように使うか決めることが大切である」ということが述べられている。

②　空所を含む語句は「私たち自身の ② から得た知識」という意味。直樹は7番目の発言で「自分の過去の経験からの知識を使って（畑の問題の）原因を見つける」と言っているので、experience を入れる。

③　空所を含む文は「大切なことは、それらをいつ使うか、そしてそれらをどのように使うか ③ ことである」という意味。直樹は最後の発言で「私たちにとって新しい技術と伝統的なものをいつ、どのように使うかを決めることが大切だ」と言っているので、decide が適切。

(4)　空所を含む箇所は、「私はインターネット上ではそれら（＝ギター）を □ できない」、「私はそれら（＝ギター）を □ するために店へ行った」という意味。インターネット上ではできないが、店ではできることを日常生活から想像する。「（楽器を）演奏する」は play。

和訳

2 直樹　　：こんにちは、ルーカス。今日の英語の授業はおもしろかったね。ウェブ会議システムを使うのは初めてだったよ。本当に楽しかった。

ルーカス：そうだね。インターネットを通じて韓国の生徒たちと話して楽しかったよ。

直樹　　：このウェブ会議システムを使えば、お互いの顔を見ながら話すことができるね。この情報技術は良いコミュニケーションを手助けしてくれるよ。

ルーカス：そうだね。ぼくもときどき、このシステムを使ってシンガポールの家族と話すよ。

直樹　　：わあ、きみはすでに日常生活でもそのシステムを使っているんだね。

ルーカス：うん。本当に便利だけど、ぼくの家族はときどき、シンガポールの写真が載っている手書きのポストカードを送ってくるんだ。そのポストカードはいつも心温まる思いをさせてくれて、故郷を思い出させてくれるよ。だから、新しい技術と伝統的なものの両方がぼくにとって大切なんだ。

直樹　　：きみの言っていることがわかるよ。きみの話を聞いて、おじさんの仕事を思い出すよ。おじさんは農家で、広い畑でキャベツを長い間栽培しているんだ。彼の大切な仕事の一つは、問題がある場所を見つけるために自分で全ての畑をチェックすることだけど、それをするにはとても多くの時間がかかるんだ。そこで今、彼は新しい技術を使おうとしているよ。

彼はドローンと人工知能を使っているんだ。ドローンが畑の写真を撮るのに使われて、そのデータが人工知能に送られる。すると、その人工知能がデータを使って、どの場所に問題があるかを見つけるんだ。

ルーカス：わあ、それはすごいね。問題のある場所だけをチェックするから、彼の仕事はより楽になるね。

直樹　：ぼくもそう思うよ。でも彼は、人工知能はまだ十分ではないと言っているよ、なぜなら、どうしてその場所に問題があるのかを示せないからなんだ。

ルーカス：どういう意味？

直樹　：いくつかの場所でキャベツが小さくなるという共通の問題があるとしても、その問題の原因はそれぞれの場所で異なる可能性がある。ある場所ではもっと肥料が必要で、他の場所ではもっと水が必要なのかもしれない。

ルーカス：本当に？　それなら、彼はどうやって原因を見つけるの？

直樹　：ええと、彼は問題のある場所に行って、自分の過去の経験から得た知識を使って原因を見つけるんだ。過去の似た畑の状態を思い出すんだよ。

ルーカス：わあ、それはおもしろそうだね！

直樹　：うん。彼は新しい技術と自身の知識をどちらも効果的に使っていると思うよ。

ルーカス：同感だよ。どちらも彼の仕事に役立つから、どちらが優れているかを考える必要はないね。

直樹　：その通り。ぼくたちにとって新しい技術と伝統的なものをいつ、どのように使うかを決めることが大切だね。

解答

3 (1) **エ**

(2) **エ**

(3) the special events

(4) **ア**

(5) ①No, he didn't.

②It became a National Park.

解説

3 (1)　直前で義雄から「きみはそこ（＝琵琶湖）へ行ったことがある？」と質問され、直後でサラは「私はいつかそこ（＝琵琶湖）へ行きたいな」と言っている。サラは琵琶湖に行ったことがないと判断できるので、エが適切。

(2)　空所の前で義雄が「この川がグランドキャニオンを作ったという意味なの？」と質問し、サラが「その通りよ！」と答えているので、エが適切。

(3)　下線部を含む文は「私は家族と一緒にそれらの一つに参加しました」という意味。直前の久保先生の「2019年にはグランドキャニオンで特別なイベントが開催された記憶があるけど、そうだよね？」という発言を受けて、サラは「はい」と肯定し、さらに特別なイベントの具体例を挙げている。よって the special events が適切。

(4)　選択肢は、ア「サラはグランドキャニオンを訪れることによって、それがいかにすばらしいか理解することができた」、イ「サラはグランドキャニオンを訪れる前にそれについて何も学ばなかった」、ウ「サラは川が約100年前にグランドキャニオンを削り始めたとわかった」、エ「サラはグランドキャニオンを訪れる前にそれは本当にすばらしいと感じることができた」という意味。直前で「私はグランドキャニオンを訪れて初めてそれが本当にすばらしいと理解することができた」と言っているので、アが適切。

(5)　①　質問は「義雄はこの前の日曜日に一人で琵琶湖へ行きましたか」という意味。義雄は最初の発言の最後の文で「ぼくはこの前の日曜日、おばさんとそこ（＝琵琶湖）に行ったよ」と言っているので、Noで答える。

②　質問は「グランドキャニオンは1919年に何になりましたか」という意味。サラの最後から2番目の発言を参照。「グランドキャニオンは1919年に国立公園になりました」と言っている。答えの文では Grand Canyon を代名詞 It に置きかえる。

和訳

3 義雄　：こんにちは、サラ。この写真を見て。これは日本でいちばん大きい湖だよ。琵琶湖と呼ばれているんだ。ぼくはこの前の

日曜日、おばさんとそこに行ったよ。

サラ　：おお、義雄。いいね。

義雄　：きみはそこへ行ったことがある？

サラ　：いいえ、行ったことはないよ。私はいつかそこへ行きたいな。

久保先生：こんにちは、義雄とサラ。何について話しているの？

サラ　：こんにちは、久保先生。義雄がおばさんと琵琶湖に行ったんです。

久保先生：本当に？　義雄、どうだった？

義雄　：琵琶湖に着いたとき、その大きさに驚きました。とても大きかったです。

久保先生：楽しそうだね。私も初めて訪れたときはそのように思ったよ。

サラ　：その気持ち、わかります。ある場所を訪れると、何か新しいものを感じることができますよね。

義雄　：その通りだよ。その湖は海のようだった！

久保先生：サラもそういう経験があるの？

サラ　：はい、あります。アメリカにいたときにグランドキャニオンを訪れてそのように感じました。

久保先生：私たちにあなたの経験を教えて。

サラ　：はい。写真を見せますね。

義雄　：わあ！　これは山？

サラ　：山ではないよ。グランドキャニオンは一種の渓谷なの。グランドキャニオンを訪れる前に、それがどのように形成されたかを学んだわ。

久保先生：おお、もっと教えて。

サラ　：ええ。ずっと昔、川が流れ始めました。その川が何年もかけてグランドキャニオンを削り続けたんです。

義雄　：川？

サラ　：そうよ。義雄、この写真で川を見つけることはできる？

義雄　：うん、できるよ。ああ、待って！　この川がグランドキャニオンを作ったという意味なの？

サラ　：その通りよ！　それはコロラド川。約500万〜600万年前にグランドキャニオンを削り始めたの。そして、今もなお

その川がグランドキャニオンを削り続けているよ。

義雄　：だから、グランドキャニオンは川によって作られていると言えるんだね。

サラ　：その通りよ、義雄。

久保先生：サラ、いつグランドキャニオンに行ったの？

サラ　：3年前に行きました。

久保先生：2019年にはグランドキャニオンで特別なイベントが開催された記憶があるけど、そうだよね？

サラ　：はい。グランドキャニオンは1919年に国立公園になりました。それから100年が経ち、2019年にはコンサートやアートレッスン、ナイトツアーなどの特別なイベントが開催されました。世界中の人々がその特別なイベントに参加しました。私は家族と一緒にそれらの一つに参加しました。

義雄　：それは楽しそうだね。

サラ　：グランドキャニオンを訪れる前に、多くのことを学んでいて、私はそれについてたくさん知っていると思っていました。でも、実際に目の前でグランドキャニオンを見たとき、学んだこと以上の何かを感じました。グランドキャニオンは本当にすばらしかったです。訪れることで初めて、グランドキャニオンが本当にすばらしいことを理解できました。私はこの経験を通じてこのことに気づきました。

久保先生：おもしろい話を教えてくれてありがとう。聞くのが本当に楽しかったよ。

義雄　：ぼくも楽しみました。いつかグランドキャニオンに行ってみたいです。

18 スピーチ、随筆、物語　本冊 P.080〜085

例題 1

和訳

　こんにちは、みなさん。今日は自動販売機についてお話しします。日本には多くの自動販売機があります。ぼくはそれらに興味を持ちました。世界で最初に自動販売機が使われたのはいつだったのでしょうか。最も

古い自動販売機は約2,200年前に使用されました。エジプトのある寺院の前で、人々は機械から水を購入することができました。人々はそんな昔に機械を作って使っていたのです！

先週、ある駅で興味深い自動販売機を見ました。それは新鮮な果物を販売する自動販売機でした。ぼくはそれを見て驚きました。新鮮なリンゴを2つ買って、ホストファミリーと一緒に家で食べました。それらはとてもおいしかったです。自動販売機で新鮮な果物が買えるなんて、想像もしていませんでした。その日、ぼくはホストファミリーに日本の自動販売機についてたずねました。ぼくはそれらについての多くの良い点がわかりました。夜、暗いときには、一部の自動販売機が明かりとして機能します。暗い場所でも安心感を与えてくれるのです。また、地震などの災害が起きても、一部の自動販売機は稼働し続けます。例えば、飲み物など、必要なものを自動販売機から手に入れることができるのです。

ぼくは、自動販売機は人々をさまざまな方法で助けてくれると思います。ご清聴ありがとうございました。

例題2
和訳
より良い生活を作るために
昨日、私は町の博物館のオープニングセレモニーについての記事を見つけました。それを読んだとき、私は嬉しい気持ちになりました。だから、皆さんにそれを共有させてください。

私たちの町では新しい博物館を建設する計画がありました。そのとき、若者や年配の人々、外国人、車椅子を使用する人々が、その計画について考えるためのメンバーとして選ばれました。なぜかわかりますか。博物館をみんなにとって快適にするために彼らのアイデアが必要だったのです。彼らのアイデアの一部が採用されました。例えば、たくさんの言語で情報を得ることができます。また、子どもや車椅子を利用する人々のために、いくつかの芸術作品が低い位置に配置されます。その結果、新しい博物館はだれにとっても親しみやすくなりました。この記事から、より良い生活を作るための大切なことを学びました。

お互いのことを考えることはすばらしいです。私たちはみんな違うので、一緒に生きるために、さまざまなアイデアを共有できます。周りを見てみてください。

それぞれの生活をより快適にするために変えられるものはたくさんあります。

確認問題
解答
1(1)　Ａ　イ　　Ｂ　エ
(2)　5,000枚の写真を集めてモザイク写真を作り終えること。
(3)　ⓑ　(I talked with Shino) about a way to collect more pictures(.)
　　ⓒ　(I also) received some messages written by local people (and graduates.)
(4)　①　He decided to become a staff member (for the school festival).
　　②　It was in September.
(5)　ア→ウ→エ→イ
(6)　私たちに何ができるかを考え、努力し続ければ、目標を達成することができるということ。

解説
1(1)　Ａ　選択肢は、ア「私は文化祭に参加し、写真を買おう」、イ「私は私の写真を撮ってそれをあなたに持っていこう」、ウ「私は文化祭で私の友達に写真の集め方を話そう」、エ「私は友達が東京へ写真を送る手助けをしよう」という意味。直前で和紀からプロジェクトについて聞いたクラスメートは、「すばらしいプロジェクトだね」と賛同し、直後でクラスメートが写真を持ってくる様子が述べられている。よって、イが適切。

Ｂ　選択肢は、ア「私は文化祭であなたの写真を受け取ることができて嬉しい」、イ「私は5,000枚の写真を集め始めたことが嬉しい」、ウ「私はそのプロジェクトをあなたたちのチームに提案することができて嬉しい」、エ「私は私の写真を送ることであなたたちのプロジェクトを支援できて嬉しい」という意味。空所は、プロジェクトを紹介したウェブサイトを見た、東京に住む卒業生からのメッセージの一部。よって、エが適切。

(2)　下線部は、It is ... to ～.「～することは…だ」という文の形式的な主語。内容は、不定詞の部分を指す。よって、to collect 5,000 pictures and finish making the photomosaic を日本語でまとめればよい。

(3) ⓑ 下線部は「ぼくはシホと（　　）話した」という意味。直前で和紀は写真が順調に集まらないことを悲しみ、直後でシホは広くインターネット上で写真を募集することを提案している。よって、和紀はシホと「写真をもっと集める方法について」話したとわかる。a way「方法」を形容詞的用法の不定詞が説明する形にする。

　ⓒ 下線部は「また、（　　）や卒業生（　　）」という意味。直前で多くの写真を受け取ったことが述べられ、直後で地元の人や卒業生から受け取ったメッセージの具体例が挙げられている。よって、和紀は写真だけではなく、「地元の人や卒業生によって書かれたメッセージも受け取った」とわかる。some messagesのあとにwritten by 〜 という〈過去分詞＋語句〉を続ける。

(4) ① 質問は「和紀はすばらしい思い出を作るために何になろうと決めましたか」という意味。第1段落2〜3行目参照。

　② 質問は「文化祭はいつありましたか」という意味。第8段落1行目参照。

(5) 選択肢は、ア「和紀と他のメンバーたちは5,000枚の写真を集めると決めた」、イ「和紀と他のメンバーたちは大きなモザイク写真を作り終えた」、ウ「和紀はプロジェクトを紹介するためにウェブサイトを作った」、エ「和紀は東京に住む女性からのメッセージを読んだ」という意味。アは第3段落、イは第7段落、ウは第6段落前半、エは第6段落後半参照。

(6) 最終段落で結論が述べられている。キーセンテンス If we think about what we can do and keep trying, we can achieve our goals. を日本語でまとめる。

和訳

1 4月に学校でポスターを見ました。そのポスターには、「文化祭のスタッフを募集しています」と書かれていました。ぼくは学校生活ですばらしい思い出を作りたいと思い、スタッフになることを決めました。文化祭で重要な役割を果たす機会があるということで、ぼくはわくわくしました。

スタッフになったあと、他のメンバーの一人であるシホと文化祭について話しました。「今年の文化祭のメインテーマは『笑顔』だよ。笑顔の写真を集め

て、大きな笑顔のモザイク写真を作るのはどう？」とぼくは言いました。シホは「いい案だね。他のメンバーに提案しよう」と言いました。

5月に、ぼくは他のメンバーに計画を伝えました。彼らはそれを気に入ってくれました。ぼくはとても嬉しかったです。ぼくたちは5,000枚の写真を集めることに決めました。

6月に、ぼくたちは写真を集め始めました。ぼくはクラスメートにそのプロジェクトについて話しました。彼らのうちの一人が、「すばらしいプロジェクトだね。自分の写真を撮って持ってくるよ」と言いました。彼らはときどき、兄弟や姉妹、または両親の写真を持ってきてくれました。でも、6月の終わりには500枚しか集まりませんでした。スタッフの一人が、「5,000枚の写真を集めてモザイク写真を完成させるのは難しいね」と言いました。それを聞いてぼくは悲しくなりました。

ぼくはシホと写真をもっと集める方法について話しました。彼女は、「インターネットで私たちのプロジェクトを紹介すべきだよ。ウェブサイトを作ってみるのはどう？　もっとたくさんの人から写真をもらえるかもしれないよ」と言いました。

7月の初めに、ぼくはウェブサイトを作成し、そのプロジェクトを紹介しました。初めてだったので、ウェブサイトの作成はとても難しかったです。数日後、たくさんの写真が届きました。ぼくはとても驚きました。また、地元の人や卒業生によって書かれたメッセージも受け取りました。ぼくたちの市に住んでいる男性からのメッセージには、「ここに私の写真があります。5,000枚の写真を集めるのは簡単ではないかもしれませんが、がんばり続ければ目標を達成できると確信しています」と書かれていました。東京に住んでいる女性がぼくたちにメッセージを書いてくれました。それには、「インターネットであなたたちのウェブサイトを見つけました。私はあなたたちの学校の卒業生です。私の写真を送ることであなたたちのプロジェクトを支えることができて嬉しいです」と書かれていました。

ぼくたちはついに5,000枚の写真を集めました。ぼくはとても幸せでした。多くの人々の協力のおかげで、大きなモザイク写真を完成させることができました。

9月の文化祭の日に、モザイク写真は学校で展示

されました。多くの人々がそれを楽しんでいました。ぼくは多くの人々を幸せにすることができてとても嬉しく思いました。

さて、ぼくがこの経験から学んだ最も大切なことはこれです。ぼくたちは自分たちに何ができるかを考え、がんばり続ければ目標を達成できるということとです。

2 (1) ① **市の英語のウェブサイトを作成する(16字)**
　　　② **外国から来た人たちと話すのを手伝う**
　　　(17字)
　(2)　イ　　(3)　エ→イ→ア→ウ
　(4)　①　ア　　②　エ　　③　イ

2 (1)　下線部の直後の文He ①makes English websites of the city with Japanese workers and ②helps them talk with people from foreign countries. を参照し、指定の字数内の日本語でまとめる。

(2)　選択肢は、ア「私はここの人によりすずしく感じてほしい」、イ「あなたはそのことについて心配する必要はない」、ウ「私があなたのために日本に行けたらよいのに」、エ「あなたはオーストラリアでの生活を忘れるでしょう」という意味。空所を含む文は「日本の夏は暑いかもしれないけれど、この扇子があれば　Ａ　」という意味なので、イが適切。

(3)　英文は、ア「トムはリサの市の国際交流員として働き始めた」、イ「トムの母親は古いが特別な扇子をトムにあげた」、ウ「トムはカルチャーフェスティバルで初めてヨシコに会った」、エ「ヨシコはオーストラリアに留学し、そこで良い友達を作った」という意味。アは２年前(第１段落６行目参照)、イはトムの２年前の来日前(第２段落４～５行目参照)、ウは今年の８月(第４段落前半参照)、エは40年前(第４段落後半参照)。

(4)　①　第４段落７～８行目参照。トムはリサの祖母の古い友人の息子なので、アが適切。

　②　第４段落10行目参照。扇子はトムの母親がリサの祖母から受け取ったものなので、エが適切。

　③　最終段落５～６行目参照。リサはオーストラリアで働くという夢を見つけたので、イが適切。

2　リサは英語の勉強が好きな中学生だ。彼女は毎週土曜日に市の文化センターでレッスンに参加している。異なる文化について他の人と英語で話すことができるので、彼女はこのレッスンが大好きである。言語や文化に興味がある人々がこのレッスンで歓迎されているため、メンバーはとても多様だ。学生や働いている人、年配の人、他の国の人々がいる。先生はトムだ。彼は30歳でオーストラリア出身である。彼は２年間、市の国際交流員である。このレッスンは彼にとっても特別で興味深い仕事である、というのも、彼はたいてい市役所で働いているからだ。彼は日本人の職員と一緒に市の英語のウェブサイトを作成し、彼らが外国の人々と話すのを手助けしている。

トムが日本を選んだのは、彼の母親がそれを愛していたからだ。何年も前、彼女がオーストラリアの大学生だったとき、彼女は日本出身の女の子と出会った。彼女たちは同じ授業を取り、一緒に昼食を食べたり、週末に買い物に行ったりした。彼女たちはすぐに良い友達になった。それ以来、トムの母親は日本とその文化が大好きだ。彼女が本当に好きな言葉の一つは「大丈夫」である。彼女はトムが日本で働き始めるためにオーストラリアを出る前に、その漢字が書かれた日本の扇子を彼に渡した。彼女は、「日本の夏は暑いかもしれないけど、この扇子があればそのことについて心配する必要はないわ。元気がないときは、この扇子を見て。『大丈夫』」と言った。

あるレッスンで、トムはリサに、「間違いをおそれないでください。あなたの英語は上達しています。『大丈夫』」と言った。彼女は、「ありがとうございます。でもなぜ日本語で『大丈夫』と言うのですか」と言った。彼は、「私と母はこの言葉が大好きです。その言葉には人々を元気づける力があると思います。リサ、この漢字が書かれた扇子を見てください。少し古いですが、私は気に入っています」と言った。「わあ、美しい日本の扇子ですね」とリサは言った。そのとき、彼女は扇子に２つの名前と年も書かれているのに気づいた。― オリビアとヨシコ、1981年 ―「ヨシコ…この女性はもしかして…」とリサは考

えた。でも、彼女は何も言わなかった。

　リサの市では、3人の国際交流員が3つの国の文化を市民に紹介するために、毎年8月にカルチャーフェスティバルが開催される。リサは祖母をその祭りに連れて行き、トムに、「私の祖母です。彼女は何年も前にオーストラリアに住んでいました」と言った。祖母は、「こんにちは、トム。私はあなたの国の文化を学ぶためにここに来ました」と言った。トムは、「来てくれてありがとうございます。今日はとても暑いですね。『大丈夫？』」と言って、扇子を開いた。祖母は、「トム！　あなたの扇子を見せてください…。信じられないかもしれませんが、これは私が40年前にオーストラリアの友人に贈った扇子です」と言った。トムは「40年前？　1981年ですか？…あなたが母の友人、ヨシコさんですか？」とたずねた。祖母は、「はい、そうです。扇子に書かれてある私の名前を何度も見たことがありますね」と言った。リサは、「その名前と年を最初に見たとき、すべてがわかりました！　だから祖母と一緒にここに来ました」と言った。祖母はトムに、「私はオーストラリアで過ごす最後の日にこの扇子をあなたのお母さんに渡しました。私は『大丈夫』という言葉が好きで、彼女が元気でないときにいつもその言葉で彼女を励ましました。彼女は私にその言葉を私たちの名前と年と一緒に大きな漢字で書いてほしいと頼みました。それ以来、『大丈夫』は私にとって大切な言葉です」と言った。リサは、「トム、私はあなたのお母さんと私の祖母にもう一度会ってほしいです。今すぐあなたのお母さんにインターネット上でこの祭りに参加して、祖母と話してもらうようたずねてもいいですか」と言った。トムは、「はい、やりましょう。ヨシコさん、準備はいいですか」と言った。ヨシコは「はい、準備はできています！」と答えた。

　（彼女たちはインターネットで英語で話した）

　話し終えたあと、トムはリサに微笑んで、「あなたは今日、人々の架け橋になりましたね！　あなたがおばあさんと一緒にここに来てくれたおかげで、私は母の良き友人に会うことができました。そして、あなたが私の母にこの祭りにインターネットで参加するよう頼んでくれたので、彼女たちは再びお互い話す機会を持ちました」と言った。リサはとても喜び、「この経験は私が新しい世界を開く助けになりました。今日、私は夢を見つけました。私は人々

の架け橋になりたいです。トム、あなたは日本でオーストラリアのために働いているので、私は将来、オーストラリアで日本のために働きます。そこであなたのお母さんに会えるかもしれません！」と言った。リサは言語と文化をもっと一生懸命に勉強し始めた。

(4)リサの日記の一部の和訳

　私は、今日の経験を忘れません。トムは祖母の古い友人の息子です。私は彼の扇子に書かれた言葉を見たとき、初めてそれに気づきました。それは彼のお母さんが私の祖母からもらったものです。世界はせまいです！　私は人々の架け橋になれてとても嬉しく感じました。この経験を通じて、私はオーストラリアで働くという夢を見つけることができました。私は今日からもっと一生懸命に勉強します。

19　説明文　本冊 P.086〜091

例題1

和訳

　毎日、何回時計や腕時計を見るだろうか。それらなしで生活するのは今では難しい。今、私たちは周りに多くの種類の時計や腕時計を見つけることができる。それらを見るのはとても興味深い。

　約6,000年前、エジプトの人々は時間を知るために太陽を利用していた。彼らは棒を地面に刺し、その影から時間を知った。しかし、1つの問題があった。彼らは影が見えないときは、この種の時計は使えなかった。その問題を解決するため、彼らは水を利用した時計を発明した。くもりや夜間でも時間を知ることができ、便利だった。彼らは落ちる水の速さと使用された水の量を測ることで時間を知った。そのあと、砂時計が発明された。それは船に乗っている人々にとって便利だった。

　花時計を知っているだろうか。それは花で時間を教えてくれる。いくつかの花は7時ごろに咲き、他の花は正午ごろに咲く。このように、異なる種類の花は1日の異なる時間に咲く。1750年ごろ、スウェーデンの男性がこの点を利用して特定の種類の花を選んだ。こうして花時計が作られた。どの花が咲いているかを見ることで、人々は時間を知ることができる。花は正確な時間を教えることはできないが、それは驚くべきことだと思わないだろうか。

腕時計は別の種類の時計だ。懐中時計は16世紀に最初に発明され、人々は1900年ごろから腕時計を使い始めた。私たちはどんな場所でも時間を知ることができる。今では、腕時計で他の多くのことができる。例えば、健康をチェックすることができる。

人々はさまざまな種類の時計や腕時計を発明してきた。もし新しい時計を作ることができたら、どんな種類の時計になるだろうか。

例題2
和訳

私たちの日常生活は、宇宙に存在する多くの人工衛星に支えられている。現在、地球周回軌道には約4,300個の人工衛星がある。2030年までには約46,000個の人工衛星が存在するだろう。これらの人工衛星は私たちの活動やコミュニケーションを支えている。例えば、気象情報やインターネット、携帯電話などはこの人工衛星の技術によって利用できる。

しかし、宇宙ゴミが人工衛星の状況を危険にさらしている。宇宙ゴミとは、宇宙空間に存在するゴミのことだ。例えば、稼働していない古い人工衛星や、ロケットから分離した部品などはすべて宇宙ゴミとなる。宇宙ゴミにはさまざまな大きさや形がある。宇宙ゴミは地球の周りを非常に高速で飛行している。高速の宇宙ゴミが人工衛星に衝突したら、何が起こるだろうか。人工衛星を破壊する可能性がある。現在、宇宙ゴミの数は増加している。これは近い将来、さらなる事故が起こる可能性があることを意味している。何も対策を取らなければ、これらの事故は私たちの日常生活に影響を及ぼすだろう。

現在、科学者や世界中の多くのチームがこの問題を解決するために3つのことに取り組んでいる。第一に、宇宙ゴミの発見と監視だ。第二に、新たな宇宙ゴミの発生数を減らすことだ。これは、ロケットから分離する部品の数を減らすための技術の改善を意味する。また、より長く機能することができる人工衛星の開発も助けになる。第三に、すでに宇宙に存在する宇宙ゴミの除去だ。

確認問題
解答

1 (1) **ア**

(2) **used**

(3) So there 【 is a lot of plastic waste from our daily lives in 】 the sea.

(4) **エ**

(5) **ウ、カ**

解説

1 (1) 選択肢は、ア「海とプラスチック汚染、そして」、イ「海の動物、日本人、または」、ウ「アジアの国々とプラスチック廃棄物、そして」、エ「地球温暖化と再生可能エネルギー、または」という意味。空所を含む文は「これは、① それを解決する方法についての話だ」という意味。文章全体を通して主張されていることは、ア。

(2) 空所を含む文は「愛知で生産されるプラスチック部品は文房具や電子機器などに（ A ）」という意味。選択肢の動詞は「～される」という受動態で入る。used「使われる」を入れると意味が通る。

(3) 下線部の前では、私たちの身の回りのプラスチック廃棄物が海へと到達する様子が述べられており、下線部のあとでは、海のプラスチック汚染による弊害が具体的に述べられている。よって下線部では、「海には、私たちの日常生活で出たプラスチック廃棄物がたくさん存在している」ということが述べられているとわかる。There is ～．「～がある」の文。

(4) 選択肢は、ア「魚と海洋生物は食べ物としてビニール袋の小さなかけらを食べることは全くない」、イ「日本人はプラスチック廃棄物を減らし、海をきれいに保つためにビニール袋を使う」、ウ「2002年に、バングラデシュの人々が世界で初めてビニール袋を使い始めた」、エ「世界の多くの国が2002年からビニール袋を減らすためにルールを変えてきた」という意味。第4段落で挙げられた例から、エが適切。

(5) 選択肢は、ア「毎年、約800万トンのプラスチック廃棄物が日本の海辺に流れ着く」、イ「2019年から愛知の約12%の人々が陶器と車だけを作っている」、ウ「日本人はたくさんの便利なプラスチック製品を使って日常生活を送っている」、エ「海のプラスチック廃棄物は海洋生物に影響を与えるが、人には全く影響を与えない」、オ「世界の人々にとって、プラスチック汚染にだけ関心を持つことが大切だ」、カ「海と私たちの生活はつな

がっているので、私たちの行動を変えると海はよりきれいになる」という意味。第2段落3〜4行目の内容と合うので、ウ。また最終段落の内容と合うので、カ。

■ 和訳

1 　日本は海に囲まれており、日本人はさまざまな種類の魚や海洋生物を見ることができる。しかし、彼らが生き残ることは困難かもしれない。世界では、毎年約800万トンのプラスチック廃棄物が海に流れ込んでいる。だから、私たちは将来のために海を保護する必要がある。これは、海とプラスチック汚染、そしてそれを解決する方法についての話だ。

　愛知が陶器や自動車などの製造で有名であることを知っているかもしれない。しかし、2019年、愛知は日本で最も多くのプラスチック製品を生産したことを知っているだろうか。その割合は約12%だった。愛知で生産されるプラスチック部品は文房具や電子機器などに使用されている。日本人の周りには多くのプラスチック製品がある。それらは役立ち、彼らの日常生活を支えている。

　プラスチック製品は便利だが、プラスチック廃棄物は海洋でいくつかの問題を引き起こしている。道路上のプラスチック廃棄物は川に流れ込み、それから海に持ち込まれる。そのため、海には、私たちの日常生活で出たプラスチック廃棄物がたくさん存在している。一部の人々は、海洋生物がプラスチック廃棄物を食べて死んでしまう可能性があると言う。海洋の小さなプラスチック片に危険な化学物質が付着し、魚がそれらを摂取するかもしれないと言う人もいる。もし私たちがその魚を食べると、病気になる可能性がある。私たちは、プラスチック廃棄物が魚だけでなく、人々にとっても大きな問題であることを知るべきだ。

　現在、多くの国がプラスチック廃棄物の削減に力を入れている。その一例として、人々がよく買い物のあとに使用する無料のビニール袋がある。2002年、バングラデシュの人々は世界で初めてビニール袋の使用をやめた。2015年、イギリスの店では5ペンスでビニール袋を販売し始めた。2018年には、127を超える国が無料のビニール袋やあらゆる種類のビニール袋の使用をやめた。2020年には、日本で無料のビニール袋を提供する代わりにビニー

ル袋を販売することが始まった。実際、日本は1年間で約4分の3のビニール袋を削減した。

　プラスチック廃棄物を減らすためには、どのようなことをすべきだろうか。愛知県では、海をきれいに保とうとするキャンペーンが行われている。そのキャンペーンは、プラスチック汚染に関心を持ち、行動を起こすことが重要であることを私たちに伝えている。買い物のあとで、ビニール袋を購入するのではなく、自分自身のバッグを持参するべきだ。

　海と陸は自然の中でつながっている。私たちの陸上での日常生活は、海の多くの生命に影響を与えている。できるだけ早く行動を変えよう。行動を起こすことで海はよりきれいになるだろう。

■ 解答

2 (1)　A　カ　　B　ア　　C　ウ

　　(2)　①　No, they didn't[did not].

　　　　②　(They put it) On the (three) corners.

　　(3)　エ、オ

■ 解説

2 (1)　段落ごとの要旨をつかむ。選択肢は、ア「日本のエンジニアによって発明された新しい種類の2次元コード」、イ「労働者の状況を改善できるバーコード」、ウ「新しい種類の2次元コードの別の使い方」、エ「アメリカからのいくつかの2次元コードの使い方」、オ「携帯電話のカメラを使い始めた会社」、カ「バーコード使用の問題点」という意味。

　　A　第2段落では、自動車部品製造業者ではたくさんの部品を管理するためにバーコードを使っていたが、バーコードの情報量が少ないために労働者は1日に約1,000回も読み込まなければならないことが述べられている。よって、カが適切。

　　B　第3段落では、自動車部品製造業者のエンジニアが既存の2次元コードの研究から始め、新しい2次元コードの開発を進める過程が述べられている。よって、アが適切。

　　C　第4段落では、携帯電話会社が携帯電話のカメラで2次元コードを読み込ませてウェブサイトに誘導する方法で、新しい種類の2次元コードを使い始めたことが紹介されている。

よって、ウが適切。

(2) ① 質問は「日本の自動車部品製造業者のエンジニアは、アメリカからの２次元コードを使いましたか」という意味。第３段落５行目の内容より、Noで答える。

② 質問は「エンジニアが新しい種類の２次元コードを発明したとき、彼らはどこに特別なマークを置きましたか」という意味。第３段落８～９行目If a 2D code has <u>a special mark on the three corners</u>, it can be scanned very quickly from every angle.参照。

(3) 選択肢は、ア「日本の自動車部品製造業者はバーコードを発明した」、イ「自動車部品製造業者はより多くの車を売るためにバーコードを使った」、ウ「バーコードは２次元コードよりも多くの情報を含むことができる」、エ「特別なマークのある２次元コードは素早く読み込める」、オ「ある携帯電話会社は、利用者が簡単にウェブサイトを訪れるのに役立つように、新しい種類の２次元コードを使った」、カ「日本とアメリカのエンジニアは新しい種類の２次元コードを発明するために一緒に働いた」という意味。第３段落８～９行目の内容と合うので、エが適切。また、第４段落２～４行目の内容と合うので、オが適切。

和訳

2 [1] 角に特別なマークがある２次元コードを見たことはあるだろうか。例えば、教科書で２次元コードを見つけることができる。それらをタブレットコンピュータでスキャンすると、写真を見たり、動画を見たりすることができる。今日、世界中の多くの人々が多くのさまざまな方法でこれらのコードを使用している。この種類の２次元コードは、日本の自動車部品製造業者のエンジニアによって発明された。

[2] 車が生産されるとき、さまざまな種類の部品が必要だ。自動車部品製造業者は、全ての自動車部品を管理する必要がある。約30年前、自動車製造業者はより多くの種類の車を生産する必要があり、自動車部品製造業者はそれぞれの車に対して多くの異なる種類の車の部品を管理する必要があった。そのとき、彼らはバーコードを使用して車の部品を管理していたが、１つのバーコードに多くの情報を入れることはできなかった。そのため、彼らは多くのバーコードを使用した。労働者は多くのバーコードをスキャンする必要があった。自動車部品製造業者の労働者は１人が１日に約1,000回、バーコードを読み込まなければならなかった。それらを読み込むには多くの時間がかかった。労働者は、彼らの状況を改善するための助けが必要だった。

[3] 日本の自動車部品製造業者のエンジニアたちは、労働者の状況を知っていた。彼らは、２次元コードはバーコードよりも多くの情報を含むことができるため、それについて学び始めた。アメリカにはすでにいくつかの種類の２次元コードが存在していた。１つの種類は多くの情報を含むことができたが、読み込むには多くの時間がかかった。もう１つの種類はとても素早く読み込めたが、他の種類よりも少ない情報しか含んでいなかった。自動車部品製造業者のエンジニアたちはこれらの種類を使用しなかった。彼らは、これら両方の良い点を兼ね備えた新しい種類の２次元コードを開発することを決めた。エンジニアたちは、素早く読み込めるこの新しい種類を作るのに長い時間が必要だった。最終的に、彼らはアイデアを思いついた。「もし２次元コードの３つの角に特別なマークがあれば、どの角度からでもとても素早く読み込める」と考えた。このようにして、特別なマークを持つ新しい種類の２次元コードが日本の自動車部品製造業者のエンジニアたちによって発明された。

[4] 世界中の人々は、新しい種類の２次元コードをどのようにして使い始めたのだろうか。自動車部品製造業者が使用し始めたあと、他の事業もそれに注目し始めた。例えば、ある携帯電話会社は人々が携帯電話のカメラを使用して直接ウェブサイトにアクセスするのを手助けするためにそれを使用し始めた。携帯電話で２次元コードを読み込むことで、利用者は素早く簡単に多くの情報を得ることができる。この技術により、人々は新しい種類の２次元コードが非常に便利であることを知った。

[5] 今日、日本の自動車部品製造業者のエンジニアによって発明された２次元コードは、世界中の人々の生活で人気になっている。それは労働者を助けるためにエンジニアによって発明されたものだったが、今では世界中の人々をたくさん助けている。

20 資料（ポスター、ウェブサイト）を使った文 本冊 P.092～097

例題1

和訳

市立動物園へようこそ

開園時間：午前9時30分～午後6時

休園日　：毎週月曜日と毎月最終日

【特別イベント】

・毎週金曜日と日曜日には、赤ちゃんパンダ
　と写真を撮ることができます。

・毎週日曜日には、ゾウに餌をやったり、ヘ
　ビに触れたりすることができます。

・毎週、週末には、馬に乗ることができます。

ホワイトさん：カナ、これを見て。ここで特別イベン
　　　　　　　トに参加できるよ。

カナ　　　　：わあ、とてもわくわくするわ。テレビ
　　　　　　　でパンダを見てからずっとパンダが大
　　　　　　　好きだから、このイベントに挑戦した
　　　　　　　いな。とてもかわいいよね。

アン　　　　：私はゾウがいちばん好きな動物だから、
　　　　　　　ゾウに餌をやりたいな。

ホワイトさん：ああ、残念だね。その2つのイベント
　　　　　　　は今日は開催されていないよ。これだ
　　　　　　　け挑戦することができるよ。

カナ　　　　：問題ないよ。私は馬も大好きだから。

アン　　　　：馬に乗ろう！

例題2

和訳

クリス：ナミ、何を見ているの？

ナミ　：これはフォトブックのウェブサイトだよ。こ
　　　　の市で撮った写真でフォトブックを作ろうと
　　　　思っているの。

クリス：いいアイデアだね。どんなフォトブックを作
　　　　るの？

ナミ　：ええと、中サイズのフォトブックを注文しよ
　　　　うと思っているよ。

クリス：表紙はどうするの？

ナミ　：全てのサイズのソフトカバーがハードカバー
　　　　よりも安いことは知っているよ。でも、ハー
　　　　ドカバーのフォトブックを選ぶわ。そして光

沢仕上げにするの。

クリス：いいね。きっとすてきになると思うよ。

グリーン市フォトブックショップ

このウェブサイトでフォトブックを注文しよう！

たった3つのステップです。 簡単！

ステップ1

サイズを選んでください。

小　8×6　　　中　11×8　　　大　14×10

ステップ2

表紙を選んでください。

ソフト、またはハード

ステップ3

オンラインで写真を送ってください。

フォトブックの種類

サイズ	ソフトカバー （20ページ）	ハードカバー （20ページ）
小 （8×6インチ）	10ドル	25ドル
中 （11×8インチ）	15ドル	30ドル
大 （14×10インチ）	18ドル	40ドル

オプション	光沢仕上げ	＋5ドル

●印刷してフォトブックを作るのに3日必要です。
準備ができたら、あなたにそれを送ります。店
舗にご来店いただきましたら、もっと早く受け
取れます。

フォトブックを今作りましょう！

確認問題

解答

1 (1)　**イ**

　　(2)　**イ**

　　(3)　**イ**

　　(4)　**エ**

解説

1 (1)　選択肢は、ア「6月27日」、イ「7月17日」、ウ
　　「7月24日」、エ「8月1日」。パンフレットに、
　　ABC夏の英語プログラムは<u>7月24日（日）</u>に開
　　催されると書かれている。母親は最初の発言で
　　<u>「次の日曜日に夏の英語プログラムがある」</u>と
　　言っている。よって、イが適切。

（2）　選択肢は、ア「ABC スクールに電話をする」、イ「ABC スクールに E メールを送る」、ウ「彼の学校の先生に話す」、エ「ABC スクールを訪れる」という意味。パンフレット冒頭に If you want to join our summer English program, <u>you must send us an e-mail</u> by July 22nd. と書かれているので、イが適切。

⑶　パンフレット下部に「料金は 3,000 円」、「他の人とシェアをする食べ物や飲み物を持ってきた人は、10%割引」と書かれている。母親は 4 番目の発言で、お好み焼きを持っていって他の人と食べることを提案しており、健も最後の発言でその提案に賛成している。よって料金は 3,000 × 0.9 ＝ 2,700 なので、イが適切。

⑷　選択肢は、ア「彼は昼食後にスカベンジャーハントをする」、イ「彼は他の学生たちとスカベンジャーハントをする」、ウ「彼はスカベンジャーハントの間、紙に書かれた物を探す」、エ「彼は歌を歌ったあとに、スカベンジャーハントをする」という意味。ポスターのスケジュール表に「スカベンジャーハントと歌を歌うアクティビティのうち、好きなアクティビティを 1 つ選ぶ」ことが示されているので、両方に参加することはできない。よって、エが適切。

和訳

1

ABC 夏の英語プログラム 2022

ABC スクールは英語を学ぶことが好きな中学生のために、特別な夏の英語プログラムを開催します。英語の会話のクラスを取ったり、ゲームをしたり、英語の歌を歌ったりすることができます。あなたたちがすばらしい時間を過ごし、新しい友達を作ることを信じています。もし、夏の英語プログラムに参加したいなら、7 月 22 日までにメールを送らなければなりません。詳細はスケジュールを見てください。

スケジュール

	アクティビティ
午前のクラス 1 10 時〜 10 時 50 分	自己紹介とウォーミングアップゲーム
午前のクラス 2 11 時〜 11 時 50 分	イギリス、アメリカ、ニュージーランド出身の英語の先生と英語の会話のクラス
昼食 12 時〜 13 時	バーベキューとビンゴ
午後のクラス 13 時〜 14 時	あなたの好きなアクティビティを 1 つ選んでください。 →スカベンジャーハント あなたはハンターです！チームのメンバーと問題を解きましょう。 →歌を歌う ギターに合わせて、一緒に人気のある英語の歌を歌いましょう。

開催日：7 月 24 日（日）

料金：3,000 円

★もし他の人とシェアする食べ物や飲み物を持ってきたら、10%割引になります。

詳細：abc2525@jmail.com にメールするか、
　　　099-117-1944 に電話してください。

母：健、このパンフレットを見て。次の日曜日に夏の英語プログラムがあるよ。あなたは英語の勉強が好きよね？　きっと気に入ると思うわ。

健：見せて。わあ！　おもしろそうだね。異なる国の人と話すことができるね。

母：その通りよ。さらに、英語の歌を学んで、ゲームをすることもできるわ。

健：楽しそう。ところで、「スカベンジャーハント」って何？

母：それはゲームよ。紙に書かれたものを見つけなければならないの。例えば、紙に「赤いシャツ」と書かれていたら、赤いシャツを見つけなければならないわ。赤いシャツを着ている人でもいいの。紙に書かれたものを最初に全て見つけたら、勝ちよ。

健：わあ！　そんなアクティビティはしたことがないよ。

母：見て。シェアしたい食べ物を持っていくこともできるよ。私はお好み焼きを作れるわ。そうすれば、みんなそれを食べて楽しめるわね。

健：いいアイデアだね。それを持っていくよ。プログラムに参加してもいい？

母：もちろんよ。

解答

2 ⑴　**あ　ウ　い　ア**

　⑵　**A　イ　B　イ**

　⑶　①　（解答例）why don't you join us（5 語）

② （解答例）our group has people from
different countries（**7語**）

⑷ **ア、ウ**

解説

2⑴　選択肢は、ア「グリーンオーケストラのコン
サート」、イ「サニー動物園のナイトツアー」、ウ
「多文化パフォーマンスコンテスト」、エ「有名俳
優のトークショー」という意味。
　　あ　ポスターより、グリーンフェスティバルでは
「パフォーマンスコンテスト」と「ゲーム」があ
ることがわかる。エミリーは空所のあとで、昨
年見たパフォーマンスについて触れているの
で、ウが適切。
　　い　空所前後でコンテストの賞品の話をしてい
る。エミリーは空所のあとで、そのトップバイ
オリニストの大ファンであると続けているの
で、アが適切。
⑵　A　選択肢は、ア「それはいかがでしたか」、イ
「私はそれについて聞いたことがありません」、ウ
「なんてよいパフォーマンスだ！」、エ「あなたは
何をするつもりですか」という意味。直前でエミ
リーが「書道パフォーマンスって何？」と言って
いるのに対し、直後で雅樹が書道パフォーマンス
について説明をしているので、イが適切。
　　B　選択肢は、ア「あなたは何ができますか」、
イ「あなたはどう思いますか」、ウ「私は何をしま
しょうか」、エ「なぜそう思うのですか」という意
味。ポスターにパフォーマンスの種類は「音楽、ダ
ンス、演劇、トークショー」と書かれているが、空
所の直前で雅樹も葵も書道パフォーマンスがど
の種類に属するのかわからない様子である。直後
でオリバーが「ええと…よくわからないね。よし、
明日オフィスに電話して聞いてみるよ」と言って
いるので、オリバーにも書道パフォーマンスがど
の種類に属するのかたずねたとわかる。よって、
イが適切。
⑶　①　空所までに、葵、雅樹、オリバーはコンテ
ストへ参加すると言っている。空所のあとで、エ
ミリーは最善を尽くすと言い、雅樹が「じゃあ、み
んなでコンテストに参加しよう」とまとめている。
よって、エミリーもコンテストに参加するよう
誘ったと考えられる。

②　直前で雅樹が「ルールによれば、賞品をと
りやすいよ」と言っている。ルールとは、ポスター
の You will get more points if <u>your group has
people from different countries</u>. の箇所である。
直後でオリバーが「ぼくたちはアメリカ人で、葵
と雅樹は日本人」と具体的に述べている。よって、
追加ポイントを獲得できる条件について触れた
と考えられる。
⑷　選択肢は、ア「葵はコンテストで3位になって
賞品を獲得したい」、イ「エミリーは昨年ブラジル
からのグループに所属して、パフォーマンスを
行った」、ウ「もし雨天のためグリーンフェスティ
バルが8月1日に開催できなければ、それは日曜
日に延期される」、エ「その4人の学生のパフォー
マンスの種類はダンスである」、オ「パフォーマン
スコンテストに参加したければ、オフィスを訪れ
なければならない」という意味。葵は最後の発言
で「私にとっては、スター遊園地の観覧車のほう
が魅力的だよ！」「もし賞をとったら、乗りに行こ
う！」と言っている。ポスターより、スター遊園
地のチケットは3位の賞品であることがわかる。
よって、アが正しい。また、オリバーは最初の発
言で「次の土曜日に」グリーンフェスティバルが
あると言っている。ポスターには「グリーンフェ
スティバルは8月1日開催、雨天の場合は翌日に
延期」と書かれている。よって8月1日は土曜日
で、その翌日は日曜日であるとわかるので、ウが
正しい。

和訳

2

異なる文化を一緒に楽しみましょう！
★何が行われるの？
・パフォーマンスコンテスト
　〜多文化のパフォーマンスを楽しもう。
・ゲーム〜もっとたくさんの人と友達になろう！
★もしパフォーマンスコンテストに参加したけれ
　ば…
・右のリストから1種類選んでください。
・上位5人、または5グループに賞品が与えられ
　ます。
・獲得したポイントによって賞品が決まります。
・グループパフォーマンスを歓迎します。

- グループに異なる国の人がいれば、より多くのポイントをもらえます。
- ウェブサイトhttps://www.greenfestival.comにアクセスするか、415-780-6789に連絡をとってください。

グリーンフェスティバル
8月1日　14時〜16時
ホワイト公園
（もし雨なら、このイベントは翌日に開催されます）

パフォーマンスの種類
・音楽　・ダンス　・演劇　・トークショー

賞品を獲得しよう！　チケット
1位：グリーンオーケストラ
2位：スカイ野球場
3位：スター遊園地
4位：車博物館
5位：サニー動物園

オリバー：見て！　興味深いイベントのポスターを持ってきたよ。次の土曜日、ぼくたちの地域でわくわくするイベントが開催されるよ。一緒に行って楽しもう！

エミリー：ああ、グリーンフェスティバルだね。私のお気に入りは、多文化パフォーマンスコンテストだよ。去年は、ブラジルの学生たちのパフォーマンスを楽しんだの。彼らは伝統的なダンスを披露して1位になったわ。

雅樹　：おもしろそうだね！　異なる文化のパフォーマンスを見るのは楽しいだろうね。

葵　　：でも、ただパフォーマンスを見るだけでは演じるほど楽しくないよ。雅樹、私と一緒にコンテストに参加することについてどう思う？　一緒に日本の文化についての何かをしよう！

雅樹　：いいね。でも、何ができるかな？　何かアイデアはある？

葵　　：書道パフォーマンスはどう？　日本の若者の間で人気が出てきているよ。

エミリー：書道は知っているけど、書道パフォーマンスって何？　私はそれを聞いたことがないよ。

雅樹　：それはチーム活動だよ。大きな書道作品を作るために、グループで協力するよ。そし

て、たいてい、伝統的な和服を着るんだ。大きな筆と大きな紙を使うよ。パフォーマンスの間には日本のポップ音楽がよく流れるんだ。

オリバー：わあ！　きっと観客は驚くだろうね。ぼくは、去年の夏に日本を訪れたときに書道を楽しんだよ。この新しい形の書道にも挑戦してみたいな。一緒に参加してもいい？

雅樹　：もちろんだよ。一緒にいる人が多ければ、ぼくたちのパフォーマンスはより盛り上がるよ。エミリー、一緒に参加しない？

エミリー：ええと…書道をするのは初めてだけど、心配しないで。最善を尽くすよ！

葵　　：一緒に楽しんでね！

雅樹　：じゃあ、みんなでコンテストに参加しよう。ええと、ぼくたちのパフォーマンスはどのタイプになるかな？

葵　　：たぶん、ダンスかな…なぜなら私たちがパフォーマンスをしているときに音楽が流れるし。どう思う？

オリバー：ええと…よくわからないね。よし、明日オフィスに電話して聞いてみるよ。

葵　　：ありがとう。エミリー、賞品は確認した？

エミリー：いいえ、見てみよう…。わあ、グリーンオーケストラのコンサートに行きたいな。私はそのトップバイオリニストの大ファンなの。

葵　　：私にとっては、スター遊園地の観覧車のほうが魅力的だよ！　ここに来る前に雑誌で見たの。もし賞品をとったら、乗りに行こう！

雅樹　：いいアイデアだね、葵！　ルールによれば、ぼくたちのグループは異なる国の人がいるから、賞品をとりやすいよ。

オリバー：そうだね。ぼくたちはアメリカ人で、葵と雅樹は日本人だね。

エミリー：異なる文化の人々と同じパフォーマンスで一緒に活動することで、私たちはたくさんのことを学ぶね。

雅樹　：ええと、何を学べるの？　一つ例を挙げて。

エミリー：例えば、異なる国で人気のあるものを学ぶことができるよ。私はポップ音楽ありの書道パフォーマンスを知らなかったよ。

雅樹　：その通りだね、エミリー。それはこのコン

テストの重要な目標だと思うな。さあ、パフォーマンスの準備をしよう！

21 資料（表、グラフ）を使った文 本冊 P.098〜103

例題1

和訳

　9月には、A組とB組が40冊よりも多くの本を借りましたが、私の組は23冊しか借りませんでした。私は私の組がもっと図書館を利用すべきだと思い、図書館にはたくさんのおもしろい本があると伝えました。私の組は本をもっと借り始めましたが、10月にはA組が最も多くの本を借りました。B組はこの3か月の合計で最も多くの本を借りましたが、最終的には11月に私の組が最も多くの本を借りました。私の組の生徒たちが以前よりも読書を楽しんでいることが嬉しいです。

ロバート

例題2

和訳

　グラフを見てください。これは2018年の日本と他の4つの国の平均睡眠時間です。日本の人々は平均して7時間22分眠っていることがわかります。7時間の睡眠は十分だと思うかもしれませんが、グラフを見ると非常に短いことがわかります。グラフによると、中国の人々が全ての中で最も長く眠っており、インドの人々はアメリカの人々とほぼ同じくらい長く眠っています。ドイツの人々はそれらの3つの国の人々よりも短く眠っていますが、私は、彼らが私たちよりも約1時間長く眠っていることに驚きました。

　では、表を見てください。これは2007年、2011年、2015年の日本の人々の平均睡眠時間です。この表から何がわかるでしょうか。2007年には、約3分の1の人々が7時間以上眠っています。しかし、2015年には、ほぼ40％の人々が6時間未満の睡眠で、約4分の1の人々しか7時間以上眠っていません。以前よりも睡眠時間が短くなっている日本人が増えていることを意味しています。

　あなたたちは夜遅くまでテレビを見たり、インターネットを使ったりするかもしれません。しかし、特に若いときは、睡眠時間を長くとる必要があります。睡眠は私たちの体だけでなく、心にも重要です。体と心をより活発にするために、今夜は早く寝て羊を数えましょう。

確認問題

解答

1 (1) エ

(2) A　ア　　B　エ　　C　ウ　　D　イ

(3) ア

(4) ① （解答例）make posters

　　② イ

解説

1 (1)　第2段落1〜2行目に、由衣たちは駅で野菜などを売り、由衣はそこ（＝駅）で売上げを記録したと書かれているので、エが適切。

(2)　下線部の直後にIn those months, we sold vegetables the most.（野菜を最も売った）とあるので、6月でも7月でも売上げが最も多いAはア「野菜」である。また、In June, the percentage of processed products was higher than fruits and flowers.（加工製品の割合は果物と花よりも高かった）とあるが、6月の円グラフでCとDの割合よりもBの割合のほうが大きいので、Bは、エ「加工製品」である。最後に、Compared to June, the percentage of fruits became higher and the percentage of flowers was the same.（果物の割合は高くなったが、花の割合は変わらなかった）から、残るCとDが何を表しているか考える。円グラフの6月と比べると、7月のCは15％から23％へと高くなっているので、ウ「果物」、Dは両月とも10％のままなので、イ「花」だと判断できる。

(3)　選択肢は、ア「由衣はよりよい製品を作りたい」、イ「由衣は彼女の円グラフを見せたい」、ウ「由衣は売上げを記録したい」、エ「由衣はより多くの製品について考えたい」という意味。最後の段落のI want to improve our products by making use of the things I learned.「私は学んだことを生かして、私たちの製品を改善したい」に合うのは、ア。

(4)　①　直前でトムが「それ（＝より多くの人に来てもらいたい）について何ができますか」とたずねている。よって、空所には人を集めるアイデアを入れる。他に、ask our local newspaper to help us「地元紙に私たちを助けてもらうように

頼む」など。

　　② 選択肢は、ア「由衣は日曜日に果物を買えた」、イ「由衣は人々に製品を楽しんでもらいたいと思っている」、ウ「トムは由衣のスピーチを聞いて悲しかった」、エ「トムは果物について質問がある」という意味。由衣の最初の発言の内容に合うのは、イ。

和訳

1　私たちの学校では、農業を学ぶことができます。私は農業学科に所属しています。良い野菜や花、果物の育て方を学んでいます。私はそれらをクラスメートと一緒に育てます。学校では、ときどきジュースなどの加工製品も作ります。

　　6月になると、私たちは野菜や花、果物、そして加工製品を販売し始めました。毎週金曜日に、学校の近くの駅で販売しました。販売したときは、私がそこで売上げを記録しました。多くの人々が駅に来て私たちの製品を買ってくれたとき、私は嬉しかったです。ときどき、彼らに私たちの製品がどうだったかたずねることもありました。

　　毎月の終わりに、その月の総売上げの割合を確認するために円グラフを作成しました。今日はあなたたちに、6月と7月の円グラフを見せます。それらの月には、野菜が最も多く売れました。6月には、加工製品の割合は果物と花よりも高かったです。しかし、7月には、加工製品はあまり人気がありませんでした。6月と比較すると、果物の割合が高くなりましたが、花の割合は変わりませんでした。

　　製品を作り販売することは、私にとってすばらしい経験です。駅で、人々は私たちの製品についてどう思っているかを教えてくれます。そして、円グラフは私に異なる季節における人気製品を示してくれます。今、私にはいくつかの有用な情報があることを嬉しく思います。

　　さて、私が最もお伝えしたいことがあります。私は学んだことを生かして、私たちの製品を改善したいのです。

(4)由衣とトムの対話文

トム：すばらしいスピーチでしたね。駅で製品を販売するのは良いアイデアですね。

由衣：はい。人々は私たちの製品を買うとき幸せそうです。だから私も嬉しくなります。

トム：いいですね。次の金曜日には果物を買いたいです。

由衣：ぜひ駅に来てください。もっとたくさんの人に来てもらいたいです。

トム：それなら、それについて何ができますか？

由衣：ポスターを作ることができると思います。

トム：それはいいアイデアですね。そうすれば、もっと多くの人が駅に来てくれるでしょう。

解答

2 (1)　A　tried　　B　looking

　(2)　X

　(3)　イ

　(4)　①　ウ　　②　ア

　(5)　1　What　　2　food

　　　　3　traditional　　4　money

解説

2 (1)　A　文脈から、ジムが昨年、市の観光プログラムを体験したことがわかる。try「試す」の過去形は tried。

　　　B　ジムたちは、自分たちの観光プランのアイデアを求めて市役所の国際課をたずねているので、look for ～「～を探す」が適切。前が be 動詞なので、looking にして進行形にする。

　(2)　英文は「あなたはそのとき何をしたか覚えていますか」という意味。　X　の直後でジムが「日本画を見て楽しんだ」と答えると、佐藤さんが「では、あなた（＝ジム）はプログラムⅡに参加したのですね」と言っている。よって、佐藤さんはジムがどのプログラムに参加したのか確認するために、何をしたかたずねたと考えられる。

　(3)　選択肢は、ア「プログラムⅠで、人々は寺院と温泉へ行くことができる」、イ「人々はプログラムⅡに参加すると、日本美術を見ることができる」、ウ「プログラムⅢでは、人々はたくさんの観光地へ歩いていかなければならない」、エ「プログラムⅡに参加することは、プログラムⅢに参加することよりも費用がかかる」という意味。市のプログラムの案内に、「日本画について学ぶことができる」とあり、また会話文から「ジムはプログラムⅡに参加して日本画を見た」ことがわかるので、イが適切。

(4)　①　香菜は3番目の発言で「温泉を楽しむことがリストで最も人気のある活動」、また「温泉を楽しむことは、自然の観光地を訪れることと同じくらい人気」と言っている。図表より①は温泉と同じ数値なので、ウが適切。

　　②　ジムは5番目の発言で「50％を超える人々が地元の食べ物に関心がある」と言っている。表より②は54％なので、アが適切。

(5)　1　図表のタイトルは「日本の地方観光地を訪れた際にしたいこと」なので、the things foreign people want to do when they visit a rural area in Japan（佐藤さんの4番目の発言）を What do foreign people want to do in a rural area in Japan? に言いかえる。

　　2　香菜は4番目の発言で「食べ物に関するものは市のプログラムの案内にはない」と言っている。

　　3　佐藤さんは最後の発言で「多くの外国人が伝統文化に触れたいと思っている」と言っている。お茶会や浴衣は日本の伝統文化である。

　　4　佐藤さんは最後の発言で「プログラムが高額すぎる場合は参加したくないと思うでしょう」と言っている。空所の直後では費用がおさえられる根拠が書かれているので、香菜たちのプランで外国人はたくさんのお金を使う必要がないことがわかる。

▌和訳

2 ジム　　　：外国人向けの市のプログラムについて教えていただけますか。

佐藤さん：もちろんです。現在、市には3つのプログラムがあります。それらについて何か知っていますか。

香菜　　：駅でポスターを見たことはありますが、詳しくは知りません。

ジム　　：ぼくが昨年、この市に初めて来たときに母とそれらのうちの1つのプログラムを試してみました。それ以来、プログラムは変わりましたか。

佐藤さん：いいえ、変わっていません。あなたはそのとき何をしたか覚えていますか。

ジム　　：ああ、日本画を見て楽しみました。ぼくはそれらを見たのは初めてでした。

佐藤さん：そうですか。では、あなたはプログラムⅡに参加したのですね。この市のプログラムの案内を見てください。

香菜　　：わあ、それぞれのプログラムが異なっていておもしろそうですね。

ジム　　：佐藤さん、ぼくたちはぼくたちのプランのための役立つアイデアを探していますが、何も見つかりません。

佐藤さん：それなら、この図表が役に立つでしょう。これは外国人が日本の地方を訪れた際にしたいことを示しています。

香菜　　：温泉を楽しむことがリストで最も人気のある活動ですね。ああ、それは自然の観光地を訪れることと同じくらい人気があります。

ジム　　：その通りです。買い物が図表にないことに驚きますが、50％を超える人々が地元の食べ物に興味を持っているとわかります。リストの3番目と5番目は食べ物に関する活動ですね。

香菜　　：食べ物に関するものは市のプログラムの案内にはありませんね。そのようなプランはどうでしょうか。

佐藤さん：すばらしいですね。案内と図表を確認して良いアイデアを得ましたね。では、もっと詳しい情報をお伝えします。多くの外国人が伝統文化に触れたいと思っています。また、プログラムが高額すぎる場合は参加したくないと思うでしょう。

ジム　　：ありがとうございます、佐藤さん。それでは、プランを立て始めましょう！

(5)香菜たちの班の発表原稿

　私たちの市は緑茶で有名なので、私たちのプランでは外国人にお茶会への参加と浴衣の着用の機会を与えます。彼らは、地元の食べ物である茶そばを食べることもできます。このプランを立てるために、私たちは市のプログラムと「日本の地方で外国人がしたいこと」の図表を確認しました。そして、私たちは市に食べ物に関するプログラムがないことを発見しました。私たちは伝統的な日本文化の体験が含まれるプランを作りたいので、私たちのプランにはお茶会と浴衣があります。私たちのプランでは、参加者はあまりお金を使う

必要はありません。ここには多くの茶農家がいるので、お茶会用の茶を安く手に入れることができるかもしれません。茶そばも高価ではありません。私たちのプランが人々に私たちの市について知ってもらう手助けになることを願っています。

22 対話補充、条件英作文、テーマ英作文 本冊 P.104～107

例題1

和訳

正太　：やあ、マーク。来週海へ行こうよ。

マーク：いいよ。(1)来週は晴れる予定だから、自転車でそこへ行こう。

正太　：わかるよ、でも電車を使うほうがいいよ。もし電車を使ったら、(2)電車の中で会話を楽しむことができるよ。

マーク：なるほど。

解答

1 (1)　(解答例)What does she like?

(2)　(解答例) I want to sing some Japanese songs for her because she studies Japanese. She can learn some Japanese words in the songs. I hope she will enjoy the party.

2　(解答例) (I think living in) the country (is better.) People in the country know each other well. So, when we have problems there, we try to help each other. Also, there are quiet places with mountains and rivers. So, we can enjoy climbing mountains and fishing in the rivers.

(解答例) (I think living in) a city (is better.) First, there are many trains and buses in a city. It is helpful when we are out. Second, we can find many big stores in a city. So, it is easy to buy things we want.

3 (解答例)(1)　We should study English hard every day.（7語）

(2)　Because we can talk with many foreign people.（8語）

(別解)(1)　We should practice speaking English hard.（6語）

(2)　Because we can make many foreign friends if we can speak English[it].（12語）

(別解)(1)　It is important to make good friends.（7語）

(2)　Because your friends may help you when

you have trouble in the future.（13語）

4 （解答例）You can enjoy taking pictures on a mountain. In autumn, many trees on a mountain become colorful. Yellow and red trees are very beautiful, so you can take good pictures.（30語）

（別解）In autumn, we have many festivals to celebrate a good harvest. Please visit some of them. You can see *mikoshi*. Also, you can enjoy traditional dance and music there.（29語）

5 （解答例）I can read books to children at my local library. It holds an event for children on Sundays, and students read books to children there. So, I want to join the event and share interesting books with them. I hope I can help children feel reading is fun.（48語）

（別解）I can pick up pieces of plastic on the beach. Plastic has been making our lives more convenient, but it's bad for the environment. So, I sometimes pick them up when I walk my dog on the beach.（38語）

解説

1（1）　①の直後にShe likes Japanese comics.「彼女は日本のマンガが好きだよ」とあるので、「彼女は何が好きか」とたずねたと考えられる。

（2）　新しく来る交換留学生のために歓迎会を開こうという話の流れをつかむ。②の直前のwhat do you want to do for her at the party?「きみは歓迎会で彼女のために何をしたいと思ってる？」から、その問いへの答えをまとめる。3文以上という指定から、「してあげたいこと」だけではなく、「その理由」も含めるとよい。

2　自分が将来暮らしたい場所を田舎と都会から選び、その理由を4文でまとめる。1文が5語以上と指定があるので、正確に書ける構文や表現を使うとよい。

3　それぞれ6語以上の1文という指示に従う。

（1）　大切に思うことを伝えるには、We should 〜「私たちは〜すべきです」、It is important to 〜「〜することが大切です」などの表現を使ってま

とめるとよい。

（2）　理由を問われているので、Because「〜なので」から文を始めるとよい。

4　Smith先生が日本の秋に出かけて楽しめることを20〜30語でまとめる。You can enjoy 〜「あなたは〜を楽しむことができます」、In autumn, we have 〜「秋には〜があります」などの表現を使うとよい。

5　One small thing I can do「私ができる小さなこと」について、「人のため」あるいは「社会のため」に何ができるか、テーマを1つに決めて、35〜50語でまとめる。

和訳

1　果歩　：来月新しい交換留学生が私たちのクラスに来る予定なんだって。

マイク：知ってる！　彼女の名前はアリスでしょ？　とてもわくわくするね。

果歩　：彼女について何か知ってる？

マイク：うん、少しね。ぼくたちの英語の先生から彼女のことを聞いたんだ。彼女は日本文化に興味があるんだよ。

果歩　：①彼女は何が好きなの？

マイク：彼女は日本のマンガが好きだよ。だから彼女は日本語を勉強している。

果歩　：え、本当？　それじゃあ彼女の歓迎会を開きましょう。

マイク：それはすてきなものになるだろうね。果歩、きみは歓迎会で彼女のために何をしたいと思ってる？

果歩　：②彼女は日本語を勉強しているから、私は彼女のために日本語の歌を何曲か歌いたいな。彼女は歌の中にある日本語を学べるよ。彼女が歓迎会を楽しんでくれるといいな。

2　（解答例）（私は）田舎（に住むほうがよいと思います。）田舎の人はお互いをよく知っています。だから、そこで何か問題があるとき、私たちは助け合おうとします。また、山や川のある静かな場所があります。だから、私たちは山を登ったり川で釣りをしたりして楽しむことができます。

（別解）（私は）都会（に住むほうがよいと思います。）第一に、都会にはたくさんの電車とバスがありま

す。外出時は助かります。第二に、都会ではたくさんの大きな店を見つけることができます。だから、ほしいものを買うことが簡単です。

3 （解答例）(1) 私たちは毎日一生懸命英語の勉強をするべきです。

(2) なぜなら私たちは多くの外国人と話すことができるからです。

（別解）(1) 私たちは英語を話すことを一生懸命練習するべきです。

(2) 私たちは英語[それ]を話すことができれば、多くの外国人の友達ができるからです。

（別解）(1) 多くのいい友達を作ることは大切です。

(2) 将来困ったことがあったとき、あなたの友達があなたを助けてくれるかもしれないからです。

4 スミス先生：今日本はとても暑いけれど、日本にはほかの季節もあることを知っています。だれか私に日本の季節について教えてくれますか。

ケンタ　：はい。私は次の季節についてあなたに話します。それは秋です。外出するにはいい季節です。

スミス先生：わかりました。秋に外出するときに私は何を楽しめますか。

ケンタ　：あなたは山で写真を撮ることを楽しめます。秋には、山のたくさんの木が色とりどりになります。黄色や赤い木々はとても美しいので、あなたはよい写真を撮ることができます。

スミス先生：ありがとうございます。私は日本で秋に外出するのを楽しみにしています！

（別解）秋には、豊作を祝う祭りがたくさんあります。いくつか訪れてみてください。あなたは神輿（みこし）を見ることができます。また、あなたはそこで伝統的な踊りや音楽を楽しむことができます。

5 私たちはみな多くの問題を解決し、多くの人々を助けるために何かできると私は信じています。私は、日常生活でできる小さなことから始めることが重要だと考えています。私ができる小さなことは、ボランティア活動に参加することです。そこで、食品ロスを防ぐためにフードバンクで手伝うことを決めました。あなたはどうですか？　私たちの生活をよりよくするために何か小さいことをしましょ

う。お聞きいただき、ありがとうございました。

（解答例）私は地元の図書館で子どもたちに本を読んであげることができます。その図書館は日曜日に子どもたちのためのイベントを開いていて、そこで学生が子どもたちに本を読みます。だから、私はそのイベントに参加して彼らとおもしろい本を共有したいです。私は、読書は楽しいと子どもたちが感じるのを手伝えたらいいなと思っています。

（別解）ぼくは海辺でプラスチックのかけらを拾うことができます。プラスチックはぼくたちの暮らしをより便利にしてきましたが、それは環境に悪いです。だから、ぼくはぼくのイヌを海辺で散歩させるときに、ときどきそれらを拾います。

23 場面設定型英作文、イラスト・図表を使った英作文 本冊 P.108〜111

例題2

和訳

(1) ① どこへ行っていたの？

② 湖に釣りに行ってきたんだ。

③ 何匹釣ったの？

④ それはよい質問だね。10匹釣ったよ。

(2) ① すみません。

② はい？

③ そちらは私の席だと思います。

④ ちょっと待ってください…。おお、すみません。

解答

1 （解答例）We will sing your favorite songs in English together.（9語）

（別解）We are going to make lunch for you.（8語）

2 (1) （解答例）(I'd like to join one of them because) I have been interested in (volunteer activities for a long time.)

(2) （解答例）(If I choose B, I will) read books for children in the library (.)

(3) （解答例）(I want to join) A (because) the park is near my house. I want people to enjoy the beautiful park.（14語）

（別解）(I want to join) B (because) I like reading books. I'll be glad if I can help children enjoy books.（14語）

3　（解答例）I want to use a train because I can eat lunch at a restaurant in Hokkai Station.
（別解）I want to walk to the stadium because we can take pictures of beautiful flowers at Memorial Park.

4（1）（解答例）most popular
　（2）（解答例）wants us to eat（4語）

解説

1　帰国するALTのためにクラスでどのようなことをするか、8語以上の1文でまとめる。未来のことは will や be going to を使って表す。

2（1）メモの「長い間ボランティア活動に興味があったので参加したい」を英語にする。「～に興味がある」は be interested in ～で表す。興味があったのは現在まで続く状態なので、現在完了形（継続）で表すとよい。
　（2）メモの「図書館で、子どもたちに本を読む」を英語にする。
　（3）A（公園のゴミ拾い）かB（子どもたちへの読み聞かせ）か1つ選び、その理由を10語以上20語以内で書く。

3　シャトルバス、電車と徒歩、タクシー、徒歩のみの4つの選択肢から1つ選び、その理由も示す。I want to use ～または I want to walk ～で書き始め、1文内に理由を加えるために because ～を続けるとよい。選んだ行き方とその理由が、与えられた情報と矛盾しないようにする。

4（1）「人気ナンバーワン」を「最も人気のある」と言いかえる。「最も～」は最上級の文を使って表す。popular「人気がある」のように比較的つづりが長い語を最上級にするときは、前に most を置く。
　（2）「おすすめ」は「シェフが私たちに食べてほしいと思っている」と言いかえる。「（人）に～してほしい」は〈want＋（人）＋to＋動詞の原形〉の形で表す。

和訳

1　（解答例）私たちは一緒に英語であなたのお気に入りの歌を歌います。
（別解）私たちはあなたのために昼食を作る予定です。

2　先週、私はボランティア活動についてのポスターを見ました。(1)私は長い間ボランティア活動に興味があったので、それらのうちの1つに参加したいです。
　ポスターで、私はAとBと、2つの異なる活動を見つけました。もし私がAを選べば、私は公園でゴミを拾います。もし私がBを選べば、(2)私は図書館で子どもたちに本を読みます。(3)その公園が私の家の近くにあるので、私はAに参加したいです。私は人々に美しい公園を楽しんでほしいです。
　あなたも一緒にしませんか。
（別解）私は本を読むことが好き（なので、）B（に参加したいです。）子どもたちが本を楽しむ手伝いができたら、私はうれしいです。

3　（解答例）北海駅のレストランでランチを食べられるので、私は電車を使いたいです。
（別解）記念公園で美しい花の写真を撮ることができるので、私は歩いてスタジアムへ行きたいです。

4（1）これはこのレストランで最も人気のある食べ物です。
　（2）それは、本日シェフRuiが私たちに食べてほしいと思っている食べ物です。

24 イラストを選ぶ問題、応答文選択 本冊 P.112～115

例題1

スクリプト

(1) This is used for listening to music.

(2) Three people are waiting for a bus. The person between the two other people is holding an umbrella.

和訳

(1) これは音楽を聞くために使われる。

(2) 3人の人がバスを待っている。他の2人の間にいる人物は傘を持っている。

例題2

スクリプト

(1) Taro : You're wearing a nice T-shirt.

Sally : Thank you, Taro.

Taro : Where did you get it?

Sally : (チャイム音)

(2) Taro : Hi, Sally. You look happy today.

Sally : Actually, I have good news for us.

Taro : What is it?

Sally : (チャイム音)

和訳

(1) 太郎　：きみはいいTシャツを着ているね。

サリー：ありがとう、太郎。

太郎　：きみはそれをどこで手に入れたの？

サリー：(チャイム音)

(2) 太郎　：こんにちは、サリー。今日はうれしそうだね。

サリー：実は、私たちにいい知らせがあるよ。

太郎　：それは何？

サリー：(チャイム音)

解答

1 (1)　ア　　(2)　ウ

2 (1)　イ　　(2)　ウ　　(3)　ア

3 (1)　イ　　(2)　ア　　(3)　ウ

4 (1)　イ　　(2)　ウ　　(3)　エ

解説

1 (1)　for washing our hands「手を洗うために」に合うのはア。

(2)　質問は「彼らの学校にはどの部がありませんか」という意味。We also had the volleyball club but not anymore.「バレーボール部もあったが、もうない」とあるので、ウが適切。

2 (1)　イラストにある、ハンバーガー、ホットドッグ、コーヒーの数を注意して聞き取る。Aは最初の発言で、one hamburger, two hot dogs and a cup of coffee「ハンバーガーを1つ、ホットドッグを2つ、コーヒーを1杯」と注文しているが、ホットドッグがないと聞いて、one more hamburger「ハンバーガーをもう1つ」注文している。

(2)　質問は「彼らはどこで話していますか」という意味。picture「絵［写真］」という単語が何度も使われていることに注意する。there are a lot of nice pictures「たくさんのいい絵［写真］があるね」などから、2人は絵［写真］を見ているとわかる。

(3)　質問は「マイケルのお父さんはどこにいますか」という意味。母親のYour father just came back, Michael.「お父さんがちょうど帰ってきたよ、マイケル」、He has just stopped his car.「彼はちょうど車を停めたところよ」という発言から、父親が車で帰ってきたところだとわかる。

3 (1)　How much is it?「それ（＝Tシャツ）はいくらですか」から「値段」を答えているイ「それは50ドルです」が適切。

(2)　What does it look like?「それ（＝カバン）はどのような見た目ですか」から、見た目の特徴を答えているア「それは黒くて2つのポケットがあります」が適切。

(3)　警察官になりたいという夢のために夜に走っていると言う生徒に対する発言としてはウ「いいね、きみはより体を強くしようとしているんだね」が適切。

4 (1)　When do you usually play the guitar?「きみはたいていいつギターを弾くの？」から「時」を答えているイ「私は週末に兄［弟］と一緒にギターを弾くわ」が適切。

(2)　ジャックが宿題でインドについて書くと言ったあとに、ナオミにHow about you?「きみはど

う？」とたずねている。宿題で書きたい国を答え
ているウ「私はそこの動物を見たいから、オース
トラリアについて書くつもりよ」が適切。

(3) 学校についての動画を作りたいジャックが、ナ
オミに Can you help me?「ぼくを手伝ってくれ
る？」と頼んでいる。話がうまくつながるエ「いい
わよ。いい考えがあると思うわ」が適切。

■ スクリプト

1 (1) We use this for washing our hands. It
helps us clean dirty things.
Question：
Which picture is the speaker talking about?

(2) Our school has many club activities. We
have the baseball club, basketball club,
badminton club and brass band. We also
had the volleyball club but not anymore.
Question：
Which club doesn't their school have?

2 (1)*A*：Can I have one hamburger, two hot dogs
and a cup of coffee, please?
B：Sorry, but we don't have hot dogs.
A：Really？ OK, then I'll have one more
hamburger, please.
B：Sure. That'll be six hundred yen.
Question：What will the man have?

(2)*A*：Look at the bird in this picture. It is really
cute. I'm glad we came to see it. Is
there anything you like, Mike?
B：Well, there are a lot of nice pictures. My
favorite is the picture of a train and a
mountain. It's wonderful.
A：Oh, I haven't seen it yet. Where is it?
B：I saw it over there.
Question：Where are they talking?

(3)*A*：Mom, do you know where Dad is？ I
can't find him. He isn't on the second
floor.
B：He went to the post office to send letters.
A：Oh, really？ I want to carry some chairs
to the garden, but they are too heavy. I
need his help.

B：Oh, look. Your father just came back,
Michael. See？ He has just stopped his
car.
Question：Where is Michael's father?

3 (1)*A*：Wow, that's a nice T-shirt.
B：Yes, this is very popular among high
school students.
A：Nice, I'll take it. How much is it？
ア I think you'll like it.
イ It's 50 dollars.
ウ You can buy it anywhere.

(2)*A*：May I help you？
B：Yes, I think I left my bag on the train.
A：I see. What does it look like？
ア It's black and has two pockets.
イ It's too heavy to carry.
ウ It's the wrong train.

(3)*A*：My dream is to be a police officer.
B：What do you do for your dream？
A：I go outside to run at night.
ア Good, it's exciting to run in the gym.
イ Good, sleeping at night is good for you.
ウ Good, you try to make your body
stronger.

4 (1)*Jack*：Naomi, how was your birthday party
last week？ What did you get？
Naomi：It was good, Jack. My brother gave
me a guitar！ I wanted a new one,
so I'm very happy.
Jack：What a nice present！ When do you
usually play the guitar？
Naomi：（チャイム音）

(2)*Jack*：Naomi, have you finished Ms.
Brown's English homework？
Naomi：No, not yet. We have to write about
a country we want to visit. After
that, we'll make a speech in the
next English class, right？
Jack：Yes. I want to go to India, so I'll
write about it. How about you？
Naomi：（チャイム音）

(3)*Jack*：Naomi, I want to make a video
about our school.

Naomi : Oh, that's interesting, but why do you want to make it?

Jack : Well, I want my friends in my country to know about my school life. Can you help me?

Naomi : （チャイム音）

■ 和訳

1 (1) 私たちは手を洗うためにこれを使う。それは私たちが汚いものをきれいにするのを助ける。

質問：話し手はどの絵について話していますか。

(2) 私たちの学校にはたくさんの部活動がある。野球部、バスケットボール部、バドミントン部や吹奏楽部がある。バレーボール部もあったが、もうない。

質問：彼らの学校にはどの部がありませんか。

2 (1) A：ハンバーガーを1つ、ホットドッグを2つ、コーヒーを1杯いただけますか。

B：申し訳ございませんが、ホットドッグはありません。

A：本当ですか。わかりました、それでは、ハンバーガーをもう1つお願いします。

B：かしこまりました。600円です。

質問：男性は何を食べるつもりですか。

(2) A：この絵の鳥を見て。とてもかわいいね。それを見に来れてうれしいよ。あなたの気に入ったものは何かある、マイク？

B：そうだな、たくさんのいい絵があるね。ぼくのいちばん好きなものは電車と山の絵だよ。それはすばらしいよ。

A：まあ、私はまだそれを見ていないわ。それはどこにあるの？

B：ぼくは向こうでそれを見たよ。

質問：彼らはどこで話していますか。

(3) A：お母さん、お父さんがどこにいるか知っている？　彼を見つけられないんだ。彼は2階にいないんだよ。

B：彼は手紙を送るために郵便局に行ったよ。

A：ああ、本当に？　ぼくはいくつかいすを庭に運びたいんだけど、重すぎるんだ。彼の助けが必要だよ。

B：ああ、見て。お父さんがちょうど帰ってきたよ、マイケル。見える？　彼はちょうど車を停めたところよ。

質問：マイケルのお父さんはどこにいますか。

3 (1) A：わあ、それはいいTシャツですね。

B：ええ、高校生の間でとても人気があります。

A：いいですね、それを買います。いくらですか。

ア　私はあなたがそれを気に入ると思います。

イ　それは50ドルです。

ウ　あなたはそれをどこでも買えます。

(2) A：どうされましたか。

B：はい、電車にカバンを置いてきたと思います。

A：わかりました。それはどのような見た目ですか。

ア　それは黒くて2つのポケットがあります。

イ　それは運ぶには重すぎます。

ウ　それは違う電車です。

(3) A：私の夢は警察官になることです。

B：夢のために何をしているの？

A：夜に、走るために出かけます。

ア　いいね、体育館で走ることはわくわくするね。

イ　いいね、夜眠ることはきみにとっていいよ。

ウ　いいね、きみは体をより強くしようとしているんだね。

4 (1) ジャック：ナオミ、先週のきみの誕生日パーティーはどうだった？　何をもらったの？

ナオミ　：よかったわよ、ジャック。兄[弟]が私にギターをくれたの！　新しいのが欲しかったから、とてもうれしいわ。

ジャック：なんてすてきなプレゼントなんだ！　きみはたいていいつギターを弾くの？

ナオミ　：（チャイム音）

(2) ジャック：ナオミ、ブラウン先生の英語の宿題は終わった？

ナオミ　：いいえ、まだよ。訪れたい国について書かないとならないのよね。そのあと、次の英語の授業でスピーチをするのよね？

ジャック：そうだよ。ぼくはインドに行きたいから、それについて書くつもりなんだ。きみはどう？

ナオミ　：（チャイム音）

(3) ジャック：ナオミ、ぼくは学校についての動画を

作りたいんだ。

ナオミ　：まあ、それはおもしろいけど、あなた
　　　　　はなぜそれを作りたいの？

ジャック：ええと、ぼくの国にいる友達にぼくの
　　　　　学校生活について知ってもらいたい
　　　　　んだ。ぼくを手伝ってくれる？

ナオミ　：（チャイム音）

25 資料（地図やグラフ、表など）を使った問題 本冊 P.116～119

例題1

スクリプト

　これから読む英文は、道夫（Michio）が、外国人に郵便局の場所を説明しているときのものです。郵便局はどこでしょう。

From the station, you can see the hospital over there. Turn right at the hospital and go straight. Then you will find a supermarket on your left. When you get to the supermarket, turn left and you can find the post office next to a bank.

和訳

　駅から、向こうに病院が見えますよね。その病院を右に曲がってまっすぐ進んでください。すると、左手にスーパーマーケットが見つかります。そのスーパーマーケットに着いたら、左に曲がってください、そうすれば、銀行の隣に郵便局を見つけることができます。

例題2

スクリプト

Kenta：What is the most popular thing to do at home in your class, Mary?

Mary：Look at this paper. Watching TV is the most popular in my class.

Kenta：Really? In my class, listening to music is more popular than watching TV. Reading books is not popular.

Mary：In my class, reading books is as popular as listening to music.

Question：Which is Mary's class?

和訳

健太　　：きみのクラスでは家ですることとして何がいちばん人気があるの、メアリー。

メアリー：この紙を見て。テレビを見ることが私のクラスでいちばん人気があるよ。

健太　　：本当に？　ぼくのクラスでは、音楽を聞くことがテレビを見ることよりも人気があるよ。読書は人気がないな。

メアリー：私のクラスでは、読書は音楽を聞くことと同じくらい人気があるわ。

質問：どれがメアリーのクラスですか。

解答

1 ウ

2 エ

3 エ

4 (1) ア　　(2) イ　　(3) エ　　(4) エ

解説

1　聞き取った情報を館内地図で確認する。a new ice cream shop next to the bookstore「本屋の隣に新しいアイスクリーム屋」からウかエにしぼられる。さらにa new hamburger shop ～ between the flower shop and the coffee shop「花屋とコーヒー屋の間に新しいハンバーガー屋」からウが適切。

2　グラフを確認すると、high school students「高校生」、junior high school students「中学生」、elementary school students「小学生」の生徒たちがDo you think you are kind to others?「あなたは自分が他人に親切だと思うか」という質問を受け、Students who answered "Yes"「『はい』と答えた生徒」の割合を示したものだとわかる。まずHigh school students are the kindest.「高校生がいちばん親切だよ」から、イかエにしぼられる。さらにolder students are kinder than younger students「年上の生徒のほうが年下の生徒よりも親切」から、エが適切。

3　表から聞き取るべき情報を確認する。表の左列はFlight number is ...「（飛行機の）便名」であり、放送文2文目で753便だとわかる。この時点でウかエにしぼられる。次に中列The weather in London now is ...「ロンドンの現在の天気」は、It is rainy in

London now「現在、ロンドンは雨です」。また右列 Flight time will be ...「予定フライト時間」は 12 hours and 10 minutes「12 時間 10 分」。よって、エが適切。

4 比較的長い放送文だが、事前にメモや選択肢の内容を確認し、聞き取るべき情報をおさえておく。

(1) You can also use this card to take city buses from Monday to Friday. You won't need money for those buses.「このカードは月曜日から金曜日まで市バスに乗るのにも使えます。バスに乗るのにお金は必要ありません」に合うのは、ア。

(2) Our school opens at 7：50 a.m.「学校は午前 7 時 50 分に開きます」に合うのは、イ。

(3) On Wednesdays and Fridays, 〜 After lunch, we learn the history of Canada.「水曜日と金曜日は〜昼食後はカナダの歴史を勉強します」に合うのは、エ。

(4) Your teacher will give it to you before the first class on Tuesdays.「火曜日の 1 時間目の前にあなたたちの先生がそれ（＝テストの結果）をあなたたちに渡します」に合うのは、エ。

スクリプト

1 Welcome to Yamato Department Store. New shops have opened on the fourth floor in our department store. There is a new ice cream shop next to the bookstore. Also, a new hamburger shop has opened between the flower shop and the coffee shop.

Question：Which map shows the fourth floor of the department store?

2 A：Look at this graph. Students from different grades were asked a question.

B：OK, what are the results?

A：High school students are the kindest.

B：Well, older students are kinder than younger students, right?

A：Yes, I think students will be able to think of other people more as they grow up.

B：Oh, how interesting!

Question：Which graph are they looking at?

3 これから読む英文は、ロンドン行きの飛行機の機内放送です。機内放送の内容を正しく表しているものはどれでしょう。

Good afternoon. Welcome to Flight 753 to London. We are now ready to leave. It is rainy in London now, but it will be cloudy when we get there. Our flight time to London will be 12 hours and 10 minutes. We'll give you something to eat and drink during the flight. If you need any help, please ask our staff. We hope you'll enjoy your flight. Thank you.

4 Welcome to Canada and to Green Language School. We are excited to study English with you for the next three weeks. Please look at the card we gave you. From tomorrow, you will need it to come into the school building. You can also use this card to take city buses from Monday to Friday. You won't need money for those buses. Our school opens at 7：50 a.m. and the first class starts at 8：30 a.m. On Mondays, Tuesdays, and Thursdays, we have three English classes in the morning and two in the afternoon. On Wednesdays and Fridays, we have three classes in the morning. After lunch, we learn the history of Canada. For example, we are going to visit some old buildings. One more important thing. During the first class every Monday, you will take an English test. You can get your test result back the next day. Your teacher will give it to you before the first class on Tuesdays. If you have any questions, please ask us.

和訳

1 やまとデパートへようこそ。新しい店が私たちのデパートの 4 階にオープンしました。本屋の隣に新しいアイスクリーム屋があります。また、新しいハンバーガー屋が花屋とコーヒー屋の間にオープンしています。

質問：どの地図がデパートの 4 階を示していますか。

2 A：このグラフを見て。異なる学年の生徒が質問を
　　受けたよ。

　　B：うん、どんな結果なの？

　　A：高校生がいちばん親切だよ。

　　B：ええと、年上の生徒のほうが年下の生徒よりも
　　　親切だということかな？

　　A：そうだね、生徒たちは成長するにつれてより他
　　　人のことを考えられるようになるんだと思う
　　　よ。

　　B：へえ、なんておもしろいんでしょう！

　　質問：彼らはどのグラフを見ていますか。

3　こんにちは。ロンドン行きの753便へようこそ。
出発の準備が整いました。現在、ロンドンは雨です
が、到着時には曇りになるでしょう。ロンドンまで
のフライト時間は12時間10分の予定です。フライ
ト中には食べ物と飲み物を提供します。何かお手伝
いが必要な場合は、スタッフにお声がけください。
フライトをお楽しみいただければと思います。あり
がとうございます。

4　ようこそカナダへ、そしてグリーン語学学校へ。
私たちはこれから3週間あなたたちと英語の勉強
をすることにわくわくしています。私たちが渡した
カードを見てください。明日から、学校の建物に入
るのにそれが必要となります。このカードは月曜日
から金曜日まで市バスに乗るのにも使えます。バス
に乗るのにお金は必要ありません。学校は午前7時
50分に開き、1時間目は午前8時30分から始まり
ます。月曜日と火曜日、木曜日は午前中に英語の授
業が3時間あり、午後は2時間あります。水曜日と
金曜日は午前中に授業が3時間あります。昼食後は
カナダの歴史を勉強します。例えば、古い建物を訪
れる予定です。もう1つ重要なことが。毎週月曜日
の1時間目に、あなたたちは英語のテストを受けま
す。テストの結果は翌日受け取ることができます。
火曜日の1時間目の前にあなたたちの先生がそれ
をあなたたちに渡します。何か質問があれば、私た
ちに聞いてくださいね。

26 適語・適文補充、英問英答　本冊 P.120〜123

例題1

スクリプト

Let's start the quiz "What is it?" Listen to the
three hints and guess the answer. If you get the
answer, please raise your hand. Are you ready?

Hint No. 1：It is sometimes red, sometimes
blue, sometimes gray, and sometimes black. Hint
No. 2：Birds and planes fly in it. Hint No. 3 ...
Oh? Did you already get the answer? Yeah,
that's right. The answer is "sky." Good job.

Then, can you guess my third hint? It starts
with "at night." Now please begin.

和訳

「それは何でしょう？」というクイズを始めましょう。
3つのヒントを聞いて答えを当ててください。答えが
わかったら手を挙げてください。準備はいいですか？

ヒント1：それは時に赤く、時に青く、時に灰色で、
時に黒いです。ヒント2：鳥や飛行機がそれの中で飛
びます。ヒント3…あれ？　もう答えがわかりました
か？　はい、そうですね。答えは「空」です。よくやり
ました。

では、私の3つ目のヒントはわかりますか？　「夜
に」で始まります。では、始めてください。

例題2

スクリプト

Listen, everyone. In the next lesson, we will
have a cooking lesson. You will make chicken
curry and a fruit cake. Your group has five
members. In your group, two of you will make
curry and the other members will make the cake.
After cooking, you can eat them together.

Now, I'll tell you about the first thing to do in
the cooking lesson. People who will make
chicken curry, you should wash the vegetables
first. Of course, please be careful when you cut
them. The other members who will make the
fruit cake, you should prepare everything for the
cake on the table first. Preparing is important.

Now, your group will choose one fruit from

these four kinds : apple, banana, orange, or cherry. After I finish talking, please talk in your group and decide which fruit your group wants to use. Now, start talking.

(1) In a group, how many members will make the fruit cake?

(2) What should students decide now?

■ 和訳

聞いてください、みなさん。次の授業では調理実習があります。あなたたちはチキンカレーとフルーツケーキを作ります。グループには5人のメンバーがいます。グループの中で2人がカレーを作り、他のメンバーがケーキを作ります。調理のあと、一緒に食べることができます。

さて、調理実習で最初にすることを教えます。チキンカレーを作るみなさん、あなたたちはまず野菜を洗うべきです。もちろん、切るときには注意してください。フルーツケーキを作る他のメンバーのみなさん、あなたたちはまず、テーブルの上にケーキのためのすべてのものを準備しておくべきです。準備することは大切です。

さて、各グループはリンゴ、バナナ、オレンジ、またはさくらんぼの4種類のフルーツの中から1つ選びます。私が話し終わったら、グループ内で話し合って、グループがどのフルーツを使いたいか決めてください。では、話し合いを始めてください。

(1) 1つのグループで何人のメンバーがフルーツケーキを作りますか。

(2) 生徒たちは今、何を決めるべきですか。

■ 解答

1 (1) dictionary　(2) train　(3) eleven

2 (1) ウ　(2) ウ　(3) ア
　　(4) エ　(5) イ

3 (1) ウ　(2) ア

4 〈Part 1〉 (1) イ　(2) ウ　(3) イ
　　〈Part 2〉
　　(1)（解答例）Twice
　　(2)（解答例）eight
　　(3)（解答例）I like Masami's family rule because I feel good when I clean my room.

■ 解説

1 (1) Maryが授業に必要としているものは何かを聞き取る。Do you see my dictionary on the desk in my room? I need it (= dictionary) for my Japanese lesson. と言っているので、答えは dictionary。

(2) メモに will take とあることから、Maryの予定を聞き取る。I have to take the train と言っているので、答えは train。

(3) the train which leaves at eleven と言っているので、答えは eleven。

2 あらかじめ素早く選択肢を読み、聞き取るべき情報をおさえておく。

(1) 放送された質問は「香織はどれくらいの期間柔道をしていますか」という意味。冒頭部分で I've been doing judo for nine years. と言っているので、ウ「9年間」が適切。

(2) 質問は「佐藤先生とはだれでしたか」という意味。Mr. Sato was my judo teacher. に合うのはウ「香織の柔道の先生」。

(3) 質問は「香織がベンに初めて会ったのはいつでしたか」という意味。Last year, I joined a judo tournament in our city. On that day, I met Ben for the first time. と言っているので、ア「香織が柔道大会に参加したとき」が適切。

(4) 質問は「香織はなぜ驚いたのですか」という意味。He told me that there weren't many judo teachers in India. I was surprised to hear that. と言っているので、エ「柔道の先生があまりたくさんいなかった」が適切。

(5) 質問は「香織の夢は何ですか」という意味。I want to go to foreign countries to teach judo in the future. に合うのは、イ「外国で柔道を教えること」。

3 書かれている質問の意味を読み取り、放送される答えの中から適切なものを選ぶ問題。

(1) 質問は「先生は何について話していますか」という意味。話の要点を考えながら聞くようにする。先生は Do you know how to take notes well? から話を始め、その後も上手なノートの取り方について話を続けている。よって、ウ「ノートを上手に取る大切なポイント」が適切。

(2) 質問は「なぜ先生は生徒たちに話をしているの

ですか」という意味。先生は上手なノートの取り方を紹介して、最後にHowever, this is not the only way to take notes well, so <u>try to discover your own style</u>.と結んでいる。よって、ア「ノートを取る自分自身のやり方を考えさせるため」が適切。

4 〈Part 1〉

(1) 放送された質問は「ジョンソン先生は夕食時に何を楽しみましたか」という意味。During dinner time, we didn't watch TV or listen to music, but <u>enjoyed talking</u> about the day.から、イ「彼の家族と話すこと」が適切。

(2) 質問は「だれがジョンソン先生が読む本を選びましたか」という意味。I didn't know what to read, so <u>my sister chose books for me</u>.から、ウ「彼のお姉さんです」が適切。

(3) 質問は「ジョンソン先生は夏休みの間、彼の家族を手伝うために何をしましたか」という意味。<u>I grew vegetables</u> in our gardenから、イ「彼は野菜を育てました」が適切。皿洗いやイヌの散歩をしたのはジョンソン先生の友人たち。

〈Part 2〉

(1) 放送された質問は「ルールによると、ジョンソン先生の家族はどのくらいの頻度で夕食を一緒に食べましたか」という意味。雅美の2番目の発言He said everyone in his family ～ had dinner together <u>on the first and third Friday every month</u>.から、月に2回一緒に夕食をとっていたことがわかる。印字されているa month「1か月につき」につながる形でTwice a month.と答える。

(2) 質問は「浩二は何時にインターネットの使用を止めなければなりませんか」という意味。浩二の3番目の発言I cannot use the Internet <u>after 8：00</u>.から、8時以降はインターネットを使えないことがわかる。At「～（時）に」に続けてAt <u>eight</u>.と答える。

(3) 質問は「話し合いで、雅美と浩二は自分たちの家族のルールについて話しました。あなたはどのルールがいちばん好きですか。そしてそれはなぜですか」という意味。<u>自分自身の意見と理由を答える</u>。話し合いで挙がったルール[朝食前に自室の掃除をする（雅美）／8時以降はインターネッ

トの使用禁止・11時前に就寝（浩二）／月に3回家族でサイクリング（浩二）／毎月最終日曜日は家族で料理（雅美）]から1つ選び、その理由も併せて答える。

■ スクリプト

1 Hajime, I need your help. Do you see my dictionary on the desk in my room? I need it for my Japanese lesson. Can you bring it to me? I'm in front of the station. I have to take the train which leaves at eleven, so I don't have time to go back home.

2 Today, I'll talk about my dream. I love judo. I've been doing judo for nine years. I started it with my brother when I was five. When I was an elementary school student, I joined a judo school. Mr. Sato was my judo teacher. He was strong and very kind. I often talked with him after practicing. I liked him.

　Now, I'm a member of the judo club. I practice judo hard every day. Last year, I joined a judo tournament in our city. On that day, I met Ben for the first time. He was a boy from India. He was very strong. After the tournament, I talked to him. We talked about many things like sports and music. We became good friends.

　One day, he told me about his country. He told me that there weren't many judo teachers in India. I was surprised to hear that.

　I want many people to enjoy judo. We have many judo teachers in Japan, but there are some countries which need more judo teachers. I want to go to foreign countries to teach judo in the future.

(1) How long has Kaori been doing judo?

(2) Who was Mr. Sato?

(3) When did Kaori meet Ben for the first time?

(4) Why was Kaori surprised?

(5) What is Kaori's dream?

3 Do you know how to take notes well? Just copying the blackboard is not enough. You should write everything you notice during class. If you can explain the contents from your notebook, that means you can take notes well. However, this is not the only way to take notes well, so try to discover your own style.

(1) Answer

ア The best styles of copying the blackboard.

イ The only reason to explain the contents.

ウ The important points of taking notes well.

エ The successful way to answer questions.

(2) Answer

ア To let them think of their own way to take notes.

イ To let them make their own rules in class.

ウ To let them remember everything in their notebooks.

エ To let them enjoy writing with their classmates.

4 〈Part 1〉

Today, I'm going to talk about some rules we had in my family when I was fifteen.

One of them is about dinner. We thought spending time together was important, but at that time, we didn't have time to talk with each other. So, we decided to have dinner together. During dinner time, we didn't watch TV or listen to music, but enjoyed talking about the day.

Let me talk about another rule. My mother likes reading books. She learned many things from books when she was young. So, she told my sister and me to read books every Sunday morning after breakfast. I didn't know what to read, so my sister chose books for me. The books she chose for me were interesting and I learned reading was fun.

Finally, I'll talk about an interesting rule for summer vacation. My friends did the dishes or walked their dogs to help their families, but I grew vegetables in our garden. I gave them water every morning and evening. My grandfather taught me how to take care of them. I felt I was an important person in my family.

What kind of family rules do you have? Please talk with your partner.

Question :

(1) What did Mr. Johnson enjoy during dinner time?

(2) Who chose the books Mr. Johnson read?

(3) What did Mr. Johnson do to help his family during summer vacation?

〈Part 2〉

Masami : Mr. Johnson's talk was interesting.

Koji : Yeah. I like their rule about eating dinner together.

Masami : I agree. He talked to me about that rule before. He said everyone in his family came home before 7 : 00 and had dinner together on the first and third Friday every month.

Koji : What a good rule! Do you have some family rules, Masami?

Masami : My mother tells me to clean my room before breakfast.

Koji : I had the same rule when I was in elementary school. Now, I have different rules. I cannot use the Internet after 8 : 00. I also have to go to bed before 11 : 00.

Masami : I see. Do you have some interesting rules?

Koji : Well, we go cycling together and enjoy the beautiful views three times a month. How about you, Masami?

Masami : My family members enjoy cooking together on the last Sunday every month. Trying a new recipe is fun.

Koji : Sounds interesting!

Question :

(1) According to the rule, how often did Mr. Johnson's family have dinner together?

(2) What time does Koji have to stop using the Internet?

(3) In the dialogue, Masami and Koji talked about their family rules. Which rule do you like the best? And why?

和訳

1 ハジメ、あなたの助けが必要なの。私の部屋の机の上に辞書が見える？ 日本語の授業でそれが必要なの。私のところに持ってきてもらえる？ 私は駅の前にいるわ。11時に出発する電車に乗らないといけないから、家に戻る時間がないの。

2 今日は、私の夢についてお話しします。私は柔道が大好きです。9年間柔道をしています。5歳のとき、兄[弟]と一緒に始めました。小学生のころ、柔道教室に入りました。佐藤先生が私の柔道の先生でした。彼は強くてとても親切でした。練習後に、よく彼と話しました。私は彼が好きでした。

現在、私は柔道部のメンバーです。毎日一生懸命柔道を練習しています。昨年は市内の柔道大会に参加しました。私はその日、ベンに初めて会いました。彼はインド出身の少年でした。彼はとても強かったです。大会後、私は彼と話しました。私たちはスポーツや音楽など、多くのことについて話しました。私たちはいい友達になりました。

ある日、彼は自分の国について話してくれました。インドには柔道の先生があまりたくさんいないと話しました。私はそれを聞いて驚きました。

私は多くの人々に柔道を楽しんでもらいたいです。日本には多くの柔道の先生がいますが、もっと柔道の先生が必要な国もあります。私は将来、柔道を教えるために外国に行きたいです。

質問：

(1) 香織はどれくらいの期間柔道をしていますか。

(2) 佐藤先生とはだれでしたか。

(3) 香織がベンに初めて会ったのはいつでしたか。

(4) 香織はなぜ驚いたのですか。

(5) 香織の夢は何ですか。

3 あなたたちはノートをうまく取る方法を知っていますか。黒板をただ写すだけでは十分ではありません。授業中に気づいたことはすべて書くべきです。自分のノートから内容を説明できれば、それはノートをうまく取れているということです。しかし、これがノートを上手に取る唯一の方法ではないので、自分自身のスタイルを見つけるようにしてください。

(1) 答え：

ア 黒板を写す最適なスタイル

イ 内容を説明する唯一の理由

ウ ノートを上手に取る大切なポイント

エ 質問に答えるうまい方法

(2) 答え：

ア ノートを取る自分自身のやり方を考えさせるため

イ 授業で自分自身のルールを作らせるため

ウ ノートに書いたことをすべて覚えさせるため

エ クラスメートと一緒に楽しんで書くことをさせるため

4 〈Part 1〉

今日は、私が15歳のころに家族で守っていたいくつかのルールについてお話しします。

それらのうちの1つは夕食についてです。私たちは一緒に時間を過ごすことが大切だと考えていましたが、その当時はお互いに話す時間がありませんでした。そこで、私たちは夕食を一緒にとることにしました。夕食の時間はテレビを見たり、音楽を聞いたりせず、その日のことについて話して楽しみました。

もう1つのルールについてお話しさせてください。私の母は本を読むことが好きです。彼女は若いころ、本からたくさんのことを学びました。そこで、彼女は姉と私に毎週日曜日の朝、朝食後に本を読むように言いました。私は何を読めばいいのかわからなかったので、姉が私のために本を選んでくれました。彼女が私に選んでくれた本はおもしろく、読書が楽しいことを知りました。

最後に、夏休みのおもしろいルールについてお話しします。友達は家族を手伝うために皿洗いやイヌの散歩をしましたが、私は庭で野菜を育てました。毎日、朝と夕方に水をやりました。祖父は私にそれらの世話の仕方を教えてくれました。私は自分を家族の中で大切な存在だと感じました。

あなたの家族のルールはどのようなものですか。パートナーと話し合ってください。

質問：

(1) ジョンソン先生は夕食時に、何を楽しみましたか。

(2) だれがジョンソン先生が読む本を選びましたか。

(3) ジョンソン先生は夏休みの間、彼の家族を手伝うために何をしましたか。

〈Part 2〉

雅美：ジョンソン先生の話、おもしろかったね。

浩二：うん。夕食を一緒に食べるという彼らのルールが好きだな。

雅美：同感よ。彼は以前にそのルールについて話して
　　　くれたことがあるよ。彼は家族全員が毎月第1
　　　と第3金曜日に7時までに帰宅して一緒に夕食
　　　をとると言っていた。

浩二：いいルールだね！　雅美、きみには家族ルール
　　　がある？

雅美：母は私に朝食前に部屋を片付けるように言うわ。

浩二：ぼくも小学生のころは同じルールがあったよ。
　　　今は違うルールがある。8時以降はインター
　　　ネットを使えないんだ。それに、11時までには
　　　寝なければならないんだ。

雅美：そうなのね。おもしろいルールはある？

浩二：そうだね、月に3回、一緒にサイクリングをし
　　　て美しい景色を楽しんでいるよ。雅美、きみは
　　　どう？

雅美：私の家族は毎月最後の日曜日に一緒に料理を楽
　　　しんでいるの。新しいレシピに挑戦するのは楽
　　　しいのよ。

浩二：おもしろそうだね！

質問：

(1)　ルールによると、ジョンソン先生の家族はどのく
　　　らいの頻度で夕食を一緒に食べましたか。

(2)　浩二は何時にインターネットの使用を止めなけれ
　　　ばなりませんか。

(3)　話し合いで、雅美と浩二は自分たちの家族のルー
　　　ルについて話しました。あなたはどのルールがいち
　　　ばん好きですか。そしてそれはなぜですか。

Memo